Claudia Eilers

FRANZÖSISCH ganz leicht ZUM AUFFRISCHEN

Begleitheft

Max Hueber Verlag

Dieses Werk folgt der seit dem 1. August 1998 gültigen Rechtschreibreform.

Das Werk und seine Teile sind urheberrechtlich geschützt. Jede Verwertung in anderen als den gesetzlich zugelassenen Fällen bedarf deshalb der vorherigen schriftlichen Einwilligung des Verlages.

€   3.   2.   1. | Die letzten Ziffern
2006   05   04   03   02 | bezeichnen Zahl und Jahr des Druckes.
Alle Drucke dieser Auflage können, da unverändert,
nebeneinander benutzt werden.
1. Auflage
© 2002 Max Hueber Verlag, D-85737 Ismaning
Titel der deutschen Originalausgabe: Hueber-Selbstlernkurs Französisch für Fortgeschrittene,
© 1989 Max Hueber Verlag
Umschlaggestaltung: Atelier Kontraste, München
Druck und Bindung: Friedrich Pustet, Regensburg
Printed in Germany
ISBN 3-19-003313-7 (Package)
2.3313 (Begleitheft)

Auf dem Weg zur Perfektion

**Der Selbstlernkurs
Französisch
für Fortgeschrittene**

Cassetten-Version
Arbeitsbuch 316 Seiten
4 Textcassetten, 272 min
1 Testcassette, 46 min
ISBN 3–19–009478–0

CD-Version
Arbeitsbuch 316 Seiten
4 Text-CDs, 272 min
1 Test-CD, 46 min
ISBN 3–19–019478–5

*Auch für Englisch, Italienisch
und Spanisch lieferbar.*

Ein wichtiger Bestandteil der Kommunikation ist die Äußerung von Gefühlen und Meinungen, allerdings benötigt man dafür ein differenziertes Ausdrucksvermögen. Basierend auf vorhandenem Grundwissen baut dies der **Selbstlernkurs Französisch für Fortgeschrittene** gezielt auf:

- Vertiefung von Wortschatz und grammatischen Kenn
- Realitätsnahe Themen wie Arbeitsleben, Freizeit ode   chaft
- Kontinuierlicher Lernerfolg
- Zwischentests nach jeweils 5 Lektionen
- Anhang mit Lösungen sämtlicher Übungen, Wortsch   verzeichnis und Grammatikübersicht
- Vorbereitung auf das neue Europäische Sprachenzertifikat

**Sprachen der Welt
www.hueber.de**

Umfassend – gründlich – unterhaltsam

Großer Lernwortschatz Französisch

von Thérèse Buffard
15.000 Wörter zu 150 Themen
368 Seiten
ISBN 3–19–006369–9

Vokabeln lernen sich leichter, wenn sie nach Themenbereichen gegliedert und in thematischen Zusammenhängen präsentiert werden. Diesem Prinzip folgt der **Große Lernwortschatz**:

- Rund 15.000 Wörter in 20 thematisch geordneten Kapiteln
- Themen wie soziale Probleme und Weltanschauung
- Fast jeder Begriff in einem typischen Anwendungsbeispiel
- Extras zu Grammatik, Aussprache, Wortgebrauch und Landeskunde
- Topaktueller Wortschatz durch Berücksichtigung von neuesten Pressetexten
- Mit phonetischer Lautschrift

Auch für Englisch, Italienisch und Spanisch lieferbar.

Hueber
Sprachen der Welt
www.hueber.de

Inhalt

1 Un temps fantastique 4
Wegweiser
Lösungen

2 J'ai bien mangé, j'ai bien bu ... 6
Wegweiser
Lösungen

3 Votre première visite? 8
Wegweiser
Lösungen

4 Quelle journée! 10
Wegweiser
Lösungen

5 Partir sans problème 12
Wegweiser
Lösungen

6 Cherche emploi 14
Wegweiser
Lösungen

7 Vivement le week-end! 16
Wegweiser
Lösungen

8 Que faire ce soir? 18
Wegweiser
Lösungen

9 A votre santé! 20
Wegweiser
Lösungen

10 Au courant de la technologie 22
Wegweiser
Übungen

11 Tout un programme! 24
Wegweiser
Übungen

12 Quoi de nouveau? 26
Wegweiser
Übungen

Texte der Radioübungen 29

1 Un temps fantastique

Wegweiser

Dieser Wegweiser gibt Ihnen eine kurze Übersicht über die jeweilige *Unité*. Haken Sie jeden Abschnitt ab, nachdem Sie ihn durchgearbeitet haben.

	Dialog 1: Hören Sie sich den Dialog bei geschlossenem Buch an.
	Hören Sie sich den Dialog bei geöffnetem Buch an, sooft Sie wollen.
	Studieren Sie Vokabeln und Erklärungen zu Dialog 1.
	Bearbeiten Sie die zum Dialog gehörenden Übungen.
	Dialog 2: Hören Sie sich den Dialog bei geschlossenem Buch an.
	Hören Sie sich den Dialog bei geöffnetem Buch an, sooft Sie wollen.
	Studieren Sie Vokabeln und Erklärungen zu Dialog 2.
	Bearbeiten Sie die zum Dialog gehörenden Übungen.
	Dialog 3: Hören Sie sich den Dialog bei geschlossenem Buch an.
	Hören Sie sich den Dialog bei geöffnetem Buch an, sooft Sie wollen.
	Studieren Sie Vokabeln und Erklärungen zu Dialog 3.
	Bearbeiten Sie die zum Dialog gehörenden Übungen.
	Dialog 4: Hören Sie sich den Dialog bei geschlossenem Buch an.
	Hören Sie sich den Dialog bei geöffnetem Buch an, sooft Sie wollen.
	Studieren Sie Vokabeln und Erklärungen zu Dialog 4.
	Bearbeiten Sie die zum Dialog gehörenden Übungen.
	Prägen Sie sich die *Wichtigen Wörter und Ausdrücke* ein.

Arbeiten Sie die *Grammatik* durch und bearbeiten Sie die Übungen.
Bearbeiten Sie die *Leseübungen*.
Nun folgen die *Radioauszüge* mit den dazugehörigen Übungen.
Sprechen Sie selbst.
Hören Sie sich alle CD-Texte noch einmal ohne Buch an.

Lösungen

Übung 1: Catherine était: **a.** Claude était: **b.** A la maison il y avait: **a.** Catherine et Claude: **c.**

Übung 2: Où; Quand; Pourquoi; Qu'est-ce que.

Übung 4: non; dimanche; de 9h à 12h (midi); de 15h à 19h; non; une cinquantaine; 80 €; 160 €.

Übung 5: a. ne ... rien **b.** n' ... aucun **c.** n' ... que **d.** ne ... jamais **e.** ne ... personne.

Übung 7: a. falsch; **b.** falsch; **c.** richtig; **d.** richtig; **e.** falsch; **f.** falsch.

Übung 8: a. le mardi vingt-quatre octobre; **b.** le jeudi seize août; **c.** le samedi trente et un mai; **d.** le vendredi premier avril; **e.** le dimanche deux mars; **f.** le mercredi vingt et un juillet; **g.** le vingt-quatre décembre; **h.** le premier janvier; **i.** le trente et un décembre.

Übung 10: *Horizontalement:* **3** étions; **6** montagne; **8** ami; **9** altitude; **12** sûre; **13** suis parti; **15** un; **16** le; **17** travaux; **18** ai; **19** ma; **21** parents; **23** en; **24** été; **26** toi; **27** il; **29** oh; **31** nuit; **32** était; **33** dû; **34** bleu; **37** générale; **38** sont.

Verticalement: **1** vont; **2** et; **3** en; **4** tes; **5** nombreux; **7** amusant; **9** absolument; **10** inscrire; **11** extraordinaire; **14** magnifiques; **20** an; **21** petit; **22** ski; **25** côté; **28** loué; **30** haute; **32** elle; **35** la; **36** on.

Übung 12: a. chère; magnifique; **b.** extraordinaires; **c.** haute; **d.** fantastiques, délicieuse.

Übung 13: a. suis partie; **b.** sommes descendus; **c.** avons trouvé.

Übung 14: a. avait; **b.** faisait; **c.** étions.

Übung 15: | 1 **c.** | 2 **f.** | 3 **g.** | 4 **d.** | 5 **b.** | 6 **h.** | 7 **a.** | 8 **e.** |

Übung 16: a. nein; **b.** von einem riesigen Park; **c.** anstatt nach Chambord geht es nach Blois; **d.** einen Blick auf das Schloss; **e.** aus dem 17. Jahrhundert; **f.** Eintrittspreise, Führungen und Mittagessen; **g.** das achteckige Treppenhaus.

Übung 17: a. 4; **b.** 2; **c.** 3; **d.** 1.

Übung 18: a. Sie sind sich selbst überlassen/sie kennen das Land nicht/sie haben Sprachschwierigkeiten; **b.** sehr gut; **c.** nein.

2 J'ai bien mangé, j'ai bien bu ...

Wegweiser

	Dialog 1: Hören Sie sich den Dialog bei geschlossenem Buch an.
	Hören Sie sich den Dialog bei geöffnetem Buch an, sooft Sie wollen.
	Studieren Sie Vokabeln und Erklärungen zu Dialog 1.
	Bearbeiten Sie die zum Dialog gehörenden Übungen.
	Dialog 2: Hören Sie sich den Dialog bei geschlossenem Buch an.
	Hören Sie sich den Dialog bei geöffnetem Buch an, sooft Sie wollen.
	Studieren Sie Vokabeln und Erklärungen zu Dialog 2.
	Bearbeiten Sie die zum Dialog gehörenden Übungen.
	Dialog 3: Hören Sie sich den Dialog bei geschlossenem Buch an.
	Hören Sie sich den Dialog bei geöffnetem Buch an, sooft Sie wollen.
	Studieren Sie Vokabeln und Erklärungen zu Dialog 3.
	Bearbeiten Sie die zum Dialog gehörenden Übungen.
	Dialog 4: Hören Sie sich den Dialog bei geschlossenem Buch an.
	Hören Sie sich den Dialog bei geöffnetem Buch an, sooft Sie wollen.
	Studieren Sie Vokabeln und Erklärungen zu Dialog 4.
	Bearbeiten Sie die zum Dialog gehörenden Übungen.
	Prägen Sie sich die *Wichtigen Wörter und Ausdrücke* ein.
	Arbeiten Sie die *Grammatik* durch und bearbeiten Sie die Übungen.
	Bearbeiten Sie die *Leseübungen*.

Nun folgen die *Radioauszüge* mit den dazugehörigen Übungen.
Sprechen Sie selbst.
Hören Sie sich alle CD-Texte noch einmal ohne Buch an.

Lösungen

Übung 1: hypermarchés: **a. d. e. g. i. j.** petits magasins: **b. c. f. h.**

Übung 2: a. 4; **b.** 2; **c.** 6; **d.** 5; **e.** 3; **f.** 1.

Übung 4: a. Je voudrais savoir; **b.** Qu'est-ce que; **c.** allergique; **d.** frites; **e.** à point; **f.** le dessert.

Übung 5: A: Une cervelle de veau meunière purée, s'il vous plaît. **P:** Et vous, Madame? **C:** Moi je prendrai du pâté et ensuite du poulet. **A:** Mais tu es allergique à l'ail. **C:** Il y a de l'ail dans le pâté? **P:** Oui Madame, mais pas dans le poulet. **C:** Alors, je prendrai seulement le poulet frites.

Übung 7: a. c. e. f. g. h. i.

Übung 8: a. grillée; **b.** bœuf; **c.** poulet; **d.** sucreries; **e.** crèmes; **f.** pêches; **g.** laitages; **h.** fruits cuits. Die eingerahmten Buchstaben ergeben das Wort: GOURMETS.

Übung 11: *Horizontalement:* **3.** dans; **5.** fabrique; **7.** que; **8.** pâté; **9.** me; **12.** tête; **13.** qualité; **15.** dame, **16.** cave; **17.** le; **18.** fameuse; **21.** ni; **23.** ont; **24.** fût; **26.** en; **27.** qui; **28.** à la; **29.** cru; **30.** nos.

Verticalement: **1.** pratique; **2.** cuve; **3.** deux temps; **4.** sucreries; **6.** appellation; **10.** calvados; **11.** cidre; **14.** ta; **19.** un; **20.** enfin; **22.** égal; **25.** tes; **26.** et; **27.** qu'.

Übung 13: a. Le calvados est plus fort que le cidre. **b.** Le calvados est meilleur que le cidre. **c.** Les pêches sont moins dures que les pommes. **d.** Le poulet est moins cher que le chateaubriand. **e.** Le veau est plus tendre que le bœuf. **f.** Le vin anglais est moins bon que le vin français.

Übung 14: a. tellement; **b.** toujours; **c.** bien; **d.** évidemment; **e.** vite.

Übung 15: Café calva: **1.** Grog au calvados: **4.** Long drink: **2.** Trou normand: **5.** Vieux calvados: **3.**

Übung 16: a. par personne; **b.** se conserve mieux; **c.** a des qualités médicales.

Übung 17: a. vrai; **b.** faux; **c.** vrai; **d.** faux.

7

3 Votre première visite?

Wegweiser

	Dialog 1: Hören Sie sich den Dialog bei geschlossenem Buch an.
	Hören Sie sich den Dialog bei geöffnetem Buch an, sooft Sie wollen.
	Studieren Sie Vokabeln und Erklärungen zu Dialog 1.
	Bearbeiten Sie die zum Dialog gehörenden Übungen.
	Dialog 2: Hören Sie sich den Dialog bei geschlossenem Buch an.
	Hören Sie sich den Dialog bei geöffnetem Buch an, sooft Sie wollen.
	Studieren Sie Vokabeln und Erklärungen zu Dialog 2.
	Bearbeiten Sie die zum Dialog gehörenden Übungen.
	Dialog 3: Hören Sie sich den Dialog bei geschlossenem Buch an.
	Hören Sie sich den Dialog bei geöffnetem Buch an, sooft Sie wollen.
	Studieren Sie Vokabeln und Erklärungen zu Dialog 3.
	Bearbeiten Sie die zum Dialog gehörenden Übungen.
	Dialog 4: Hören Sie sich den Dialog bei geschlossenem Buch an.
	Hören Sie sich den Dialog bei geöffnetem Buch an, sooft Sie wollen.
	Studieren Sie Vokabeln und Erklärungen zu Dialog 4.
	Bearbeiten Sie die zum Dialog gehörenden Übungen.
	Prägen Sie sich die *Wichtigen Wörter und Ausdrücke* ein.
	Arbeiten Sie die *Grammatik* durch und bearbeiten Sie die Übungen.
	Bearbeiten Sie die *Leseübungen*.

	Nun folgen die *Radioauszüge* mit den dazugehörigen Übungen.
	Sprechen Sie selbst.
	Hören Sie sich alle CD-Texte noch einmal ohne Buch an.

Lösungen

Übung 1: a. en vacances; **b.** non; **c.** près des Champs-Elysées; **d.** Du Musée Rodin; **e.** Parce qu'il y a beaucoup de choses à visiter.

Übung 2: a. va; **b.** vais; **c.** allons; **d.** va; **e.** vont; **f.** vas.

Übung 4: évidemment; indispensable; inhabituel; propose; paraît; également; ravissant; ensuite.

Übung 7: a. penderie; **b.** savon; **c.** oreiller; **d.** traversin; **e.** couverture; **f.** serviettes. Die fett umrandeten Buchstaben bilden das Wort: PALACE.

Übung 8: a. Est-ce que tu es frileux? **b.** Ça me suffira largement. **c.** Est-ce que tu as besoin d'autre chose? **d.** Je vais te montrer ta chambre. **e.** Voilà la penderie pour mettre tes affaires.
Übersetzung: **a.** Frierst du leicht? **b.** Das genügt mir vollkommen. **c.** Brauchst du noch etwas? **d.** Ich werde dir dein Zimmer zeigen. **e.** Hier ist der Kleiderschrank für deine Sachen.

Übung 10: *Horizontalement:* **2** histoire; **6** se; **8** lui; **10** moi; **11** guerre; **12** façon; **13** chien; **14** côté de lui; **15** rit; **17** sur; **19** préfère; **21** la; **22** ri; **23** le; **24** pleurer; **25** n'avait.
Verticalement: **1** peu; **2** horreur; **3** siège; **4** imaginer; **5** éloigne; **6** si; **7** mien; **9** un; **10** maître; **13** cinéma; **16** très; **18** une; **19** par; **20** fin; **21** le.

Übung 12: a. Alain les passe à Paris. **b.** Il va le visiter. **c.** Je l'ai oublié chez moi. **d.** Il ne l'a pas aimé. **e.** Jean-Pierre la raconte. **f.** On voit le chien la suivre.

Übung 13: passerons; prendrons; arriverons; descendrons; attendra; irons; serons; téléphonerai; proposerez; aurez; trouverons.

Übung 14: a. V; **b.** F; **c.** M; **d.** M; **e.** V; **f.** F.

Übung 15: a. Hôtel de Beauvais; **b.** Mieterin; **c.** im Hof des Hôtel de Beauvais; **d.** einen 18-jährigen Jüngling; **e.** sie ließ den Grafen enthaupten; **f.** im Hôtel Carnavalet; **g.** sie soll den jungen Louis XIV in die Geheimnisse der Liebe eingeweiht haben; **h.** für die Erzbischöfe von Sens.

Übung 16: a. Der Platz (square) Jean XXIII; **b.** bei der Apsis von Notre-Dame; **c.** auf dem riesigen Vorplatz von Notre-Dame; **d.** das Zentrum von Paris, von dem alle Entfernungen zu anderen Orten gemessen werden; **e.** das metrische System.

Übung 17:

La météo				9°	18°
ce soir			✔		
cette nuit				✔	
demain	✔	✔	✔		✔

9

4 Quelle journée!

Wegweiser

	Dialog 1: Hören Sie sich den Dialog bei geschlossenem Buch an.
	Hören Sie sich den Dialog bei geöffnetem Buch an, sooft Sie wollen.
	Studieren Sie Vokabeln und Erklärungen zu Dialog 1.
	Bearbeiten Sie die zum Dialog gehörenden Übungen.
	Dialog 2: Hören Sie sich den Dialog bei geschlossenem Buch an.
	Hören Sie sich den Dialog bei geöffnetem Buch an, sooft Sie wollen.
	Studieren Sie Vokabeln und Erklärungen zu Dialog 2.
	Bearbeiten Sie die zum Dialog gehörenden Übungen.
	Dialog 3: Hören Sie sich den Dialog bei geschlossenem Buch an.
	Hören Sie sich den Dialog bei geöffnetem Buch an, sooft Sie wollen.
	Studieren Sie Vokabeln und Erklärungen zu Dialog 3.
	Bearbeiten Sie die zum Dialog gehörenden Übungen.
	Dialog 4: Hören Sie sich den Dialog bei geschlossenem Buch an.
	Hören Sie sich den Dialog bei geöffnetem Buch an, sooft Sie wollen.
	Studieren Sie Vokabeln und Erklärungen zu Dialog 4.
	Bearbeiten Sie die zum Dialog gehörenden Übungen.
	Prägen Sie sich die *Wichtigen Wörter und Ausdrücke* ein.
	Arbeiten Sie die *Grammatik* durch und bearbeiten Sie die Übungen.
	Bearbeiten Sie die *Leseübungen*.

	Nun folgen die *Radioauszüge* mit den dazugehörigen Übungen.
	Sprechen Sie selbst.
	Hören Sie sich alle CD-Texte noch einmal ohne Buch an.

Lösungen

Übung 1: 1. a./c.; **2.** c./d.; **3.** b./c.; **4.** a./d.

Übung 2: Brigitte n'a pas assez de temps pour aller tous les jours au restaurant d'entreprise, mais il y a plusieurs cafés très agréables en face du bureau. Elle va souvent manger un sandwich ou une crêpe.

Übung 4: Catherine … **a.** se lève; **b.** prépare le déjeuner; **c.** donne le biberon au bébé; **d.** fait un peu de ménage; **e.** fait la vaisselle.

Übung 6: a. Donne-moi des nouvelles du bébé. **b.** Qu'est-ce que tu fais toute la journée? **c.** Les journées passent à une vitesse effrayante. **d.** Je ne sais pas ce que je fais. **e.** Tu ne peux pas imaginer. **f.** Je fais un peu de ménage.
Übersetzung: **a.** Sag mir, wie es dem Baby geht. **b.** Was machst du den ganzen Tag lang? **c.** Die Tage vergehen wie im Flug. **d.** Ich weiß nicht, was ich mache. **e.** Das kannst du dir gar nicht vorstellen. **f.** Ich mache ein bisschen sauber.

Übung 8: a.; d.; f.

Übung 10: Cette année est très difficile pour Jacques parce que c'est l'année du baccalauréat. Il est un petit peu découragé parce qu'ils sont très nombreux dans sa classe. Mais il n'est mauvais en rien, il est bon en langues et il est très consciencieux. Sa mère espère qu'il aura le bac.

Übung 12: a. Marie; **c.** Alain; **d.** Brigitte; **e.** Anne; **f.** Claude; **h.** Mme Coste.
Die Außenseiterin: Madeleine, die ihre Schulden und Steuern bezahlen will.

Übung 13: prendrais; ferais; irais; achèterais; ferais; irais; partirais; prendrais; ferais; reviendrais; ferais.

Übung 15: payerions; prendrions; partirions; irions; dépenserions.

Übung 16: a. achèterait; **b.** ira; **c.** payez; **d.** mettriez; **e.** allais; **f.** habiterait.

Übung 17: a. non; **b.** Julie; **c.** rue Gloriette.

Übung 18: Jeanne **e.**; Thérèse **a.**; jardinier **b./g.**; Jean **h.**; mère **c./f.**; grand-père **d.**

Übung 19: 15 juin au 5 juillet; 844; 15 ans; satisfaits: 75%; souhaitent des améliorations: 78%; bus et métro: 67%; voiture: 59%; marche à pied: 6%; deux-roues: 1%; considèrent le développement …: 90%.

Übung 20: a. 14; **b.** weißlich, **c.** von zellulosehaltigen Materialien (Holz, Papier, Stoff) sowie Gips und Zement; **d.** Feuchtigkeit und das Lagern von Zellulose; **e.** den Keller; **f.** ins Erdgeschoss, den ersten Stock usw. bis zum Dach und von dort zu Nachbargebäuden.

5 Partir sans problème

Wegweiser

	Dialog 1: Hören Sie sich den Dialog bei geschlossenem Buch an.
	Hören Sie sich den Dialog bei geöffnetem Buch an, sooft Sie wollen.
	Studieren Sie Vokabeln und Erklärungen zu Dialog 1.
	Bearbeiten Sie die zum Dialog gehörenden Übungen.
	Dialog 2: Hören Sie sich den Dialog bei geschlossenem Buch an.
	Hören Sie sich den Dialog bei geöffnetem Buch an, sooft Sie wollen.
	Studieren Sie Vokabeln und Erklärungen zu Dialog 2.
	Bearbeiten Sie die zum Dialog gehörenden Übungen.
	Dialog 3: Hören Sie sich den Dialog bei geschlossenem Buch an.
	Hören Sie sich den Dialog bei geöffnetem Buch an, sooft Sie wollen.
	Studieren Sie Vokabeln und Erklärungen zu Dialog 3.
	Bearbeiten Sie die zum Dialog gehörenden Übungen.
	Dialog 4: Hören Sie sich den Dialog bei geschlossenem Buch an.
	Hören Sie sich den Dialog bei geöffnetem Buch an, sooft Sie wollen.
	Studieren Sie Vokabeln und Erklärungen zu Dialog 4.
	Bearbeiten Sie die zum Dialog gehörenden Übungen.
	Prägen Sie sich die *Wichtigen Wörter und Ausdrücke* ein.
	Arbeiten Sie die *Grammatik* durch und bearbeiten Sie die Übungen.
	Bearbeiten Sie die *Leseübungen*.

	Nun folgen die *Radioauszüge* mit den dazugehörigen Übungen.
	Sprechen Sie selbst.
	Hören Sie sich alle CD-Texte noch einmal ohne Buch an.

Lösungen

Übung 1: a. faux; **b.** vrai; **c.** vrai; **d.** vrai; **e.** faux.

Übung 2: acheter; stations; bureaux; pouvez; montez; revient; d'avis; prenez; utiliser.

Übung 4: a. pour voir sa fille **b.** elle vient de déménager **c.** le train et l'avion **d.** le train **e.** environ cinq heures **f.** oui.

Übung 5:
a. le train
de la Gare du Nord
à Charles de Gaulle
35 minutes

b. le car
de Charles de Gaulle
à la Porte Maillot
30 minutes

c. l'autobus 351
de Charles de Gaulle
à Nation
40 minutes

Übung 7: a. une petite voiture; **b.** une Renault 5; **c.** à Strasbourg; **d.** 553 (€).

Übung 8: Yves und Ginette Leblanc; Andreas Rombach.

Übung 10: a. Couleur des flèches: ➡ jaunes et noires; Etage du parking: -2 ; Place numéro: 353 .
b.

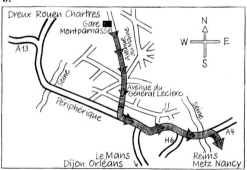

Übung 11: l'avenue du Maine; jusqu'au bout; puis l'avenue du Général Leclerc; oui, jusqu'au bout; ensuite nous prenons le périphérique est; nous sortons autoroute A4; la direction de Strasbourg.

Übung 13: a. se; **b.** nous; **c.** se; **d.** t'; **e.** vous; **f.** se.

Übung 14: a. Il aime partir en vacances. **b.** Où est-ce que je peux acheter des tickets de métro? **c.** Pourriez-vous me donner les horaires? **d.** Je voudrais/désirerais/souhaiterais déménager. **e.** Je désire/souhaite louer une grande voiture. **f.** Je préférerais vous rendre la voiture à Strasbourg. **g.** Ma fille sait parler français. **h.** Elle ne peut pas venir ce soir.

Übung 15: a. kostet es mehr; **b.** der Abfahrtsbahnhof; **c.** 20% Strafgeld zahlen; **d.** 120% des Fahrkartenpreises.

Übung 16: 1. tanzen; **2.** Konferenzen halten; **3.** Filme/Dias/Videos ansehen; **4.** schlafen; **5.** einen Zug mieten.

Übung 17: a. lundi; **b.** blanc et crème; **c.** 9 km; **d.** 12; **e.** le Vieux-Port et la Gare Saint-Charles; **f.** la R.A.T.P. de Paris; **g.** pneus; **h.** 15.000.

Übung 18: a. 9%; **b.** bestimmte Dieselmodelle entsprachen nicht mehr den Erwartungen der Kunden; **c.** mangelndes Interesse an Dieselfahrzeugen allgemein; **d.** Freude am Fahren / wirtschaftlich / gute Fahrleistung / leicht manövrierbar.

Übung 19:

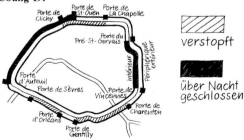

6 Cherche emploi

Wegweiser

	Dialog 1: Hören Sie sich den Dialog bei geschlossenem Buch an.
	Hören Sie sich den Dialog bei geöffnetem Buch an, sooft Sie wollen.
	Studieren Sie Vokabeln und Erklärungen zu Dialog 1.
	Bearbeiten Sie die zum Dialog gehörenden Übungen.
	Dialog 2: Hören Sie sich den Dialog bei geschlossenem Buch an.
	Hören Sie sich den Dialog bei geöffnetem Buch an, sooft Sie wollen.
	Studieren Sie Vokabeln und Erklärungen zu Dialog 2.
	Bearbeiten Sie die zum Dialog gehörenden Übungen.
	Dialog 3: Hören Sie sich den Dialog bei geschlossenem Buch an.
	Hören Sie sich den Dialog bei geöffnetem Buch an, sooft Sie wollen.
	Studieren Sie Vokabeln und Erklärungen zu Dialog 3.
	Bearbeiten Sie die zum Dialog gehörenden Übungen.
	Dialog 4: Hören Sie sich den Dialog bei geschlossenem Buch an.
	Hören Sie sich den Dialog bei geöffnetem Buch an, sooft Sie wollen.
	Studieren Sie Vokabeln und Erklärungen zu Dialog 4.
	Bearbeiten Sie die zum Dialog gehörenden Übungen.
	Prägen Sie sich die *Wichtigen Wörter und Ausdrücke* ein.
	Arbeiten Sie die *Grammatik* durch und bearbeiten Sie die Übungen.
	Bearbeiten Sie die *Leseübungen*.

Nun folgen die *Radioauszüge* mit den dazugehörigen Übungen.
Sprechen Sie selbst.
Hören Sie sich alle CD-Texte noch einmal ohne Buch an.

Lösungen

Übung 1: a. un vendeur; **b.** le démarchage/le porte-à-porte; **c.** un emploi de bureau; **d.** une société; **e.** un rendez-vous.

Übung 2: recherche; demander; proposer; sinon; conviendrait; période; serait.

Übung 5: a. Il va y avoir beaucoup de courrier à expédier. **b.** J'ai un grand bureau avec une jolie fenêtre. **c.** Je vais pouvoir me mettre des plantes vertes. **d.** J'ai une bonne machine à écrire. **e.** J'ai plein de bureaux de rangement. **f.** Très gentilles./Elles ont à peu près mon âge.

Übung 7: a. er arbeitete sie um und bezog sie; **b.** Botschaften und Aristokraten; **c.** in der Avenue Foch.

Übung 8: a. installations; **b.** meubles; **c.** clientèle d'aristocrates; **d.** appartements; **e.** salon; **f.** boiseries.

Übung 9: Cet été nous avons fait refaire notre appartement. Mon mari a posé les tapis et j'ai fait des rideaux et un beau dessus-de-lit pour notre chambre. Un tapissier-décorateur a fait des travaux de menuiserie dans le salon et maintenant il s'occupe de la plomberie et des installations sanitaires. L'appartement est transformé!

Übung 11: *Horizontalement:* **4** la; **5** cuisinière; **7** mise en place; **9** tout; **10** cuit; **11** ne; **12** repas; **14** prêt; **18** par; **20** on; **21** répétition.

Verticalement: **1** fils; **2** rideaux; **3** si; **4** le; **5** comptoir; **6** le; **8** client; **9** temps; **10** cher; **13** sept; **14** part; **15** en; **16** an; **17** le; **19** ai; **20** on.

Übung 13: a. fait; **b.** installer; **c.** sont; photographier; **d.** réparer; **e.** faites; **f.** as; faire; **g.** faut; venir; **h.** voulez; croire.

Übung 14: nous sommes-nous levés; nous sommes rendus; s'est-elle mariée; t'es occupé; me souviens.

Übung 15: a. qualifiziert/kompetent/gewissenhaft/sofort einsatzfähig. **b.** J'ai besoin d'un plombier. / Nous avons besoin d'un électricien. / Vous avez (avez-vous/est-ce que vous avez) besoin de qualifications précises?

Übung 16:

De 4 à 7 points
La vente ne vous intéresse pas. Essayez une carrière artistique!

De 8 à 11 points
Vous avez un bon potentiel, mais il vous faut plus d'enthousiasme.

De 12 à 15 points
Vous êtes le candidat idéal pour ce job. Demandez un gros salaire.

Au-dessus de 15 points
Vous êtes un génie. Fondez votre propre entreprise!

Übung 17: Morgen; Fleisch- und Wurstwarenzubereitung; um 14.30 Uhr; 17; zweiten.

Übung 18: a. 5; **b.** 2; **c.** 4; **d.** 1; **e.** 3; **f.** 6.

7 Vivement le week-end!

Wegweiser

	Dialog 1: Hören Sie sich den Dialog bei geschlossenem Buch an.
	Hören Sie sich den Dialog bei geöffnetem Buch an, sooft Sie wollen.
	Studieren Sie Vokabeln und Erklärungen zu Dialog 1.
	Bearbeiten Sie die zum Dialog gehörenden Übungen.
	Dialog 2: Hören Sie sich den Dialog bei geschlossenem Buch an.
	Hören Sie sich den Dialog bei geöffnetem Buch an, sooft Sie wollen.
	Studieren Sie Vokabeln und Erklärungen zu Dialog 2.
	Bearbeiten Sie die zum Dialog gehörenden Übungen.
	Dialog 3: Hören Sie sich den Dialog bei geschlossenem Buch an.
	Hören Sie sich den Dialog bei geöffnetem Buch an, sooft Sie wollen.
	Studieren Sie Vokabeln und Erklärungen zu Dialog 3.
	Bearbeiten Sie die zum Dialog gehörenden Übungen.
	Dialog 4: Hören Sie sich den Dialog bei geschlossenem Buch an.
	Hören Sie sich den Dialog bei geöffnetem Buch an, sooft Sie wollen.
	Studieren Sie Vokabeln und Erklärungen zu Dialog 4.
	Bearbeiten Sie die zum Dialog gehörenden Übungen.
	Prägen Sie sich die *Wichtigen Wörter und Ausdrücke* ein.
	Arbeiten Sie die *Grammatik* durch und bearbeiten Sie die Übungen.
	Bearbeiten Sie die *Leseübungen*.

	Nun folgen die *Radioauszüge* mit den dazugehörigen Übungen.
	Sprechen Sie selbst.
	Hören Sie sich alle CD-Texte noch einmal ohne Buch an.

Lösungen

Übung 1: a. beau **b.** du feu **c.** la cuisine **d.** le ménage **e.** de la chance **f.** assez **g.** raison

Übung 2: Liebe Madeleine, lieber Jacques,
habt vielen Dank für das Wochenende, das ich mit euch in eurem Landhaus verbracht habe. Es war wirklich wunderschön. Es hat mir viel Spaß gemacht (ich habe gerne), mit den Kindern Tischtennis zu spielen. Aber ihr, ihr habt eure Zeit mit Kochen verbracht – ihr müsst müde sein! Ich habe beschlossen, ein Landhaus zu kaufen, also hoffe ich, dass ihr eines Tages (kommen und) ein Wochenende bei mir verbringen werdet.
Viele Grüße an die ganze Familie,

Hélène

Übung 5: fête nationale; jour férié; pont; en vacances; congé; semaines; septembre.

Übung 7: Pour: a. attirés par la nouveauté; **b.** de formidablement aérien, musical; **c.** transparent.
Contre: a. n'y vont pas; **b.** épouvantable; **c.** la raffinerie de pétrole.

Übung 8: a. nein; **b.** nein, von einem Italiener und einem Engländer; **c.** Dias, Videokassetten usw.; **d.** eine Bibliothek und ein Atelier/Werkstatt; **e.** Metall und Glas.

Übung 10: a. descendu; **b.** raison; **c.** dames; **d.** pétanque; **e.** disputes; **f.** équipe; **g.** jeu; **h.** taquinée; **i.** presque: COMEDIENS

Übung 11: a. sur la Côte d'Azur; **b.** l'acharnement des joueurs; **c.** ni les uns ni les autres; **d.** moins souvent; **e.** la seule femme.

Übung 13: a. qui; **b.** qui; **c.** que; **d.** qui; **e.** qui; **f.** qu'; **g.** que; **h.** qui.

Übung 14: avais; j'ai décidé; J'ai acheté; j'ai feuilleté; suis allée; se trouvait; était; jouaient; avait; J'ai décidé.

Übung 15:
Cher Pierre,
Je sais que tu aimes la musique et je voudrais t'abonner aux Jeunesses Musicales de France. Avant chaque concert tu recevras une documentation qui expliquera la musique du jour – ce n'est pas trop «éducatif»! Puis, le jour du concert, il y aura aussi une courte présentation avant le lever de rideau.

Übung 16: a. 6 oct./15 oct./10 nov. **b.** 20 oct./8 nov. **c.** 25 nov./29 nov. **d.** 4 oct./10 nov./25 nov./29 nov. **e.** 4 oct. **f.** 14 oct.

Übung 17: a. im Théâtre des Champs-Elysées; **b.** Beethovens Werke; **c.** das israelische Philharmonie-Orchester; **d.** im achten.

Übung 18: Université René Descartes: „Das Europa-Parlament"; Université Pierre et Marie-Curie: „Unser Herz und seine Geschichte."

Übung 20: 15. Arrondissement; Kursbeginn: 19. September; Wochentag: a. montags 17–18 Uhr b. mittwochs 19–20 Uhr; Einschreibetermine: am Mittwoch, 14. September und Donnerstag, 15. September v. 19 bis 20 Uhr; Kosten: 400 (€); Wochenstunden: 2.

8 Que faire ce soir?

Wegweiser

	Dialog 1: Hören Sie sich den Dialog bei geschlossenem Buch an.
	Hören Sie sich den Dialog bei geöffnetem Buch an, sooft Sie wollen.
	Studieren Sie Vokabeln und Erklärungen zu Dialog 1.
	Bearbeiten Sie die zum Dialog gehörenden Übungen.
	Dialog 2: Hören Sie sich den Dialog bei geschlossenem Buch an.
	Hören Sie sich den Dialog bei geöffnetem Buch an, sooft Sie wollen.
	Studieren Sie Vokabeln und Erklärungen zu Dialog 2.
	Bearbeiten Sie die zum Dialog gehörenden Übungen.
	Dialog 3: Hören Sie sich den Dialog bei geschlossenem Buch an.
	Hören Sie sich den Dialog bei geöffnetem Buch an, sooft Sie wollen.
	Studieren Sie Vokabeln und Erklärungen zu Dialog 3.
	Bearbeiten Sie die zum Dialog gehörenden Übungen.
	Dialog 4: Hören Sie sich den Dialog bei geschlossenem Buch an.
	Hören Sie sich den Dialog bei geöffnetem Buch an, sooft Sie wollen.
	Studieren Sie Vokabeln und Erklärungen zu Dialog 4.
	Bearbeiten Sie die zum Dialog gehörenden Übungen.
	Prägen Sie sich die *Wichtigen Wörter und Ausdrücke* ein.
	Arbeiten Sie die *Grammatik* durch und bearbeiten Sie die Übungen.
	Bearbeiten Sie die *Leseübungen*.

	Nun folgen die *Radioauszüge* mit den dazugehörigen Übungen.
	Sprechen Sie selbst.
	Hören Sie sich alle CD-Texte noch einmal ohne Buch an.

Lösungen

Übung 1: a. humoristique; **b.** 1-1$\frac{1}{2}$ heure; **c.** fumer/boire; **d.** petit; **e.** 30–40/40–50; **f.** de café/de théâtre; **g.** pour certains spectacles; **h.** en arrivant/après le spectacle.

Übung 2: a. Wie man es vermeidet, im Atombunker vor Langeweile zu sterben. **b.** Ein unterwürfiger Kunde löst Katastrophen in einem Restaurant aus. **c.** Ein „neuer Mann" äußert sich über die „neue Liebe". **d.** Autobiographie einer Person mit zu vielen Nationalitäten.

Übung 4: 1. **b.** 2. **d.** 3. **b.** 4. **a.** 5. **c.** 6. **d.**

Übung 5: a. prendre un verre vers onze heures et demie; **b.** c'est trop cher; **c.** c'est moi qui paie; **d.** quelque chose de plus chaleureux; **e.** ça devient plus compliqué; **f.** c'est une bonne idée; **g.** c'est toi qui nous invites?

Übung 7: a. le Gaumont/cinéma; **b.** bar d'ambiance; **c.** restaurant; **d.** discothèque; **e.** soirée de jazz; **f.** théâtre.

Übung 8: a. einen Monat; **b.** im Lux-Kino; **c.** eine Vorstellung ist kostenlos; **d.** 10 €; **e.** Studenten/Besucher unter 20 Jahren.

Übung 10: a. Je sais où il faut aller. **b.** Cela m'arrive d'aller au restaurant. **c.** Le foie de veau n'était pas assez cuit. **d.** Aux toilettes, j'ai vu deux rats. **e.** Le serveur mangeait dans les assiettes avant de servir. **f.** Les champignons étaient très ordinaires.

Übung 11: Messieurs,
En général je sais choisir les restaurants, mais j'ai eu une mauvaise expérience hier soir à la «Boule d'Or» à Lyon. Les serveurs n'étaient pas du tout aimables et nous avons vu un serveur qui mangeait dans les plats qu'il allait nous servir. Le repas était très mauvais et très cher.
Je vous prie, Messieurs, d'agréer mes salutations distinguées.

Übung 13: a. Il y a des cafés-théâtres à Paris. **b.** J'aime le Café de la Gare, mais il y en a d'autres. **c.** Nous avons payé les billets il y a trois semaines. **d.** Je suis allé(e) à Paris il y a quinze ans. **e.** Vous n'avez rien mangé! Qu'est-ce qu'il y a? **f.** Il y avait beaucoup de monde sur la plage.

Übung 14: a. Assieds-toi à côté de ta sœur. **b.** Il va s'asseoir. **c.** Elle est assise devant vous/toi. **d.** Ils ne s'assoient/asseyent pas à notre table. **e.** Voulez-vous vous asseoir?/Vous voulez vous asseoir?/Est-ce que vous voulez vous asseoir?

Übung 15: a. Berkeley, Le Dauphin, La Calavados; **b.** La Bonne Fourchette; **c.** Auf Rindfleisch- und Eiergerichte; **d.** La Belle France im ersten Stock des Eiffelturms; **e.** La Belle Epoque; **f.** Au Cochon de Lait; **g.** La Calvados.

Übung 16: a. samstags 21 Uhr bis montags 9 Uhr; **b.** Rowdys und Penner stellen sich ein; **c.** indem man tagsüber mit einem Ausweis vorbeikommt; **d.** Alkohol (einschließlich Bier); **e.** Zeitschriften, Bücher, Geschenkartikel, Video- und Hi-Fi-Geräte, Parfum, pharmazeutische Produkte, Lebensmittel usw.; **f.** weil man oft die gleichen Leute trifft; **g.** 10.

Übung 17: a.

H	G	G	H	G	H	G	H	H

b. Dass junge Restaurantbesitzer, die immerhin einige finanzielle Schwierigkeiten haben dürften, sich nicht die Mühe machen, sonntags zu öffnen. **c.** Weil es so schwierig ist, ein Restaurant zu finden, das Sonntag abends geöffnet ist.

9 A votre santé!

Wegweiser

	Dialog 1: Hören Sie sich den Dialog bei geschlossenem Buch an.
	Hören Sie sich den Dialog bei geöffnetem Buch an, sooft Sie wollen.
	Studieren Sie Vokabeln und Erklärungen zu Dialog 1.
	Bearbeiten Sie die zum Dialog gehörenden Übungen.
	Dialog 2: Hören Sie sich den Dialog bei geschlossenem Buch an.
	Hören Sie sich den Dialog bei geöffnetem Buch an, sooft Sie wollen.
	Studieren Sie Vokabeln und Erklärungen zu Dialog 2.
	Bearbeiten Sie die zum Dialog gehörenden Übungen.
	Dialog 3: Hören Sie sich den Dialog bei geschlossenem Buch an.
	Hören Sie sich den Dialog bei geöffnetem Buch an, sooft Sie wollen.
	Studieren Sie Vokabeln und Erklärungen zu Dialog 3.
	Bearbeiten Sie die zum Dialog gehörenden Übungen.
	Dialog 4: Hören Sie sich den Dialog bei geschlossenem Buch an.
	Hören Sie sich den Dialog bei geöffnetem Buch an, sooft Sie wollen.
	Studieren Sie Vokabeln und Erklärungen zu Dialog 4.
	Bearbeiten Sie die zum Dialog gehörenden Übungen.
	Prägen Sie sich die *Wichtigen Wörter und Ausdrücke* ein.
	Arbeiten Sie die *Grammatik* durch und bearbeiten Sie die Übungen.
	Bearbeiten Sie die *Leseübungen.*

	Nun folgen die *Radioauszüge* mit den dazugehörigen Übungen.
	Sprechen Sie selbst.
	Hören Sie sich alle CD-Texte noch einmal ohne Buch an.

Lösungen

Übung 1: a. ja; **b.** Bauchgegend; **c.** Durchfall; **d.** 37,8 °C; **e.** Magen- und Darmgrippe; **f.** Antiseptikum; Kapseln; 2–3 mal pro Tag; Aspégic.

Übung 2: C: Je pense que je couve quelque chose: je me sens fatigué(e) et j'ai des courbatures. **Ph:** Vous avez mal à la tête et des frissons? **C:** Oui–j'ai peur d'attraper la grippe. **Ph:** Vous avez simplement pris froid. Prenez ce médicament, matin et soir, pendant une semaine.

Übung 4: a. médicament; **b.** dose; **c.** paroi; **d.** rhumatismes; **e.** ulcères; **f.** aliments; **g.** contrôle; **h.** douloureux. Die fett umrandeten Buchstaben bilden das Wort: ASPIRINE.

Übung 5: Dosierung: Sich genau an die ärztliche Vorschrift halten. Normale Dosierung: eine Tablette zweimal am Tag, morgens und abends. – **Unerwünschte Nebenwirkungen:** Sehr selten Verdauungsbeschwerden, Kopfschmerzen. – **Bei Einnahme zu beachten:** Vorsicht ist geboten, besonders beim Lenken von Fahrzeugen und der Bedienung von Maschinen, da mit der Einnahme dieses Medikaments das Risiko von Schläfrigkeit verbunden ist.
Es wird streng davon abgeraten, gleichzeitig Alkohol zu sich zu nehmen.

Übung 7: bonne mine; en forme; comment; disque; par semaine; exercices; copines; maison; se sent.

Übung 8: a. du; **b.** de la; **c.** un; **d.** des; **e.** de; **f.** de; **g.** de.

Übung 10: a. faux; **b.** vrai; **c.** vrai; **d.** faux; **e.** vrai; **f.** faux.

Übung 11: Pompiers de Paris: **a.** Sie sind die einzigen militärischen Feuerwehrleute der Welt. **b.** Sie haben kein Streikrecht. **c.** Das Durchschnittalter ist 20 – 22.

Centre de secours de Colombier: **a.** Es gibt zwei Leutnants. **b.** Sie sind die einzigen Offiziere der Feuerwache. **c.** Einer der beiden muss stets anwesend sein.

Übung 13: a. où; **b.** quoi; **c.** quelle; **d.** quand. **e.** Ces plats ont été préparés n'importe comment. **f.** Les enfants mangent n'importe quoi! **g.** Vous pouvez acheter de l'aspirine dans n'importe quelle pharmacie.

Übung 14: a. Il paraît que la pharmacie est fermée. **b.** Il reste deux gélules. **c.** Il (vous) suffit de consulter un médecin. **d.** Il faut prendre votre médicament maintenant. **e.** Il arrive souvent que j'oublie de prendre mon médicament.

Übung 15: b. d. f.

Übung 16: a. depuis cinq ans; **b.** pendant trois jours; **c.** chez un ami rhumatologue; **d.** un antiépileptique; **e.** qu'un médicament se révèle efficace dans un autre domaine.

Übung 17: a. le vin; **b.** les apéritifs; **c.** la bière; **d.** le digestif.

Übung 18: a. une boisson alcoolique; **b.** perception des distances; **c.** les individus, le moment; **d.** un an; **e.** un an de prison; **f.** vie/ des autres.

Übung 19: a. à 21 ans; **b.** 26 %; **c.** pour faire bien; **d.** à 10 ans.

21

10 Au courant de la technologie

Wegweiser

	Dialog 1: Hören Sie sich den Dialog bei geschlossenem Buch an.
	Hören Sie sich den Dialog bei geöffnetem Buch an, sooft Sie wollen.
	Studieren Sie Vokabeln und Erklärungen zu Dialog 1.
	Bearbeiten Sie die zum Dialog gehörenden Übungen.
	Dialog 2: Hören Sie sich den Dialog bei geschlossenem Buch an.
	Hören Sie sich den Dialog bei geöffnetem Buch an, sooft Sie wollen.
	Studieren Sie Vokabeln und Erklärungen zu Dialog 2.
	Bearbeiten Sie die zum Dialog gehörenden Übungen.
	Dialog 3: Hören Sie sich den Dialog bei geschlossenem Buch an.
	Hören Sie sich den Dialog bei geöffnetem Buch an, sooft Sie wollen.
	Studieren Sie Vokabeln und Erklärungen zu Dialog 3.
	Bearbeiten Sie die zum Dialog gehörenden Übungen.
	Dialog 4: Hören Sie sich den Dialog bei geschlossenem Buch an.
	Hören Sie sich den Dialog bei geöffnetem Buch an, sooft Sie wollen.
	Studieren Sie Vokabeln und Erklärungen zu Dialog 4.
	Bearbeiten Sie die zum Dialog gehörenden Übungen.
	Prägen Sie sich die *Wichtigen Wörter und Ausdrücke* ein.
	Arbeiten Sie die *Grammatik* durch und bearbeiten Sie die Übungen.
	Bearbeiten Sie die *Leseübungen*.

	Nun folgen die *Radioauszüge* mit den dazugehörigen Übungen.
	Sprechen Sie selbst.
	Hören Sie sich alle CD-Texte noch einmal ohne Buch an.

Lösungen

Übung 1: a. Produits blancs: machine à laver; lave-vaisselle; réfrigérateur; cuisinière; endroit d'utilisation: cuisine. **Produits bruns:** téléviseur; hi-fi; magnétoscope; endroit d'utilisation: salon. **b.** Pour les produits bruns.

Übung 2: a. évolution; **b.** lave-vaisselle; **c.** électronique; **d.** cuisinière; **e.** téléviseur; **f.** réfrigérateur; **g.** coucher; **h.** magnétoscope; **i.** équiper; **j.** nouveaux; **k.** salon; **l.** général; **m.** évidemment; **n.** produits.

Übung 4: a. 1; **b.** 2; **c.** 3.

Übung 5: a. magnétoscope; **b.** rétroprojecteur; **c.** magnétophone; **d.** laboratoire de langues.

Übung 7: a. écran; **b.** clavier; **c.** mémoire centrale; **d.** imprimante.

Übung 8: … En avril j'ai suivi un stage de trois jours pour me mettre au courant de la bureautique. C'était très intéressant. Je pense que cette nouvelle technologie peut énormément changer notre travail. Mes collègues me demandent si ça me fait peur. Pas du tout! Avec une machine à écrire, on a des tâches fastidieuses et répétitives à faire. Une machine à traitement de texte te débarrasse de ces tâches. Je serais très contente d'en avoir une!

Übung 10: a. devient-on; **b.** devient/ souvent de père en fils; **c.** le métier d'; **d.** je serai; **e.** trouvé un emploi d'; **f.** mari est; **g.** veulent pas dire qu'ils sont.

Übung 11:

5	3	7	2	4	1	6

Übung 13: Quelle; quel; tels; lequel; lequel.

Übung 14: a. un nouveau moyen de communication; **b.** sur l'écran d'un terminal; **c.** l'annuaire électronique; **d.** le Minitel.

Übung 15: a. Funkuhr; **b.** Laptop; **c.** CD-Player; **d.** Laptop.

Übung 16: a. David; **b.** son micro-ordinateur domestique; **c.** en piratant l'ordinateur de son école; **d.** deux New York–Paris, en première classe, non-fumeurs; **e.** les missiles nucléaires intercontinentaux américains; **f.** une guerre thermo-nucléaire.

Übung 17: In der Radiosendung wird Davids Alter als 17 angegeben, im Magazinauszug ist er 16.

Übung 18: a. 25dB: une chambre à coucher, la nuit, quand on dort; **30dB:** un réfrigérateur; **80–90dB:** l'aspirateur; **100dB:** le bruit du marteau pneumatique. **b.** Le seuil de la douleur. **c.** Les personnes déprimées, les malades, les convalescents, les nerveux.

11 Tout un programme!

Wegweiser

	Dialog 1: Hören Sie sich den Dialog bei geschlossenem Buch an.
	Hören Sie sich den Dialog bei geöffnetem Buch an, sooft Sie wollen.
	Studieren Sie Vokabeln und Erklärungen zu Dialog 1.
	Bearbeiten Sie die zum Dialog gehörenden Übungen.
	Dialog 2: Hören Sie sich den Dialog bei geschlossenem Buch an.
	Hören Sie sich den Dialog bei geöffnetem Buch an, sooft Sie wollen.
	Studieren Sie Vokabeln und Erklärungen zu Dialog 2.
	Bearbeiten Sie die zum Dialog gehörenden Übungen.
	Dialog 3: Hören Sie sich den Dialog bei geschlossenem Buch an.
	Hören Sie sich den Dialog bei geöffnetem Buch an, sooft Sie wollen.
	Studieren Sie Vokabeln und Erklärungen zu Dialog 3.
	Bearbeiten Sie die zum Dialog gehörenden Übungen.
	Dialog 4: Hören Sie sich den Dialog bei geschlossenem Buch an.
	Hören Sie sich den Dialog bei geöffnetem Buch an, sooft Sie wollen.
	Studieren Sie Vokabeln und Erklärungen zu Dialog 4.
	Bearbeiten Sie die zum Dialog gehörenden Übungen.
	Prägen Sie sich die *Wichtigen Wörter und Ausdrücke* ein.
	Arbeiten Sie die *Grammatik* durch und bearbeiten Sie die Übungen.
	Bearbeiten Sie die *Leseübungen.*

Nun folgen die *Radioauszüge* mit den dazugehörigen Übungen.
Sprechen Sie selbst.
Hören Sie sich alle CD-Texte noch einmal ohne Buch an.

Lösungen

Übung 1: Brigitte: 12. Informations et météo; 19.15 Actualités régionales; 20. Journal; 23.10 Audrey Rose. **Jean-François:** 12.15 Le relais de dimanche; 15.50 Sports été; 23.10 Audrey Rose.

Übung 2: a. Les aventures de Tom Sawyer; Roméo et Juliette. **b.** Les aventures de Tom Sawyer; Audrey Rose. **c.** Dass Ivy die Reinkarnation seiner eigenen Tochter ist, die bei einem Verkehrsunfall ums Leben kam. **d.** Les aventures de Tom Sawyer; Roméo et Juliette. **e.** Weil sie den Ausgang nicht finden können. **f.** Der schnellste Mann der Welt zu werden.

Übung 4: a. Un homme arrive avec son perroquet. **b.** Il demande au vieux monsieur de s'occuper du perroquet. **c.** Le vieux monsieur et le perroquet tiennent une vraie conversation. **d.** Le vieux monsieur ne veut pas dire qu'il a parlé au perroquet.

Übung 5: a. naturellement; **b.** au bout de quelques secondes; **c.** lui demande de garder; **d.** tout le monde; **e.** une dizaine de minutes; **f.** n'a jamais osé.

Übung 7: a. faux; **b.** faux; **c.** vrai; **d.** faux.

Übung 8: a. droite; **b.** gauche; **c.** gauche; **d.** droite; **e.** droite.

Übung 10: a. *le Point:* un magazine d'actualité politique et économique; *les Nouvelles Littéraires:* un magazine spécialisé en littérature; *Paris-Match:* un magazine franchement photographique. **b.** De plus en plus; pêle-mêle; plusieurs; évidemment. **c.** Le Figaro; le Matin. **d.** L'Express.

Übung 11: a. L'Usine; Télé Ciné Vidéo; Décision Informatique; bureau gestion; Votre Ordinateur; **b.** Vidéotex; **c.** en informatique; **d.** une grève de l'impôt; **e.** le Tchad.

Übung 13: a. Ma sœur me l'a dit. **b.** Je le lui ai donné. **c.** Le guide le lui a expliqué. **d.** Il leur a demandé de venir.

Übung 14: a. ce que; **b.** ce qui; **c.** ce qu'; **d.** Ce qui; **e.** ce que; **f.** ce qu'.

Übung 15: a. *les meilleurs:* L'Argent; Le Roi des singes; *les pires:* Caligula, la véritable histoire; Zombie. **b.** Derrière la porte. **c.** A bout de souffle made in USA; Monty Python, le sens de la vie; L'Année de tous les dangers; L'Eté meurtrier.

Übung 16: musiciens; music-hall; trompettiste; loge; jeune; armée; tiré; elle m'; calmement; sœur.

Übung 17: France Inter: für die breite Masse; sendet rund um die Uhr; France Culture: bringt kulturelle und Bildungsprogramme; France Musique: sendet hauptsächlich Musikprogramme (mit Einführung und Erläuterung der Werke); Radio Sept: ein Sender für junge Leute; Radio Bleue: ist für Senioren konzipiert; Radio France Internationale: strahlt französische Programme in alle Welt aus.

Übung 18: a. Um die Einwohner von Paris über lokale Ereignisse zu informieren, da es keine Lokalpresse in der Hauptstadt gibt. **b.** Le Parisien Libéré. **c.** Les personnes âgées. **d.** Toulouse.

25

12 Quoi de nouveau?

Wegweiser

	Dialog 1: Hören Sie sich den Dialog bei geschlossenem Buch an.
	Hören Sie sich den Dialog bei geöffnetem Buch an, sooft Sie wollen.
	Studieren Sie Vokabeln und Erklärungen zu Dialog 1.
	Bearbeiten Sie die zum Dialog gehörenden Übungen.
	Dialog 2: Hören Sie sich den Dialog bei geschlossenem Buch an.
	Hören Sie sich den Dialog bei geöffnetem Buch an, sooft Sie wollen.
	Studieren Sie Vokabeln und Erklärungen zu Dialog 2.
	Bearbeiten Sie die zum Dialog gehörenden Übungen.
	Dialog 3: Hören Sie sich den Dialog bei geschlossenem Buch an.
	Hören Sie sich den Dialog bei geöffnetem Buch an, sooft Sie wollen.
	Studieren Sie Vokabeln und Erklärungen zu Dialog 3.
	Bearbeiten Sie die zum Dialog gehörenden Übungen.
	Dialog 4: Hören Sie sich den Dialog bei geschlossenem Buch an.
	Hören Sie sich den Dialog bei geöffnetem Buch an, sooft Sie wollen.
	Studieren Sie Vokabeln und Erklärungen zu Dialog 4.
	Bearbeiten Sie die zum Dialog gehörenden Übungen.
	Prägen Sie sich die *Wichtigen Wörter und Ausdrücke* ein.
	Arbeiten Sie die *Grammatik* durch und bearbeiten Sie die Übungen.
	Bearbeiten Sie die *Leseübungen*.

	Nun folgen die *Radioauszüge* mit den dazugehörigen Übungen.
	Sprechen Sie selbst.
	Hören Sie sich alle CD-Texte noch einmal ohne Buch an.

Lösungen

Übung 1: a. Le bruit des enfants qui jouaient dans la rue. **b.** Les enfants de Michèle qui galopent chez eux. **c.** Le bruit des motos dans la rue. **d.** Le piano du voisin. **e.** La radio d'Anne-Marie.

Übung 2: SIDA «Un début d'épidémie»: **d.** Le camp de la faim: **c.** L'exploit à bout de souffle: **a.** Les diplomates délinquants: **b.**

Übung 4: a. une dizaine d'années; **b.** vrai; **c.** miroir; **d.** précisément; **e.** contraire; **f.** gens; **g.** sûr; **h.** gagner.

Übung 5: La France est un état centralisé, mais maintenant dans les régions on parle beaucoup de décentralisation. On demande une autre forme d'organisation du pouvoir politique. Je comprends les gens des villes de province – ils n'aiment pas être tyrannisés par la capitale et ils préféreraient être les maîtres chez eux. Mais à Paris on ne comprend pas – on dit que la décentralisation est contraire à notre tradition historique.

Übung 7: a. die Fünfte; **b.** 1958; **c.** der Präsident wird vom Volk gewählt, der Premierminister wird vom Präsidenten ernannt; **d.** der Präsident; **e.** le Sénat; l'Assemblée nationale.

Übung 8:

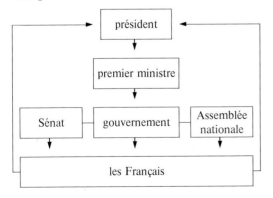

Übung 10: *Horizontalement:* **6** ce; **7** le président de; **10** en; **11** ne; **12** régions; **15** état; **16** réunir; **17** été; **20** blessé; **22** lu; **24** se; **25** tu; **26** en fin de; **27** qui; **29** deux; **31** avenir; **32** élu; **35** universel; **36** dos. *Verticalement:* **1** le; **2** droit; **3** si; **4** génie; **5** étrange; **6** centralisé; **7** la République; **8** Sénat; **9** de; **13** et; **14** gagner; **18** eu; **19** suffrage; **21** saute; **23** année; **26** eux; **28** pris; **30** une; **33** lu; **34** un.

Übung 12: a. La femme la plus intelligente. **b.** Les plus belles choses. **c.** Le plus grand pays. **d.** Le journal/quotidien le plus intéressant. **e.** Le meilleur avion du monde. **f.** Le pire repas.

Übung 13: a. Le (un) concert a été donné par la pianiste. **b.** L'(une) amie a été invitée par nous. **c.** Les voisins sont exaspérés par le bruit. **d.** La (une) lettre a été écrite par lui.

Übung 14: a. Lille; Nice. **b.** Das ist von Gegend zu Gegend verschieden: In manchen Ämtern wird die Arbeit für eine Stunde niedergelegt, in anderen ruht sie die ganze Nacht oder den ganzen Tag. **c.** Die Postsäcke stapeln sich und „ersticken" das Sortieramt. **d.** Die Arbeitsbedingungen sind wie im 19. Jahrhundert / es ist staubig. **e.** Baccalauréat (Abitur) und Universitätsabschluss. **f.** Sie sagen, die Maschinen sind mit Zählwerken ausgestattet, um die Angestellten zu kontrollieren. **g.** Jede Maßnahme der Direktion, die Arbeitsbedingungen zu verbessern, wird falsch ausgelegt.

Übung 15: a. Zwei der Spionage beschuldigte amerikanische Diplomaten wurden aus Libyen ausgewiesen./ Drei Polizisten aus Nordirland wurden vom Dienst suspendiert. **b.** Ein Mann wurde an einer Straßensperre in Belfast erschossen. **c.** Ein amerikanischer Diplomat wurde aus Libyen ausgewiesen, weil er pornographische Literatur vertrieben haben soll. **d.** Ein Brite und ein Amerikaner machten sich von Thailand aus auf die Suche nach einem Schatz in der Nähe einer vietnamesischen Insel vor der Küste von Kambodscha. **e.** Der schottische Pirat William Kidd vergrub einen Schatz.

Übung 16: a. vrai; **b.** faux; **c.** faux; **d.** faux; **e.** vrai; **f.** vrai; **g.** vrai.

Übung 17: Anzahl der Kreisel: 12; Zahl der Unfälle vorher: 25 (pro Jahr); nachher: 8; Abnahme an Verkehrsstaus, Benzinverbrauch und Umweltverschmutzung.

Texte der Radioübungen

Unité 1 Übung 17

Interviewer: Pouvez-vous me décrire un gîte?

Mme Gigante: Un gîte est un hébergement de vacances que l'on trouve généralement à la campagne. Ça peut être une ferme qui a été rénovée dans le style du pays, ou une maison dans un village …

Interviewer: Quels sont les avantages?

Mme Gigante: Les avantages? Ben, tout d'abord un gîte ne coûte pas très cher. Deuxièmement, les vacances en gîte permettent de découvrir la vie à la campagne et d'avoir le contact avec les gens du village, et de pouvoir se mêler à la vie de tous les jours …

Interviewer: Et le prix approximatif d'un gîte?

Mme Gigante: Le prix varie entre, par exemple, 900 (euros) par semaine pour une famille de quatre personnes en juillet/août et, disons, 700 (euros) par semaine en dehors de juillet/août.

Unité 1 Übungen 18 und 19

Interviewer: Alors, est-ce qu'il y a pas, malgré tout, quelques risques à tout cela, c'est-à-dire que, on abandonne un petit peu le touriste français qui, qui va aux Etats-Unis. On lui donne un, un «motor-home» … il se promène, son voyage est planifié, mais il est un peu livré à lui-même et – dans un pays qu'on ne connaît pas, où on pratique souvent mal la langue – on peut, en fin de compte, risquer de gâcher ses vacances parce qu'on est un petit peu perdu.

Marie-Christine Bresson: Non. Je ne suis pas d'accord avec vous, parce que, tout d'abord, les Français qui partent aux Etats-Unis ont une notion de ce que représente le pays. S'ils prennent une voiture, ils ont des cartes routières, sur tous les «highways» il y a des balises qui vous indiquent bien les directions.
Et autre chose: on parle toujours de la barrière de la langue. Je sais bien que de nombreux compatriotes ne parlent malheureusement pas l'anglais, mais sachez que, si vous arrivez en, aux Etats-Unis en, en ânonnant trois, quatre mots d'anglais, vous arriverez à vous débrouiller, car les Américains sont des gens tellement ouverts qu'ils trouveront toujours un moyen pour vous expliquer.

Unité 2 Übung 17

Propriétaire: Voyez, ici nous trouvons le calme. Nous sommes loin des machines. Ces locaux constituent le chai de vieillissement en bouteilles. Il n'est pas bon que le vin soit commercialisé immédiatement après sa mise en bouteilles, laquelle représente pour lui quand même un certain traumatisme. Il lui faut au, au moins … nous nous imposons au moins six mois de vieillissement en bouteilles – six mois de réflexion, si j'ose dire.

Unité 3 Übung 16

Mme Nebout: Notre-Dame est un monument très visité, mais je proposerai de prendre le problème à l'envers et d' aller à son chevet. Euh, vous avez au chevet de Notre-Dame le square Jean XXIII, qui est un bijou. Il a d'ailleurs régulièrement tous les ans le prix des parterres fleuris, car ses, ses jardiniers, on dirait qu'ils sont sensibles au fait qu'il y a tant de monde pour venir regarder …

Interviewer: Si nous continuons la promenade, où allons-nous?

Mme Nebout: Eh bien, vous longez le vaisseau de l'église, et puis vous arrivez sur le parvis de Notre-Dame. Au passage, un petit coup d'œil: vous avez là une pierre dans le parvis qui indique le point zéro, c'est-à-dire que lorsqu'on indique «Paris 20 km», «Paris 22 km», c'est pris de ce point exact. C'est le centre, c'est le cœur de Paris, même pour le système métrique, qui est peu poétique.

Unité 3 Übung 17

Speaker: Bonsoir. Le ciel est nuageux et les températures sont fraîches. La météo n'est pas optimiste pour la nuit prochaine et pour demain: cette nuit les températures baisseront jusqu'à 9°; quant à demain: éclaircies et nuages joueront à cache-cache avec des pluies intermittentes; les températures seront de l'ordre de 18°.

Unité 4 Übung 19

Jean-Paul Raulin: Cette enquête a été effectuée du 15 juin au 5 juillet dernier auprès d'un échantillon représentatif de 844 personnes âgées de 15 ans et plus. 75 % des Parisiens se déclarent satisfaits du fonctionnement des transports urbains, mais 78 % souhaitent des améliorations pour l'avenir.

A la question «Quels moyens de transport utilisez-vous, même occasionnellement?» les réponses sont les suivantes: le bus et le métro sont choisis par 67 % des personnes interrogées, devant la voiture particulière (59 %), la marche à pied (6 %) et les deux-roues (1 %).

Certes, les Parisiens jugent les transports collectifs utiles, pratiques et modernes, mais 9 personnes sur 10 considèrent leur développement et leur amélioration comme importants, voire très importants.

Unité 4 Übung 20

Caroline Bosc: Quatorze quartiers de Paris sont dévorés par les termites. Les termites, ce sont des petites bêtes blanchâtres qui vivent à l'abri de la lumière. Ils effectuent de véritables ravages en s'attaquant aux matières cellulosiques – bois, papier, étoffe – mais aussi au plâtre et au ciment. Bernard Gouley a rencontré Madame Michèle Fabre, ingénieur au Laboratoire d'Hygiène de la Ville de Paris. Elle nous communique quelques conseils pour éviter l'invasion des termites.

Michèle Fabre: En priorité de lutter contre toutes les causes d'humidité et, en deuxième conseil, d'éviter de donner à manger aux termites en débarrassant les sous-sols de toutes les matières cellulosiques que, qu'ils peuvent contenir.

Bernard Gouley: Si on laissait faire un nid de termites dans un immeuble, qu'est-ce qui se passerait?

Michèle Fabre: Elles commenceraient à se développer au sous-sol, puis au rez-de-chaussée, au premier, au deuxième, et comme ça jusqu'en haut et ensuite je pense qu'elles se développeraient sur les bâtiments adjacents.

Unité 5 Übung 17

Speaker: Le métro de Marseille, le second de France, sera inauguré officiellement aujourd'hui par le Député-Maire, Monsieur Gaston Defferre. La première ligne de ce métro ultra-moderne entrera en service dès lundi matin:

Jean-Paul Bonami: Ce deuxième métro français, couleur blanc et crème, aura neuf kilomètres et douze stations. Il reliera deux faubourgs de Marseille, en passant par le Vieux Port et par la Gare Saint-Charles. Les responsables, conseillés pour la construction de leur ligne par la R.A.T.P. de Paris, ont choisi une technique qui a fait ses preuves: les voitures sur pneus, qui assurent silence et vitesse – une vitesse qui permettra un débit de 15 000 voyageurs à l'heure en 85.

Unité 5 Übung 18

Georges Falconet: Le diesel, dans ces dernières années, a beaucoup évolué. On dit d'ailleurs, actuellement, que le marché du diesel est un marché en baisse et effectivement le diesel, qui faisait un peu plus de 10 % du marché, est maintenant revenu à environ 9 % du marché, mais je pense que cette chute s'explique davantage par la chute de certains modèles – qui n'étaient probablement pas les diesels qu'attendaient les clients – que par une désaffection du client pour le diesel.

Le diesel n'est plus un véhicule utilitaire, le diesel c'est un véhicule qu'on doit avoir du plaisir à conduire – et je crois que c'est vraiment le cas de la BX 19: c'est un véhicule qui est économique, bien sûr, mais l'économie n'est pas le seul argument de cette voiture. C'est une voiture agréable, c'est une voiture qui a des performances, une voiture qui est souple à conduire – c'est vraiment, je crois, une voiture où on peut trouver du plaisir à la conduire.

Unité 5 Übung 19

Speaker: Je vous donne un point de la physionomie de la circulation en région parisienne: sur le périphérique extérieur de petites difficultés entre la Porte de Sèvres et la Porte d'Orléans, et la Porte de Gentilly et la Porte de Charenton: un poids lourd se trouve en panne; et puis, sur le périphérique intérieur, entre la Porte de Clichy et la Porte de la Chapelle. Le boulevard périphérique intérieur sera fermé entre 21 h ce soir et 5 h demain matin entre la Porte du Pré-Saint-Gervais et la Porte de Vincennes. Par ailleurs, le boulevard périphérique extérieur sera fermé entre 22 h et 6 h demain matin de la Porte de Saint-Ouen à la Porte d'Auteuil.

Unité 6 Übung 17

Speaker: La Permanence Centrale de Coordination organise des séances d'information sur certains métiers avec la participation de professionnels et de jeunes en cours de formation. Demain la rencontre aura pour thème les métiers de la charcuterie. Elle débutera à 14h30 et se déroulera à la salle de spectacle du Gymnase Jean-Dame, 17 rue Léopold-Bellan, dans le 2ᵉ arrondissement. Pour tous renseignements, vous pouvez téléphoner au 233.91.55.*

Unité 6 Übung 18

Jacques Chancel: Lorsqu'on parle de Pierre Cardin, lorsqu'on reçoit Pierre Cardin, il faut … mettre la conversation sur la haute couture ou, au contraire, sur le plan du théâtre … pour lui faire plaisir?

Pierre Cardin: Sur la haute couture, parce que la haute couture est – je ne renie jamais – ce qui m'a permis de faire du théâtre; c'est grâce à la haute couture, c'est grâce à mon métier, que je suis Pierre Cardin – ce n'est pas grâce au théâtre. Je suis devenu Pierre Cardin – en tout cas, j'ai l'impression de parler de Pierre Cardin comme d'une, comme d'un employeur – parce que je suis tellement …

Jacques Chancel: Ah, mais vous savez … les autres parlent de Pierre Cardin comme vous en parlez vous-même!

Pierre Cardin: … je suis tellement intégré au travail que je fais, que j'ai l'impression d'être au service de cette … maison, de cette marque.

Jacques Chancel: De vous-même, alors …

Pierre Cardin: Absolument, je suis un élément, une cellule qui travaille pour cette maison, je ne me sens pas Pierre Cardin, je, j'ai l'impression de travailler pour quelqu'un, pour une marque qui est importante, et je fais tout pour que cette marque soit brillante et mérite le prestige … qu'elle a actuellement …

Unité 7 Übung 17

Jean-Paul Raulin: Une grande soirée de gala sera donnée demain au Théâtre des Champs-Elysées au profit des recherches sur les maladies cellulaires. Un concert d'œuvres de Beethoven sera dirigé par Zubin Mehta et l'Orchestre Philharmonique d'Israël. Pour réserver vos places, vous devez vous adresser au Théâtre des Champs-Elysées, 15 avenue Montaigne, dans le 8ᵉ arrondissement.

Unité 7 Übung 18

Jean-Paul Raulin: Au programme de l'Université d'Eté de Paris demain, deux conférences: la première aura lieu à l'Université René Descartes et sera intitulée «Le parlement européen»; la seconde débutera à

15 h à l'Université Pierre et Marie Curie et aura pour thème «Notre cœur et son histoire».

Unité 7 Übung 19

Jean-Paul Raulin: C'est demain à midi que Monsieur Jack Lang, Ministre Délégué à la Culture, inaugurera la Grande Fête d'Automne de La Villette. Bien entendu, les travaux continuent dans le Parc de La Villette, et cela jusqu'en 1986, mais à partir de demain vous pourrez voir évoluer des artisans forains, des cracheurs de feu, des jongleurs, ou bien prendre place dans des manèges futuristes, participer à des concours de tir et tenter – pourquoi pas? – votre chance aux loteries. La grande Fête d'Automne de la Villette est ouverte jusqu'au 16 octobre.

Unité 7 Übung 20

Caroline Bosc: Le Club Omnisport du 15ᵉ arrondissement propose à partir du 19 septembre prochain des cours de gymnastique féminine: des exercices d'assouplissement et de musculation vous seront proposés sur fond de musique moderne. Les cours seront dispensés tous les lundis de 17 h à 18 h et les mercredis de 19 h à 20 h. Les inscriptions seront prises les mercredi 14 et jeudi 15 septembre de 19 à 20 h, puis à chaque début de séance. Les frais se montent à 400 (€) pour toute l'année scolaire, à raison de deux heures de cours par semaine. L'adresse: Gymnase Falguière, 144 rue Falguière dans le 15ᵉ arrondissement, métro Volontaires.

Unité 8 Übung 17

Philippe Couderc: Il faut bien que je resignale quand même cet excellent restaurant: c'est le *Hollywood Canteen* où je suppose que vous avez été …

Interviewer: Ah non, je ne connais pas le *Hollywood Canteen* à Deauville.

Philippe Couderc: Le *Hollywood Canteen* à Deauville est une …

Interviewer: Je vais prendre des notes …

Philippe Couderc: … eh oui, c'est une, c'est la *une* des nouveautés de Deauville. C'est un, oh disons ce, cela ressemble à un de ces petits bistrots qu'on peut trouver dans les quartiers populaires de New York. C'est décoré avec quantité de photos extraites des films les plus classiques, si j'ose dire, et on sert là une cuisine para-américaine, extrêmement simple, mais qui a un avantage: elle est faite avec des produits frais et bons, et on fait un repas sympathique dans une ambiance qui est donc à la fois américaine et très parisienne, ce qui correspond, je crois, parfaitement au Deauville d'aujourd'hui.

Unité 8 Übung 17 (Fortsetzung)

Philippe Couderc: Autre nouveauté: un restaurant qui s'appelle *La Gitane* - restaurant de cuisine française, de cuisine quasiment familiale - qui se trouve à proximité d'un restaurant qui a une bonne réputation, le, *La Gauloise.* D'ailleurs, ce sont les mêmes propriétaires, mais les prix sont beaucoup plus raisonnables. *La Gitane*, donc, se trouve 53 bis avenue de la Motte-Picquet.
Mais je veux signaler que tous, tous ces restaurants nouveaux - et c'est quand même un peu dommage - ne sont pas ouverts le dimanche. Alors, je comprends mal les jeunes cuisiniers, les jeunes restaurateurs, qui doivent quand même avoir quelques difficultés économiques - quand on monte une affaire c'est ça - qui ne prennent même pas la peine d'ouvrir le dimanche et de fermer un autre jour de la semaine, alors qu'il est tellement difficile de trouver un restaurant ouvert le dimanche soir - nous en savons quelque chose, je crois.

Unité 9 Übung 17

Denis Poirier: Bonjour. Ici, Denis Poirier. Je m'adresse à ceux qui disent: «L'alcool? Moi? Je n'en bois pas!» C'est possible, mais le vin, les apéritifs, la bière, c'est aussi de l'alcool, et vous en buvez ... un peu trop peut-être. Ayez donc la curiosité de compter le nombre de verres que vous buvez dans une journée. Et n'oubliez pas: apéritif, vin, bière, digestif, tout s'additionne - là est le danger!

Unité 9 Übung 18

Denis Poirier: Attention! Vous êtes peut-être dangereux - dangereux parce que vous allez prendre le volant après avoir absorbé une boisson alcoolique, dangereux parce que l'alcool fausse votre perception des distances, dangereux parce que vous ne pouvez être votre propre juge. La sensibilité à l'alcool change selon les individus, le moment, la boisson absorbée. Si la menace d'un an de prison ne vous arrêtent pas, pensez que vous risquez votre vie

et celle des autres. Pour l'automobiliste, il n'y a qu'une alcoolémie sûre - c'est l'alcoolémie 0!

Unité 9 Übung 19

Speaker: Il y a quinze ans, on commençait à fumer à 21 ans, aujourd'hui à quatorze ans et demi. Désormais, 26% des enfants de 12 à 14 ans sont déjà des consommateurs de tabac. Je répète: 26% des enfants de 12 à 14 ans ...
Jeune fille: La première cigarette, c'est dégueulasse! Après, après on commence à s'habituer, ça va mieux, mais disons que - au commencement - c'est pour faire bien, et tout le monde c'est la même chose. Moi, j'ai commencé très jeune, j'ai commencé à dix ans ...
Interviewer: A dix ans?
Jeune fille: A dix ans, oui.

Unité 10 Übungen 16 und 17

Pierre Bouteiller: Un adolescent de dix-sept ans, surdoué d'électronique, s'amuse à bricoler son microordinateur domestique en le connectant sur différents computers avec lesquels il rentre en communication grâce à des noms de code. Ainsi peut-il se faire attribuer, par exemple, de bonnes notes scolaires en piratant l'ordinateur de son école, ou encore, se fait-il réserver, pour lui et sa petite amie, deux New York–Paris, en première classe, non-fumeurs, en connectant la machine d'une compagnie aérienne.
Mais là où l'affaire se corse, c'est lorsque David – David, c'est le nom de cet adolescent surdoué d'électronique - arrive à entrer en communication avec l'ordinateur central du NORAD autrement dit, du North American Air Defence Command - quelque chose comme le centre nerveux qui contrôle la mise à feu de tous les missiles nucléaires intercontinentaux américains. Et comme ça, manière de s'amuser, comme tous les gosses du monde, contaminés par la vidéomanie, par les jeux vidéo, eh bien, David programme la cassette «Guerre thermo-nucléaire» et manque d'en provoquer une pour de vrai.

Unité 10 Übung 18

Rosemonde Pujol: Le bruit, ça se mesure comme le reste, comme la température. Et c'est ainsi que les spécialistes savent qu'une chambre à coucher, la nuit quand on dort, se situe aux environs de 25 décibels – c'est très silencieux. Un réfrigérateur ordinaire ronronne à 30 décibels. Mais l'aspirateur, lui, vrombit aux environs de 80 à 90 décibels. C'est-à-dire que son seul bruit peut couvrir presque tous les bruits environnants: le téléphone qui sonne, le bébé qui crie, l'enfant qui appelle.

Pour vous donner un autre exemple, le bruit du marteau pneumatique se situe à peine au-dessus de l'aspirateur: 100 décibels, donc juste à la limite du seuil qui devient insupportable pour l'oreille, puisque les spécialistes l'appellent «seuil de la douleur»: 120 décibels. Ça, c'est pour les bien portants, mais pour les personnes déprimées, malades, convalescentes, pour les nerveux, le seuil de la douleur peut se situer bien plus bas, et justement, au niveau du vrombissement de l'aspirateur.

Unité 11 Übung 17

Mme Battistelli: La Société Nationale de Radiodiffusion, Radio France, a plusieurs chaînes. Elle a d'abord des chaînes dites nationales parce qu'elles diffusent sur tout notre territoire: • la chaîne France Inter, la plus ancienne, qui est une chaîne grand public et qui diffuse 24 heures sur 24, • la chaîne France Culture, qui s'adresse à un public recherchant plus des émissions culturelles ou éducatives, et • la chaîne France Musique, qui apporte des programmes essentiellement musicaux, mais aussi bien avec présentation et commentaire sur les œuvres

Depuis quelque temps nous avons créé des radios dites thématiques, c'est-à-dire que • Radio Sept pratiquement s'adresse aux jeunes, et • Radio Bleue aux personnes du troisième et du quatrième âge.

Depuis encore moins de temps, nous avons des stations locales et régionales en province qui ont un programme plus spécifiquement régional. Et enfin, nous avons • Radio France Internationale, qui est destinée à émettre en français dans le monde entier …

Unité 11 Übung 18

André Serfati: Radio Service Tour Eiffel est une nouvelle radio qui a été créée en décembre 1980, à l'initiative de Monsieur Jacques Chirac, le maire de Paris, pour répondre à un besoin. Le besoin, c'est que … il n'y a pas, à Paris, comme à Toulouse, Lyon ou Marseille, une presse régionale – ou très peu – il y

a bien *le Parisien Libéré*, qui a quelques pages régionales, mais il n'y a pas vraiment de presse régionale.

Donc, le maire de Paris a estimé qu'il fallait créer un grand moyen d'information, à destination des Parisiens, pour leur parler de ce qui se passait dans leur ville, et pour leur donner un certain nombre d'informations sur les moyens d'accéder à toutes sortes de services qui existent, qui fonctionnent très bien, et que peu de gens connaissent – qu'il s'agisse du sport, d'associations culturelles ou de services sociaux pour les personnes âgées, par exemple, ou les handicapés.

Je prends un exemple: si vous organisez à Toulouse une kermesse, *la Dépêche du Midi*, qui est le journal local, qui est un grand journal, parlera de cette kermesse; si vous l'organisez à Paris, vous ne voyez pas *le Monde, le Quotidien de Paris* ou *le Figaro* faire état d'une kermesse qui intéresse un quartier. Radio Service Tour Eiffel permet donc aux Parisiens de trouver des informations sur ce qu'il se passe dans leur quartier et qu'ils ignorent quelquefois.

Unité 12 Übung 16

André Serfati: Alors, Georges Falconet, bonjour, merci d'être venu. Nous allons parler d'abord de cette grève d'Aulnay-sous-Bois: est-ce que cela signifie que – à travers cette première usine touchée dans le groupe Citroën – c'est l'industrie automobile qui va devoir affronter cette année encore des difficultés dans le domaine social?

Georges Falconet: Bien, je crois qu'il ne faut jamais dramatiser une situation. A l'usine d'Aulnay, la grève est le fait actuellement d'une minorité dans l'usine – l'ensemble de l'usine est très calme. Vous savez que l'usine est en train de repartir partiellement actuellement, et tout le monde, je crois, met tout en œuvre chez Citroën pour que les choses s'apaisent. Vous savez qu'il y a des discussions en cours, et je pense et j'espère que les choses vont rentrer rapidement dans la normalité.

André Serfati: Voilà, Georges Falconet, je vous trouve un peu, un peu placide, je dirais, on a l'impression que les négociations n'ont pas grande importance et on attend que la grève se termine.

Georges Falconet: C'est votre opinion et je la respecte complètement, mais nous avons un gros travail à faire dans nos usines pour produire dans des conditions de qualité qui satisfassent nos clients. Donc, tout le monde se bat dans l'usine pour rendre les choses plus normales …

Unité 12 Übung 17

André Serfati: Et puis, sachez qu'à partir du 1er mai prochain, la priorité aux carrefours giratoires passe à gauche … Caroline Bosc:

Caroline Bosc: Cette réforme du code a déjà été expérimentée avec succès dans différentes agglomérations, et notamment à Quimper où l'on a noté une importante baisse des accidents corporels. Douze carrefours à sens giratoire et priorité à gauche ont été mis en place. Il y avait auparavant vingt-cinq accidents corporels par an à ces carrefours – on en enregistre maintenant seulement huit.

Et puis, ce n'est pas le seul avantage de ce nouveau système: il entraîne, en effet, une diminution du nombre des embouteillages, grâce au dégagement rapide des intersections, et puis aussi une économie de carburant et une baisse de la pollution, grâce à une meilleure fluidité de la circulation.

Andere Länder entdecken & verstehen

Sie erwarten sich von Ihrer Reise mehr als nur touristische Eindrücke?
Die *KulturSchlüssel* zeigen Ihnen den Weg, um Land und Leute richtig kennen zu lernen.

Die KulturSchlüssel sind erhältlich für:

Ägypten	ISBN 3–19–005295–6
Australien	ISBN 3–19–005310–3
Frankreich	ISBN 3–19–003291–2
Griechenland	ISBN 3–19–005326–X
Malaysia & Singapur	ISBN 3–19–005297–2
Türkei	ISBN 3–19–005296–4
Vietnam	ISBN 3–19–005309–X

In Vorbereitung: USA

Hueber
Sprachen der Welt
www.hueber.de

Umfassend – gründlich – unterhaltsam

**Großer
Lernwortschatz
Französisch**

von Thérèse Buffard
15.000 Wörter zu 150 Themen
368 Seiten
ISBN 3–19–006369–9

Vokabeln lernen sich leichter, wenn sie nach Themenbereichen gegliedert und in thematischen Zusammenhängen präsentiert werden. Diesem Prinzip folgt der **Große Lernwortschatz:**

- Rund 15.000 Wörter in 20 thematisch geordneten Kapiteln
- Themen wie soziale Probleme und Weltanschauung
- Fast jeder Begriff in einem typischen Anwendungsbeispiel
- Extras zu Grammatik, Aussprache, Wortgebrauch und Landeskunde
- Topaktueller Wortschatz
- Mit phonetischer Lautschrift

Auch für Englisch, Italienisch und Spanisch lieferbar.

**Hueber
Sprachen der Welt
www.hueber.de**

Brian Hill • Stéphanie Rybak

FRANZÖSISCH
ganz leicht
ZUM AUFFRISCHEN

Deutsche Bearbeitung
Claudia Eilers

Max Hueber Verlag

Dieses Werk folgt der seit dem 1. August 1998 gültigen Rechtschreibreform.

Das Werk und seine Teile sind urheberrechtlich geschützt.
Jede Verwertung in anderen als den gesetzlich zugelassenen
Fällen bedarf deshalb der vorherigen schriftlichen
Einwilligung des Verlages.

€ 3. 2. 1. | Die letzten Ziffern bezeichnen
2006 05 04 03 02 | Zahl und Jahr des Druckes.
Alle Drucke dieser Auflage können, da unverändert,
nebeneinander benutzt werden.
1. Auflage
© 2002 Max Hueber Verlag, D-85737 Ismaning
Lizenzausgabe von Palgrave Publishers Ltd, Basingstoke, England
Titel der deutschen Originalausgabe: Hueber-Selbstlernkurs Französisch für Fortgeschrittene
© 1989 Max Hueber Verlag
Titel der englischen Originalausgabe: Breakthrough Further French, Pan Books, London 1985
Umschlaggestaltung: Atelier Kontraste, München
Zeichnungen: Barbara Schwab, Osterholz-Scharmbeck
Druck und Bindung: Friedrich Pustet, Regensburg
Printed in Germany
ISBN 3-19-003313-7 (Package)
1.3313 (Übungsbuch)

Inhalt

Vorwort	5	7 Vivement le week-end!	107
		8 Que faire ce soir?	123
1 Un temps fantastique	9	9 A votre santé!	139
2 J'ai bien mangé, j'ai bien bu …	27	10 Au courant de la technologie	155
3 Votre première visite?	41	11 Tout un programme!	171
4 Quelle journée!	57	12 Quoi de nouveau?	187
5 Partir sans problème	75	Wortschatz	203
6 Cherche emploi	91	Unregelmäßige Verben	219

Symbole und Abkürzungen

 Die erste Zahl gibt an, um welche der vier CDs es sich handelt, die zweite den Track, den Sie ansteuern können.

▶ Dieses Zeichen weist auf wichtige Wörter und Ausdrücke hin.

(Adj.) = Adjektiv (Eigenschaftswort)
(Adv.) = Adverb (Umstandswort)
(f.) = feminin (weiblich)

(fam.) = Umgangssprache
(inv.) = unveränderlich
(m.) = maskulin (männlich)
(pl.) = Plural (Mehrzahl)
(sing.) = Singular (Einzahl)

Vorwort

Dieser Selbstlernkurs ist für Französischlernende gedacht, die bereits über Grundkenntnisse verfügen, d. h. sich in den Gesprächssituationen des alltäglichen Lebens gut verständigen können.

Um diesen Lernern den (Wieder-)Einstieg zu erleichtern, werden gelegentlich Vokabeln oder grammatische Aspekte, die schon in einem Anfängerkurs vorkamen, nochmals besprochen bzw. erklärt.

Alle diejenigen, für die der Umgang mit Selbstlernkursen etwas Neues ist, finden im Folgenden noch einige Hinweise, wie man am schnellsten und effektivsten mit diesem Kurs lernt.

Wie man eine Unité bearbeitet

Wegweiser

Zu Beginn eines jeden Kapitels – das wir *Unité* nennen – finden Sie einen Wegweiser, dem Sie die Seitenzahlen der einzelnen Übungen entnehmen können.

Dialoge

In jeder *Unité* hören Sie vier Tonaufnahmen aus Frankreich, Dialoge genannt, in denen das neue sprachliche Material eingeführt wird. Die Aufnahmen stammen aus Frankreich, und die Personen, die Sie hören werden, sprechen so, wie im französischen Alltag tatsächlich gesprochen wird. Es wird daher nicht von Ihnen erwartet, dass Sie jeden Dialog auf Anhieb voll und ganz verstehen.

Hören Sie sich jeden Dialog erst einmal vollständig an; studieren Sie ihn dann mit Hilfe der Pausentaste Ihres CD-Players und des Buchtexts Zeile für Zeile, sooft Sie wollen.

Vokabular und Anmerkungen am Ende jedes Dialogs im Buch werden Ihnen das Verständnis erleichtern. Besonders wichtige Wörter und Redewendungen sind mit einem Pfeil markiert; Sie sollten sich diese gut merken, weil Sie sie in den Übungen wieder brauchen werden.

Wenn Sie glauben, einen Dialog ganz und gar verstanden zu haben, dann hören Sie ihn am besten nochmals an, ohne das Buch zu benutzen; so haben Sie noch eine weitere Verständniskontrolle.

Im Buch finden Sie dort, wo Sie mit der CD arbeiten sollen, ein Piktogramm mit zwei Zahlen. Die erste Zahl gibt an, um welche der vier CDs es sich handelt, die zweite den Track, den Sie ansteuern können. Falls Sie beim Sprachenlernen noch nie einen CD-Player benutzt haben, empfiehlt es sich ganz zu Anfang, sich mit der Technik vertraut zu machen.

Übungen

Mit jedem Dialog sind 2–4 Übungen verbunden. In den jeweils ersten Übungen werden Ihr Verständnis und Ihre Vokabelkenntnisse überprüft und gefestigt, in der jeweils letzten erhalten Sie Gelegenheit, selbst zu sprechen. Bei diesen Sprechübungen werden Ihnen meist Ihre Antworten auf Deutsch vorgesagt. Halten Sie dann Ihre CD an und geben Sie laut Ihre Antwort auf Französisch.

5

Vorwort

Wenn Sie danach die CD wieder in Gang setzen, hören Sie die korrekte Antwort. In einigen Fällen ist der Ablauf der Übung allerdings etwas abgewandelt. Wahrscheinlich werden Sie die Sprechübungen am Anfang mehrmals durchgehen müssen, um mit ihnen vertraut zu werden. Lesen Sie auf alle Fälle immer die jeweilige Anweisung im Buch durch, bevor Sie mit einer Sprechübung beginnen.

Wichtige Wörter und Ausdrücke

Dies ist eine Liste der wichtigsten Wörter und Redewendungen aus den Dialogen. Lernen Sie sie gründlich.

Grammatik

Da der Schwerpunkt dieses Kurses auf dem in der Praxis gesprochenen und geschriebenen Französisch liegt, ist der Grammatikteil so knapp und leicht verständlich wie möglich gehalten. Sie sollten es auf alle Fälle damit versuchen, auch wenn Sie sich sonst nicht so gerne mit Grammatik beschäftigen. Auch hier haben wir kurze Übungen vorgesehen, mit denen Sie prüfen können, ob Sie alles verstanden haben.

Leseübungen

Die Leseübungen basieren auf authentischen Passagen aus französischen Zeitungen, Zeitschriften und sonstigen Originalschriftstücken. Manche davon werden Ihnen vielleicht zunächst recht schwierig erscheinen, doch geben wir zusätzliche Vokabeln an, um es Ihnen leichter zu machen. Vergewissern Sie sich, dass Sie das Wesentliche jedes Texts verstanden haben, bevor Sie die damit verbundenen Übungen bearbeiten.

Radioübungen

Diese Ausschnitte aus echten Radiosendungen werden natürlich mit „Normalgeschwindigkeit" gesprochen. Deshalb werden Sie vielleicht auch am Anfang nicht allzu viel verstehen. Die Texte leisten jedoch gute Dienste dabei, Ihr Gehör für die fremde Sprache zu „schärfen". Wenn Sie am Anfang durchhalten, dann wird es Ihnen bei den späteren *Unités* immer leichter fallen, sich in die Fremdsprache hineinzuhören. Vokabeln und Übungen mit Verständnisfragen sind in diesen Abschnitt eingeschlossen.

Im Beiheft finden Sie die Radiotexte auch schriftlich. Wenn Sie allerdings schon beim bloßen Zuhören keine allzu großen Schwierigkeiten haben, sollten Sie die Niederschrift eines Radiotexts erst dann zur Kontrolle heranziehen, wenn Sie die dazugehörigen Übungen bereits erledigt haben. Wenn es so nicht gleich geht, können Sie die Texte auch vor dem Zuhören oder während des Zuhörens lesen. Sie werden bald herausfinden, wie es für Sie am besten ist. Auf alle Fälle sollten Sie jedoch versuchen, die Niederschriften umso weniger zu benutzen, je weiter Sie in diesem Kurs fortschreiten.

Sprechen Sie selbst

Der letzte Abschnitt in jeder *Unité* gibt Ihnen die Gelegenheit, sich nochmals selbst zu äußern, aber jetzt haben Sie viel mehr Freiheit als in den Sprechübungen zu den Dialogen. Sie können den Inhalt Ihrer „Rede" nach Ihren eigenen Ansichten gestalten; wir geben Ihnen nur ein Thema und einige allgemeine Richtlinien. Auf der CD folgt dann jeweils eine Modellantwort; Ihre eigene Antwort kann jedoch ganz anders lauten und trotzdem richtig sein.

Das Begleitheft

Im Begleitheft finden Sie:

1. Eine ausführliche Übersicht über die einzelnen Lernschritte einer jeden *Unité*. In diesem Wegweiser haken Sie am besten jeden Schritt ab, nachdem Sie ihn erarbeitet haben; dann wissen Sie immer, wo Sie weiterarbeiten sollen.

2. Die Lösungen der Übungen zu den Dialogen und im Grammatikteil sowie der Lese- und Radioübungen.

3. Die Texte der Radioübungen.

Und hier noch einige Tipps

● Vertrauen Sie sich unserer Führung an. Die menschliche Sprache ist eine komplizierte Sache. Sie werden darum in jeder *Unité* immer wieder auf Erscheinungen stoßen, die nicht bis in die letzte Einzelheit hinein erklärt werden. Machen Sie sich deswegen keine Sorgen! Wir möchten Ihre Französischkenntnisse stufenweise aufbauen und wir lassen Sie auf jeder Stufe nur das lernen, was wirklich wichtig ist.

● Wenn Sie einmal eine Erklärung einer Äußerung oder auch nur ein Wort nicht verstehen, dann arbeiten Sie ruhig weiter. Das Lernen einer Sprache hat nämlich viel mit einem Puzzlespiel gemeinsam: Man muss immer wieder ausprobieren, welche Stücke zusammenpassen, bis man schließlich zum Ziel gelangt.

● Versuchen Sie, möglichst regelmäßig und häufig zu arbeiten. In der Regel sind 30 Minuten pro Tag Erfolg versprechender, als wenn Sie sich nur einmal in der Woche 3 oder 4 Stunden hintereinander mit dem Französischen befassen.

● Benutzen Sie dieses Lehrbuch als Arbeitsmaterial – schreiben Sie ruhig hinein und machen sich Notizen, wo Sie das für nötig halten. Scheuen Sie sich auch nicht davor, die französischen Wörter und Sätze laut auszusprechen; das gehört zum Sprachenlernen einfach dazu.

● Die *Unités*, die Sie sich bereits erarbeitet haben, sollten Sie in regelmäßigen Abständen noch einmal durchnehmen, damit sich der Stoff im Gedächtnis festsetzen kann.

● Es wäre ganz gut, wenn Sie jemand abhören könnte; wenn möglich, sollten Sie zu zweit oder in einer kleinen Gruppe lernen, dann können Sie sich gut gegenseitig helfen.

● Zu Beginn jeder *Unité* schlagen wir Ihnen jeweils vor, in welcher Reihenfolge Sie die Lehr- und Lernmaterialien erarbeiten sollten; an diesen Vorschlag brauchen Sie sich nicht unbedingt zu halten, wenn Sie den Eindruck haben, dass Sie anders besser vorankommen.

Und jetzt wünschen wir Ihnen viel Spaß und Erfolg beim Lernen mit diesem Selbstlernkurs.

1 Un temps fantastique

Sie lernen in dieser Unité:

- über Sommerferien und Wintersport zu sprechen
- wie man sich nach Club-Einrichtungen erkundigt
- etwas über die Loire-Schlösser und *Gîtes de France*

... und wie französische Touristen die Vereinigten Staaten entdecken.

Wegweiser

Dialoge: Hören Sie zunächst dem Dialog 1 bei geschlossenem Buch zu; anschließend hören Sie ihn sich bei geöffnetem Buch an (wenn nötig, mehrmals). Studieren Sie ihn dabei sorgfältig Zeile für Zeile unter Zuhilfenahme des angegebenen Vokabulars und der Erklärungen. Bearbeiten Sie dann die zum Dialog gehörenden Übungen.

Anschließend verfahren Sie mit den Dialogen 2, 3 und 4 ebenso.

Prägen Sie sich die *Wichtigen Wörter und Ausdrücke* (S. 19) gut ein.

Arbeiten Sie die *Grammatik* einschließlich der Übungen (S. 20–21) durch.

Nun sind die *Leseübungen* (S. 22–24) an der Reihe.

Hören Sie sich die beiden *Radioauszüge* an und bearbeiten Sie die entsprechenden Übungen (S. 25–26). (Hören Sie sich die Radioauszüge an, sooft Sie wollen, versuchen Sie aber, nicht auf die Texte im Begleitheft zu sehen. Im Buch finden Sie Vokabeln und Erklärungen abgedruckt, die Ihnen das Verständnis erleichtern.)

Machen Sie die offenen Sprechübungen im Abschnitt *Sprechen Sie selbst* (S. 26). Hören Sie sich dann zum Vergleich die Beispielversionen auf der CD an.

Hören Sie sich alle Dialoge und Radiotexte noch einmal ohne Buch an.

Dialoge mit Übungen

1 (1/1)

Vacances dans le Midi

(Cl = Claude, Ca = Catherine)

Cl: Ça s'est bien passé, tes vacances?

Ca: Ben, nous sommes descendus dans le Midi et nous avons eu un temps fantastique ...

Cl: Tu étais dans le Midi? Mais où ça?

Ca: J'étais à Cogolin. Pourquoi?

Cl: Mais ça c'est amusant – nous étions à Grimaud! C'est juste à côté!

Ca: Oh! c'est pas vrai! Quand y étais-tu?

Cl: Nous étions en juillet chez mes parents. Tu étais à l'hôtel?

Ca: Non, je n'étais pas à l'hôtel. Nous avions loué une petite maison avec des amis.

Cl: Une petite maison avec des amis – ça, ç'a dû être très amusant.

Ca: Très amusant, mais nous étions un peu nombreux.

Cl: Ah bon! Et la plage?

Ca: Et la plage, tous les jours, bien sûr, mais je ne me suis pas baignée – c'est une honte, non?

Cl: Et l'eau était formidable!

Ca: Il paraît. Et toi, qu'est-ce que tu as fait?

Cl: Ben, un petit peu de planche à voile, et puis des promenades.

temps *(m.)*	*hier:* Wetter
louer	mieten
nombreux	zahlreich
plage *(f.)*	Strand
honte *(f.)*	Schande
formidable	phantastisch, toll
paraître	scheinen
planche à voile *(f.)*	Windsurfing
promenade *(f.)*	Spaziergang

▶ **Ça s'est bien passé, tes vacances?** Hast du schöne Ferien gehabt? (*wörtlich:* Ist es gut gegangen, deine Ferien?)

Ben, nous sommes descendus dans le Midi ... Tu étais dans le Midi? Also, wir sind 'runter in den Süden gefahren ... Du warst im Süden? Der Gebrauch der Vergangenheitsformen wird im Grammatikteil auf S. 20 erklärt. **Ben** ist die Kurzform von **eh bien** und entspricht den Füllwörtern „also", „naja".

C'est pas vrai! Das darf nicht wahr sein! (*wörtlich:* das ist nicht wahr!) Das **ne** von **ne ... pas** wird in der Umgangssprache meist weggelassen.

▶ **juste à côté** gleich nebenan, ganz in der Nähe

Quand y étais-tu? Wann warst du dort? Beachten Sie, dass **y** (dort) unmittelbar vor dem Verb steht.

▶ **chez mes parents** bei meinen Eltern. **Chez moi** und **chez nous** bedeuten so viel wie „zu Hause".

nous avions loué wir hatten ... gemietet. Merken Sie sich die gebräuchlichere Form:
▶ **nous avons loué** wir haben gemietet.

Ç'a dû être très amusant Das muss sehr lustig gewesen sein. **Dû** ist die Partizipform von **devoir** (müssen).

Dialoge mit Übungen

Nous étions un peu nombreux *wörtlich:* Wir waren ein wenig zahlreich – Catherine meint damit, dass es etwas eng war. **Peu nombreux** ohne **un** würde „nur wenige" bedeuten.

▶ **Je ne me suis pas baignée** Ich habe nicht gebadet. Achten Sie auf das **me** (mich). Baden ist ein reflexives Verb: **se baigner**.

C'est une honte, non? Das ist eine Schande, nicht?

▶ **il paraît** angeblich ja (*wörtlich:* es scheint so)

Catherine et Claude
a. □ se sont baignées.
b. □ ont fait de la planche à voile.
c. □ étaient à la plage.

Übung 1

Was haben Sie über Claudes und Catherines Ferien herausgefunden? Hören Sie sich den Dialog noch einmal an und entscheiden Sie dann, welche der folgenden Aussagen zutreffen. In jedem Fall ist nur eine Antwort richtig.

Catherine était
a. □ dans le Midi.
b. □ à côté de Cogolin.
c. □ à Grimaud.

Claude était
a. □ à l'hôtel.
b. □ chez ses parents.
c. □ dans une maison.

A la maison il y avait
a. □ beaucoup d'amis.
b. □ peu d'amis.
c. □ quelques amis.

Übung 2

Pourquoi? (warum?), *où?* (wo?), *quand?* (wann?) und *qu'est-ce que ...?* (was ...?) sind Fragewörter, die alle im Dialog vorkommen. Setzen Sie das jeweils passende Wort in die folgende Unterhaltung ein.

Jean: _____ as-tu passé tes vacances cette année?
Anne: A Cannes.
Jean: _____ y étais-tu?
Anne: En juillet. _____?
Jean: Parce que j'étais à Cannes en août!
Anne: Ah bon? _____ tu as fait?
Jean: J'ai fait de la planche à voile.

1 Un temps fantastique

Dialoge mit Übungen

Übung 3 (1/2)

Nun folgt die erste Sprechübung.

Erzählen Sie Yves von Ihrem Urlaub in Sète, in Südfrankreich *(le Midi)*. Sie hören zunächst seine Frage auf der CD, dann gibt Andreas die Antwort auf Deutsch. Drücken Sie die Pausentaste und antworten Sie auf Französisch. Hören Sie dann zum Vergleich Marie-Thérèses Version.

2 (1/3)

Au club de plage
(Cl = Claude, D = directeur du club).

Cl: Bon, alors moi, je voudrais savoir quelles sont les possibilités pour les enfants sur cette plage.

D: Je peux prendre vos enfants tous les jours de neuf heures à midi le matin, de quinze heures à dix-neuf heures l'après-midi, sauf le dimanche ... et ...

Cl: Ah, bien sûr, oui.

D: ... et je les occupe avec des jeux sportifs, de l'éducation physique ...

Cl: D'accord. Et est-ce que les baignades sont surveillées?

D: Non, nous ne surveillons pas les baignades sur cette plage parce qu'il n'y a que très peu de profondeur, donc ...

Cl: Ah bon, alors il y a aucun danger pour mes enfants?

D: Aucun; sur cette plage je n'ai jamais vu un seul accident.

Cl: Bon, ça c'est formidable, alors. Et il y a beaucoup d'enfants?

D: Oui, nous avons une cinquantaine d'enfants.

Cl: Très bien. Alors, je peux les inscrire aujourd'hui?

D: Aujourd'hui.

Cl: C'est très cher?

D: Non. Pour un mois – le prix de base étant de un mois – il est de 80 (euros).

Cl: Oh! Très bien. Alors, j'en inscris deux tout de suite.

jeu *(m.)*	Spiel
baignade *(f.)*	Baden, Schwimmen
surveillé	beaufsichtigt
profondeur *(f.)*	Tiefe
inscrire	einschreiben
tout de suite	sofort

▶ **je voudrais savoir** ich möchte (gern) wissen, ich hätte (gern) gewusst

club de plage Strand-Club. In Frankreich gibt es an vielen Stränden beaufsichtigte Spielplätze mit einem bunten Sport- und Spielprogramm.

▶ **de neuf heures à midi** von neun bis (zwölf Uhr) Mittag; **de quinze heures à dix-neuf heures** von fünfzehn bis neunzehn Uhr. Sie können ebensogut **trois heures (de l'après-midi)** für 3 Uhr nachmittags sagen.

sauf le dimanche außer sonntags

▶ **il n'y a que très peu de profondeur** es ist nicht sehr tief *(wörtlich:* es gibt nur sehr wenig Tiefe). Neben der Verneinung **ne ... pas** gibt es eine Reihe anderer Ausdrücke mit **ne:**

1 Un temps fantastique

Dialoge mit Übungen

▶ **ne ... que** nur, kaum; **ne ... aucun(e)** kein(e) (z. B. **Je n'en ai aucune idée.** Ich hab' keine Ahnung.); **ne ... personne** niemand (z. B. **Il ne connaît personne.** Er kennt niemanden.); **ne ... jamais** nie (z. B. **Je n'y vais jamais.** Ich gehe nie dorthin.) und **ne ... rien** nichts (z. B. **Elle n'en sait rien.** Sie weiß nichts davon.).

il (n')y a aucun danger? ... Aucun. Besteht keine Gefahr? ... Gar keine. **Aucun(e)** kann auch allein stehen. Dasselbe gilt für **personne** (niemand), **jamais** (niemals) und **rien** (nichts).

▶ **une cinquantaine** rund fünfzig. **Une centaine** ist „rund hundert" und **une douzaine** „ein Dutzend".

le prix de base étant de un mois der Grundpreis gilt (*wörtlich:* ist) für einen Monat. **Étant** ist das Partizip Präsens von **être**.

j'en inscris deux ich schreibe zwei (von ihnen) ein. **En** bedeutet so viel wie „davon" und taucht in vielen Ausdrücken auf, z. B. in **J'en ai assez.** Ich habe genug davon.

Übung 4

Nach ihrem Gespräch mit dem Leiter des Clubs macht Claude sich einige Notizen und rechnet aus, wie viel der Club für ihre Kinder kosten wird. Hören Sie sich den Dialog noch einmal an und tragen Sie die fehlenden Informationen ein.

Club de plage	
Ouvert tous les jours	oui ☐ non ☐
Jour de fermeture	....
Heures d'ouverture	le matin ....
	l'après-midi ....
Baignades surveillées	oui ☐ non ☐
Nombre d'enfants au club	....
Prix par mois	.................€
Prix total pour Claude	.................€

1 Un temps fantastique

Dialoge mit Übungen

Übung 5

Zu jedem der folgenden Sätze passt eine der Negativformen *ne ... aucun, ne ... que, ne ... personne, ne ... jamais* und *ne ... rien.* Finden Sie die entsprechenden Paare – und denken Sie daran, dass *ne* vor einem Vokal zu *n'* wird, und als Vokal gilt im Französischen auch *y.*

a. On ___ fait _____ au club le dimanche.

b. Je ___ ai vu _____ accident.

c. Il ___ y a _____ très peu de profondeur.

d. Ils ___ surveillent _____ les baignades.

e. Je ___ connais _____ dans cette ville.

Übung 6 (1/4)

Informieren Sie sich jetzt selbst darüber, was der Strand-Club für Kinder zu bieten hat. Wie üblich gibt Andreas deutsche Hinweise, und die französische Version kommt diesmal von Yves. Halten Sie sich bei dieser Übung an die *est-ce que*-Frageform (z. B. Kommen sie jeden Tag? *Est-ce qu'ils viennent tous les jours?*).

3 (1/5)

Ensuite on fait un réveillon

(S = Stephanie, C = Claude)

S: Qu'est-ce que vous faites à Noël en France?

C: A Noël? Eh bien, écoutez: en général, la veille de Noël, les gens qui vont à la messe vont à la messe de minuit – elle est pas toujours à minuit, mais c'est ce qu'on appelle la messe de minuit – et puis ensuite on fait un réveillon, c'est-à-dire qu'on fait un grand repas, en général plutôt avec la famille qu'avec les amis, et on se donne des cadeaux. Alors, les cadeaux, on les donne soit la veille de Noël, ou bien le jour de Noël.

S: Et vous vous envoyez des cartes de vœux à Noël?

C: C'est plutôt pour le 1er janvier, pour le Nouvel An et ... on dit qu'il est correct d'envoyer les cartes jusqu'au 15 janvier, mais en fait, tout le monde les envoie tout le mois de janvier.

S: Et on fête aussi le, le Jour de l'An, alors?

C: Oh, pas vraiment; on fait quelquefois une, une soirée où on va danser le 31 décembre, c'est-à-dire la fin de l'année, pour fêter la fin de l'année, mais ... bon, il y a aussi des gens qui restent chez eux et qui ne font rien du tout.

gens *(m. pl.)*	Leute
repas *(m.)*	Essen
Nouvel An *(m.)*	Neujahr
en fait	in Wirklichkeit, praktisch
tout le monde	alle, jeder
fêter	feiern
Jour de l'An *(m.)*	Neujahrstag
soirée *(f.)*	Party

▶ **la veille de Noël** Heiligabend. **Veille** bedeutet „Vortag" oder „Vorabend", z. B. **la veille de notre départ** am Tag vor unserer Abreise.

14

1 Un temps fantastique

Dialoge mit Übungen

ce qu'on appelle la messe de minuit das, was man als Mitternachtsmesse bezeichnet

▶ **un réveillon** hier: Weihnachtsessen (um Mitternacht). Meist ist damit auch die Silvesterparty mit Festessen gemeint.

▶ **plutôt avec la famille qu'avec les amis** eher im Familienkreis als mit Freunden.

▶ **on se donne des cadeaux** man beschenkt sich. *Wörtlich:* man gibt sich Geschenke.

▶ **soit ... ou bien** entweder ... oder auch. **Soit ... soit** oder **ou ... ou** drücken ebenfalls zwei Möglichkeiten aus. Z. B. **Soit aujourd'hui, soit demain** heute oder morgen. **Ou à l'hôtel, ou chez mes parents** im Hotel oder bei meinen Eltern.

Vous vous envoyez des cartes de vœux? Sendet man Glückwunschkarten *(wörtlich:* Senden Sie sich ...)?

▶ **le Jour de l'An** Neujahr, der Neujahrstag; **le 31 décembre** am 31. Dezember. „Am" oder „den" bei Datumsangaben wird nur mit **le** übersetzt. Denken Sie außerdem daran, dass nur der Erste eines Monats **le premier** ist, alle anderen Tage sind **le deux septembre**, **le trois juin** usw. Der 31. Dezember heißt wie bei uns Silvester: **la Saint-Sylvestre** (kurz für **la fête de Saint-Sylvestre**).

▶ **chez eux** zu Hause (*wörtlich:* bei sich /ihnen). Die weiblichen Pronomen **elle** und **elles** bleiben nach Präpositionen unverändert (z. B. **avec elle, chez elles**), die männlichen Formen **il** und **ils** werden zu **lui** und **eux** (z. B. **avec lui, chez eux**).

Übung 7

Hören Sie sich den Dialog noch einmal an, aber ohne dabei den Text zu lesen, und entscheiden Sie, welche dieser Aussagen richtig oder falsch sind.

	richtig	falsch
a. Die Mitternachtsmesse findet immer um Mitternacht statt.	☐	☐
b. In Frankreich lädt man nach der Mitternachtsmesse Freunde zu einem Festschmaus ein.	☐	☐
c. Man beschenkt sich an Heiligabend oder am 1. Weihnachtstag.	☐	☐
d. In Frankreich verschickt man eher Neujahrsgrüße als Weihnachtskarten.	☐	☐
e. Neujahrsgrüße werden spätestens bis zum 15. Januar geschrieben.	☐	☐
f. In ganz Frankreich wird Silvester groß gefeiert.	☐	☐

1 Un temps fantastique

Dialoge mit Übungen

Übung 8

Sicher haben Sie die Wochentage noch gut in Erinnerung:

lundi, mardi, mercredi, jeudi, vendredi, samedi, dimanche.

Und wahrscheinlich auch die Monate:

janvier, février, mars, avril, mai, juin, juillet, août, septembre, octobre, novembre, décembre.

Übersetzen Sie die folgenden Daten und sprechen Sie sie laut.

Z. B. Mittwoch, den 18. Februar: *le mercredi dix-huit février.*

a. Dienstag, den 24. Oktober

_____

b. Donnerstag, den 16. August

_____

c. Sonnabend, den 31. Mai

_____

d. Freitag, den 1. April

_____

e. Sonntag, den 2. März

_____

f. Mittwoch, den 21. Juli

_____

Beantworten Sie jetzt diese Fragen auf Französisch:

g. Quelle est la date de la veille de Noël?

_____

h. Quelle est la date du Jour de l'An?

_____

i. Quelle est la date de la Saint-Sylvestre?

_____

Übung 9 (1/6)

Erzählen Sie Marie-Thérèse, wie Sie Weihnachten und Neujahr verbringen. Folgen Sie den Anweisungen von Andreas auf der CD und vergleichen Sie dann Ihre Antwort mit der von Yves. Sollten Ihnen einige Antworten etwas schwierig erscheinen, denken Sie daran, dass sie alle in ähnlicher Form im Dialog vorkommen. Leichter geht's vielleicht auch, wenn Sie *on* statt *nous* verwenden. Z. B.: Wir geben ein großes Essen. *On fait un grand repas.*

4 (1/7)

Tu reviens des sports d'hiver?
(J = Jean-François, N = Noëlle)

J: Ma chère Noëlle, je vois que tu as un bronzage absolument magnifique. Je suppose que tu reviens des sports d'hiver?

N: Tout à fait – j'ai passé des vacances absolument extraordinaires.

J: Mais où as-tu été?

N: Je suis partie dans les Alpes, dans une station de très haute montagne qui s'appelle Val Thorens. C'était très bien.

J: C'est une station qui est en haute altitude?

N: Oui, très haute altitude – elle est située à 2300 mètres et on grimpe jusqu'à 3003.

J: Et comment sont les pistes?

N: Les pistes sont absolument fantastiques, la neige était délicieuse, le ciel était bleu.

J: Et ... l'après-ski?

N: Très, très bien, l'après-ski: de nombreux restaurants, des boîtes de nuit et des cafés – très bien.

Dialoge mit Übungen

bronzage *(m.)*	Sonnenbräune
absolument	ganz und gar
supposer	annehmen
tout à fait	ganz richtig, stimmt genau
en haute altitude *(f.)*	in großer Höhe
neige *(f.)*	Schnee
délicieux	*hier:* herrlich
ciel *(m.)*	Himmel
boîte *(f.)* de nuit	Nachtlokal

Je suppose que tu reviens des sports d'hiver? Ich nehme an, du bist gerade vom Wintersport zurückgekommen? Merken Sie sich auch **faire du ski**, Ski fahren.

▶ **... où as-tu été?** ... wo warst du (zum Skilaufen)? *Wörtlich:* wo bist du gewesen?

on grimpe jusqu'à 3003 man steigt bis auf 3003 (Meter)

de nombreux restaurants, des boîtes de nuit et des cafés jede Menge Restaurants, Nachtlokale und Kneipen. Vor einem Adjektiv wird **des** zu **de**: z. B. **des idées**, „Ideen", aber **de bonnes idées**, „gute Ideen".

Übung 10

Testen Sie Ihr Wissen! Alle Antworten in dem Kreuzworträtsel auf Seite 18 sind Wörter oder Ausdrücke, die Sie in dieser *Unité* gelernt haben. Im Zweifelsfall hilft ein Blick auf die Dialoge bei der Lösung.

1 Un temps fantastique

Dialoge mit Übungen

29 Exclamation.
31 Des boîtes de _____ .
32 C' _____ très bien.
33 Ç'a _____ être très amusant.
34 Le ciel était _____ .
37 Pas une question spécifique, mais une question _____ .
38 Et comment _____ les pistes?

Verticalement

1 Les gens _____ à la messe de minuit.
2 Plus.
3 _____ général.
4 Ça s'est bien passé, _____ vacances?
5 Très 7 vert., mais nous étions un peu _____ .
7 Ç'a 33 horiz. être très _____ .
9 Tout à fait.
10 Je peux les _____ aujourd'hui?
11 Pas normal; fantastique.
14 Splendides.
20 Le Jour de l'_____ .
21 Contraire de *grand*.
22 Sport d'hiver.
25 Mais c'est juste à _____ !
28 Nous avions _____ une petite maison.
30 Une station qui est en _____ altitude.
32 Féminin de *lui*.
35 Est-ce que c'est *le* ou *la* piste?
36 Une soirée où _____ va danser.

Horizontalement

3 Nous _____ un peu nombreux.
6 On y va pour les sports d'hiver.
8 Camarade.
9 Hauteur.
12 Certaine.
13 Un homme dit «Je _____ _____ dans les Alpes».
15 Pas deux.
16 Est-ce que c'est *le* ou *la* bronzage?
17 Pluriel de *travail*.
18 J' _____ passé.
19 Féminin de *mon*.
21 Nous étions en juillet chez mes _____ .
23 J' _____ inscris deux.
24 Où as-tu _____ ?
26 Et _____ , qu'est-ce que tu as fait?
27 _____ paraît.

Übung 11 1/8

Sie sind gerade von Ihrem Skiurlaub aus Tignes, in den französischen Alpen, zurückgekommen. Diese Station liegt 3000 m *(trois mille mètres)* hoch. Yves möchte wissen, wie es war. Beantworten Sie seine Fragen auf der CD.

Wichtige Wörter und Ausdrücke

Ça s'est bien passé?	War's schön?/Ist es gut gegangen?
les vacances étaient formidables	die Ferien waren phantastisch
il paraît	angeblich ja/es scheint so
Où as-tu été?	Wo warst du?
chez mes parents	bei meinen Eltern
chez eux/elles	bei ihnen (zu Hause)
nous avons loué une maison	wir haben ein Haus gemietet
c'était juste à côté	es war gleich nebenan
nous avons fait du ski	wir sind Ski gefahren
j'étais à la plage, mais je ne me suis pas baigné(e)	ich war am Strand, aber ich habe nicht gebadet
les baignades sont surveillées	das Baden/Schwimmen wird beaufsichtigt
il y a	es sind
une cinquantaine	rund fünfzig
d'enfants au club	Kinder im Club
on les occupe	wir beschäftigen sie
avec des jeux	mit Spielen
avec des promenades	mit Spaziergängen
on fait	wir geben
un repas	ein Essen
un réveillon	ein Weihnachtsessen
une soirée	eine Party
la veille de Noël	am Heiligabend
ou le jour de Noël	oder am 1. Weihnachtstag
on se donne des cadeaux	beschenkt man sich
le premier janvier, c'est le Jour de l'An	der erste Januar ist der Neujahrstag
je voudrais savoir ...	ich möchte (gern) wissen ...
je n'en ai aucune idée	ich habe keine Ahnung (davon)
je n'ai que cent francs	ich habe nur hundert Franc
il ne connaît personne	er kennt niemanden
je n'y vais jamais	ich gehe nie dorthin
elle ne mange rien	sie isst nichts
tout le monde	alle, jeder
tout à fait	ganz richtig; stimmt genau
tout de suite	sofort

1 Un temps fantastique

Grammatik mit Übungen

Adjektive

Sie wissen bereits, dass sich Adjektive mit ihren Endungen nach dem Substantiv richten, das sie beschreiben. Hier einige Grundmuster für männliche und weibliche Endungen. Die meisten Beispiele dafür finden Sie in Noëlles Bericht über ihren Skiurlaub.

Die weibliche Form wird meist durch Anhängen eines -e gebildet, es sei denn, das Adjektiv endet ohnehin auf -e.

Wie immer gibt es ein paar Ausnahmen!

Einzahl männlich	Einzahl weiblich
bleu	*bleue*
haut	*haute*
magnifique	*magnifique*
fantastique	*fantastique*
cher	*chère*
long	*longue*

Aus *-eux* wird in der weiblichen Form *-euse*:
délicieux *délicieuse*.

Aus *-f* wird *-ve*:
sportif *sportive*.

Übung 12

Erinnern Sie sich noch, wie Noëlle ihren Skiurlaub beschrieb? Hören Sie sich Dialog 4 noch einmal an, ohne dabei den Text zu lesen, und fügen Sie die fehlenden Adjektive in die folgenden Sätze ein.

a. Ma _____ Noëlle, tu as un bronzage _____ .

b. J'ai passé des vacances absolument ____ _____ .

c. C'est une station qui est en _____ altitude?

d. Les pistes sont _____ , la neige était _____ .

Das Perfekt

Sicher sind Sie mit der gebräuchlichsten aller Vergangenheitsformen, dem Perfekt oder *passé composé*, vertraut. Wenn Sie jemandem erzählen möchten, was Sie gemacht haben oder was sich ereignet hat, dann benutzen Sie diese Zeit. Zum Auffrischen hier ein paar Richtlinien:

Die meisten Verben folgen dem Muster *avoir* + Partizip Perfekt:

j'ai donné	*nous avons donné*
tu as donné	*vous avez donné*
il/elle a donné	*ils/elles ont donné*

Wie im Deutschen bilden jedoch einige Verben – hauptsächlich die der Bewegung – ihr Perfekt mit „sein":
être + Partizip Perfekt.

aller – venir;	*monter – descendre;*
arriver – partir;	*rester – tomber;*
entrer – sortir;	*naître – mourir.*
je suis allé(e)	*nous sommes allé(e)s*
tu es allé(e)	*vous êtes allé(e)s*
il est allé	*ils sont allés*
elle est allée	*elles sont allées*

In Verbindung mit *être* ändert sich das Partizip Perfekt (*allé* etc.) in Geschlecht und Zahl:

le monsieur /il est allé
les dames /elles sont allées
Aber:
le monsieur et les dames /ils sont allés

Grammatik mit Übungen

Übung 13

Anne erzählt von ihrem Urlaub mit ihren Kindern. Können Sie die Verben in Klammern in die richtige Form des Perfekts setzen? Wo brauchen Sie *avoir* und wo *être*?

a. Je (partir) _____ avec les enfants.
b. Nous (descendre) _____ dans le Midi.
c. Nous (trouver) _____ un petit hôtel charmant.

Das Imperfekt

Das Imperfekt beschreibt einen Zustand oder eine schon länger andauernde Handlung in der Vergangenheit:
Tu étais à l'hôtel? Warst du im Hotel?
Nous étions chez Wir waren bei
  mes parents. meinen Eltern.

Es dient außerdem zur Beschreibung von Ort und Szene einer Handlung:
La neige était délicieuse, le ciel était bleu.
Der Schnee war herrlich, der Himmel war blau.

Und so sehen die einzelnen Verbformen aus:
être
j'*étais*   nous *étions*
tu *étais*   vous *étiez*
il/elle *était*   ils/elles *étaient*
Die Formen *étais*, *était* und *étaient* werden alle gleich ausgesprochen.

Alle Verben haben die gleichen Imperfektendungen. Sie werden an den Verbstamm der *nous*-Form gehängt (außer bei *être*). So ergibt sich *je restais* (ich blieb) aus *nous restons* (wir bleiben), *je finissais* (ich beendete) aus *nous finissons* (wir beenden) und *je faisais* (ich machte) aus *nous faisons*.

Übung 14

Jetzt beschreibt Anne ihren Urlaubsort. Setzen Sie diesmal die Verben in Klammern in die entsprechende Imperfektform.

a. L'hôtel (avoir) _____ une plage privée.
b. Il (faire) _____ un temps fantastique.
c. Mais nous (être) _____ un peu nombreux sur la plage.

1 Un temps fantastique

Leseübungen

In diesem Abschnitt haben Sie Gelegenheit, sich im Lesen französischer Texte zu üben. Es geht nicht darum, den Inhalt in allen Einzelheiten zu verstehen, sondern mit Hilfe der Vokabeln und Übungen herauszufinden, worum es eigentlich geht.

Dieses Schild haben wir bei einem Spaziergang auf der Strandpromenade entdeckt. Hier wird offensichtlich nichts dem Zufall überlassen!

VILLE DE CABOURG

BONNES VACANCES ET VACANCES PROPRES

Nous vous demandons de participer à nos efforts :
- Tenez les chiens en laisse ;
- Ne marchez pas sur les pelouses ;
- Renoncez à circuler sur la promenade de la digue avec un véhicule ;
- Utilisez les corbeilles à papiers ;
- Ne vous installez pas pour manger sur la plage ou sur la digue ;
- Respectez la signalisation sur la sécurité des bains ;
- Ne circulez pas sur les épis de protection de la plage et évitez de vous baigner à proximité de ces ouvrages ;
- Evitez les bruits et les jeux susceptibles de nuire à la tranquillité des autres personnes.

MERCI.

laisse *(f.)* · Leine
pelouse *(f.)* · Rasen
renoncer à · unterlassen
digue *(f.)* · Strandmauer
corbeille *(f.)* · Korb
bains *(m. pl.)* · *hier:* Baden

sécurité *(f.)* · Sicherheit
épi *(m.)* · Mole, Wellenbrecher
éviter · vermeiden, unterbinden
bruit *(m.)* · Lärm
susceptible à nuire · möglicherweise störend

Übung 15

Die folgenden Zeichnungen stellen dar, was Sie am Strand von Cabourg tun bzw. lassen sollen. Ordnen Sie sie den „Spielregeln" zu.

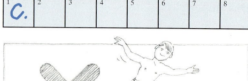

1	2	3	4	5	6	7	8
c.							

a.

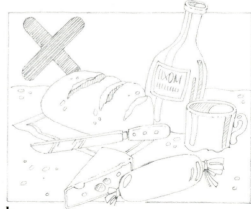

b.

Leseübungen

1 Un temps fantastique

Leseübungen

Der zweite Lesetext stammt aus einem Reiseprospekt, der Tagestouren von Paris zu den Loire-Schlössern anbietet.

Châteaux de la Loire

Départs toute l'année les mardis, les jeudis et les dimanches et tous les jours du 27 mars au 30 octobre.

Départ en autocar à 7 h 30 par l'autoroute.
Arrêt à **Chambord**: le plus vaste des châteaux de la Loire, construit par François 1er, dans un parc immense. Visite (sauf le **mardi***).

Chenonceaux: visite de l'élégant château et des jardins offrant de très belles vues sur le château.

Cheverny: château construit au 17e siècle qui a conservé la décoration et le mobilier de cette époque.

Déjeuner
L'après-midi, **Amboise**, visite du château dominant la Loire et la ville.

Retour à **Paris** vers 20 heures.

PRIX PAR PERSONNE
valable jusqu'au 31 mars 69 €
comprenant les entrées dans les châteaux, visites et **déjeuner** (sauf la boisson).

*Le mardi:
Blois: visite du château: la cour intérieure, l'aile «François 1er» et le magnifique escalier octogonal, chef-d'œuvre d'architecture et de sculpture.

autoroute *(f.)* · Autobahn
construit · erbaut
vue *(f.)* · Blick, Aussicht
siècle *(m.)* · Jahrhundert
dominer · beherrschen, überblicken, überragen
valable · gültig
comprenant · inbegriffen
cour *(f.)* · Hof
aile *(f.)* · Flügel
escalier *(m.)* · Treppe(nhaus)
chef-d'œuvre *(m.)* · Meisterwerk

Übung 16

Ein Loire-Quiz. Testen Sie Ihr Wissen und beantworten Sie folgende Fragen:

a. Ein Montag im Februar – Sie möchten an die Loire. Findet die Bustour statt?

b. Wovon ist Schloss Chambord umgeben?

c. Was ändert sich dienstags an der Reiseroute?

d. Was für einen Blick bieten die Gartenanlagen von Chenonceaux?

e. Aus welcher Zeit stammen Möbel und Einrichtung von Schloss Cheverny?

f. Was ist im Preis von 69 € inbegriffen?

g. Was ist das Meisterwerk im Innenhof von Blois?

Radioübungen

Als nächstes hören Sie auf der CD Ausschnitte aus französischen Radiosendungen. Wie bei den Leseübungen kommt es wieder darauf an, dass Sie den Inhalt in groben Zügen verstehen, ohne sich mit den Details aufzuhalten. Üben Sie einfach Ihr Ohr und gewöhnen Sie sich erst einmal an Tonfall und Sprechgeschwindigkeit. Vokabeln und Übungen greifen die wichtigsten Informationen auf – und wenn es gar nicht weitergeht, können Sie die Rundfunktexte im Begleitheft nachschlagen.

Vielleicht ist Ihnen der Begriff *gîte* bekannt. *Gîtes* sind preiswerte Ferienwohnungen und -häuser auf dem Land. Mehr darüber im folgenden Interview mit Madame Gigante von der Agentur *Gîtes de France*, die diese Ferienquartiere vermittelt.

décrire · beschreiben
hébergement *(m.)* · Unterkunft
campagne *(f.)* · Land
ferme *(f.)* · Bauernhof
rénover · renovieren
découvrir · entdecken
se mêler à · teilnehmen an
en dehors de · abgesehen von

Übung 17

In welcher Reihenfolge macht Madame Gigante die folgenden Aussagen? Nummerieren Sie die Kästchen von 1 bis 4.

a. Eine Unterkunft für vier Personen kostet – abgesehen von Juli und August – rund 700 € pro Woche. ☐
b. Wer Urlaub im *gîte* macht, bekommt Kontakt zu den Dorfbewohnern und nimmt am französischen Alltag teil. ☐
c. Der Kostenpunkt für eine Unterkunft für vier Personen liegt im Juli und August bei 900 € pro Woche. ☐
d. Ein *gîte* kann ein renoviertes Bauernhaus im Stil der Landschaft oder ein Haus in einem Dorf sein. ☐

In der nächsten Aufnahme erfahren Sie, was französische Touristen erwartet, die auf eigene Faust kreuz und quer durch die Vereinigten Staaten *(les Etats-Unis)* reisen.

livré à lui-même · sich selbst überlassen
  (wörtlich: ausgeliefert)
en fin de compte · letzten Endes
gâcher · verderben
perdu · verloren
carte *(f.)* routière · Straßen-, Landkarte
sachez que · Sie müssen wissen, dass
  (sachez *ist die Befehlsform von* savoir)
réseau *(m.)* routier · Straßennetz
balise *(f.)* · Orientierungsschild
  (wörtlich: Boje)
ânonner · herstottern, -stammeln
je ne suis pas d'accord · dem kann ich nicht zustimmen
vous arriverez à vous débrouiller · Sie werden sich schon zurechtfinden

Außerdem hören Sie die amerikanischen Wörter *motor-home* (Wohnmobil) und *highway* (Autobahn), die allerdings nicht auf Anhieb zu erkennen sind!

Übung 18

Wenn Sie sich das Interview zwei- bis dreimal angehört haben, spielen Sie es noch einmal durch und versuchen Sie diesmal, die Antworten zu den folgenden Fragen zu finden.

1 Un temps fantastique

Radioübungen   Sprechen Sie selbst

a. Warum könnten sich französische Touristen in den Vereinigten Staaten ein wenig verloren fühlen?
b. Wie gut sind amerikanische Highways ausgeschildert?
c. Stimmt es, dass Amerikaner ausländischen Besuchern gegenüber verschlossen und wenig hilfsbereit sind?

Übung 19

Hier ist eine nicht ganz lückenlose Wiedergabe des letzten Interviewteils. Finden Sie mit Hilfe der CD heraus, welche Wörter fehlen, und setzen Sie sie ein. Sehen Sie sich dann zum Vergleich den Interviewtext im Begleitheft an.

Et autre chose: on _____ toujours de la barrière de la _____ . Je sais bien que de _____ compatriotes ne parlent malheureusement pas l'_____, mais sachez que, si vous _____ en, aux Etats-Unis en, en ânonnant trois, quatre _____ d'anglais, vous arriverez à vous débrouiller, car les Américains sont des _____ tellement ouverts qu'ils trouveront toujours un moyen pour vous _____ .

Setzen Sie nun Ihren neuen Wortschatz in die Praxis um und erzählen Sie von sich selbst. Keine Angst vor Fehlern – überlegen Sie sich, wie Sie das, was Sie sagen wollen, am besten ausdrücken können, und sprechen Sie dann laut. Es gibt in diesem Abschnitt keine „korrekten" Antworten, aber auf der CD finden Sie Muster zur Anregung und als Beispiel dafür, wie andere Leute reagiert haben.

Übung 20

Sie sprechen mit einem französischen Kollegen über Ihren Urlaub. Beantworten Sie seine Fragen laut, aber halten Sie Ihre Antworten einfach. Bereiten Sie sich auf Fragen wie diese vor:

– Où avez-vous passé vos vacances cette année?
– Vous étiez à l'hôtel?
– Vous vous êtes baigné(e)?
– Est-ce que les enfants étaient avec vous?
– Qu'est-ce qu'ils ont fait?

Falls nötig, können Sie sich an den Musterantworten auf der CD orientieren.

1 Un temps fantastique

2 J'ai bien mangé, j'ai bien bu...

Sie lernen in dieser Unité:

- über Ihre Einkaufsgewohnheiten zu sprechen
- sich nach Menüs zu erkundigen und zu sagen, was Sie mögen oder nicht mögen
- was das Geheimnis eines guten Calvados ist

... und alles, was Sie schon immer über Knoblauch und Wein wissen wollten.

Wegweiser

Dialoge: Hören Sie zunächst dem Dialog 1 bei geschlossenem Buch zu; anschließend hören Sie ihn sich bei geöffnetem Buch an (wenn nötig, mehrmals). Studieren Sie ihn dabei sorgfältig Zeile für Zeile unter Zuhilfenahme des angegebenen Vokabulars und der Erklärungen. Bearbeiten Sie dann die zum Dialog gehörenden Übungen.

Anschließend verfahren Sie mit den Dialogen 2, 3 und 4 ebenso.

Prägen Sie sich die *Wichtigen Wörter und Ausdrücke* (S. 36) gut ein.

Arbeiten Sie die *Grammatik* einschließlich der Übungen (S. 37–38) durch.

Nun sind die *Leseübungen* (S. 38–39) an der Reihe.

Hören Sie sich die beiden *Radioauszüge* an und bearbeiten Sie die entsprechenden Übungen (S. 40). (Hören Sie sich die Radioauszüge an, sooft Sie wollen, versuchen Sie aber, nicht auf die Texte im Begleitheft zu sehen. Im Buch finden Sie Vokabeln und Erklärungen abgedruckt, die Ihnen das Verständnis erleichtern.)

Machen Sie die offenen Sprechübungen im Abschnitt *Sprechen Sie selbst* (S. 40). Hören Sie sich dann zum Vergleich die Beispielversionen auf der CD an.

Hören Sie sich alle Dialoge und Radiotexte noch einmal ohne Buch an.

Dialoge mit Übungen

1

Hypermarchés ou petits magasins?
(C = Mme Coste, B = Brigitte)

C: Et où fais-tu tes courses maintenant?
B: Je vais toujours dans une grande surface, dans ces, dans ces fameux hypermarchés. C'est tellement plus pratique: je prends la voiture, je gare la voiture, je fais mes courses en une demi-heure, je charge, et c'est terminé pour toute la semaine. Je préfère de loin ces ... ces hypermarchés.
C: Eh ben, tu vois, moi je reste toujours fidèle à mes petits magasins, à mes petits commerçants, parce que je trouve qu'il y a un contact humain que l'on ne trouve pas dans toutes ces grandes surfaces – et j'en suis toujours très contente. Evidemment, c'est peut-être un peu plus cher, mais c'est plus agréable – enfin, pour moi.

tellement	so viel
garer	parken
demi-heure *(f.)*	halbe Stunde
charger	(in den Wagen) laden
terminé	beendet; *hier:* erledigt
fidèle	treu
évidemment	offensichtlich; *hier:* sicher
enfin	*hier:* jedenfalls

où fais-tu tes courses? wo kaufst du ein?

▶ **une grande surface** ist ein anderer Ausdruck für **un hypermarché** (ein riesiger Verbrauchermarkt, oft am Stadtrand). Ein Supermarkt ist **un supermarché** und ein Laden **un magasin**, während **grand magasin** Kaufhaus bedeutet.

fameux berühmt, viel gepriesen. **Fameux** (*weiblich:* **fameuse**) wird oft auch im Sinne von famos oder erstklassig gebraucht: **il est fameux, ton gâteau!**

▶ **plus pratique** praktischer, einfacher

▶ **je préfère de loin** ich bevorzuge bei weitem

▶ **mes petits commerçants** meine kleinen Händler (d. h. Tante-Emma-Läden)

que l'on ne trouve pas den man nicht findet. Das **l'** hat hier keine Bedeutung – es wird häufig vor **on** gesetzt, damit es eleganter klingt.

▶ **j'en suis toujours très contente** ich bin immer sehr zufrieden damit (d. h. mit dem menschlichen Kontakt)

▶ **un peu plus cher ... plus agréable** ein bißchen teurer ... angenehmer

Übung 1

Wo kauft man am besten ein? Brigitte und Mme Coste sind geteilter Meinung. Hören Sie sich den Dialog noch einmal an und entscheiden Sie dann mit Hilfe der Tabelle, auf welchen Laden sich die Argumente beziehen.

2 J'ai bien mangé, j'ai bien bu ...

Dialoge mit Übungen

	arguments	hypermarchés	petits magasins
a.	J'y vais une fois par semaine	✓	
b.	C'est plus agréable		
c.	Je reste fidèle aux petits commerçants		
d.	Je préfère les grandes surfaces		
e.	Il y a des parkings		
f.	Je suis contente du service		
g.	C'est très pratique		
h.	Il y a un contact humain		
i.	On peut y aller en voiture		
j.	J'achète tout en une demi-heure		

Übung 2

Großeinkauf – *vite fait, bien fait!* Bringen Sie Brigittes Aktivitäten in die richtige Reihenfolge

a. ☐ Elle fait ses courses en une demi-heure.
b. ☐ Elle prend la voiture pour aller faire ses courses.
c. ☐ Elle rentre chez elle vers onze heures.
d. ☐ Elle charge la voiture.
e. ☐ Elle gare la voiture à l'hypermarché.
f. ☐ Elle quitte la maison à dix heures du matin.

Übung 3 (1/13)

Jetzt möchte Marie-Thérèse von Ihnen wissen, wo Sie normalerweise einkaufen. Auf der CD gibt Andreas Hilfestellung beim Antworten. Denken Sie an die Adjektivendungen (z. B. content, contente).

2 (1/14)

Un chateaubriand frites
(P = patron, X = Xavier, J = Jean-Marie)

P: Bonjour, Messieurs. Vous désirez?

X: Je voudrais savoir ce qu'est une «tête persillée».

P: Une tête persillée, c'est du pâté fait avec une tête de cochon.

X: Et pour la cervelle de veau meunière purée, qu'est-ce que le «meunière»?

P: Meunière, c'est une cervelle passée à la poêle, au beurre – et c'est le beurre qu'on appelle beurre meunière.

X: Très bien. Moi, je prendrai une tête persillée et une cervelle de veau.

P: Une tête persillée et une cervelle de veau. Et vous, Monsieur?

J: Euh, j'ai un problème – je suis allergique à l'ail. Que me conseilleriez-vous comme entrée?

P: Comme entrée le jambon de Bayonne.

2 J'ai bien mangé, j'ai bien bu . . .

Dialog mit Übungen

J: Très bien. Je prendrai donc un jambon de Bayonne.

P: Un jambon de Bayonne ...

J: Et dans le chateaubriand frites?

P: Chateaubriand frites ... il n'y a pas d'ail, ni dans la poule au riz ... pas d'ail.

J: Bien. Je prendrai un chateaubriand frites.

P: Alors, un chateaubriand frites – saignant ou à point?

J: Saignant.

P: Saignant. Bien, Monsieur. Et pour le dessert on verra ensuite.

poêle *(f.)*	Bratpfanne
conseiller	empfehlen
jambon *(m.)* de Bayonne	geräucherter Schinken aus Bayonne in Südwestfrankreich
chateaubriand *(m.)*	doppelt dickes Filetsteak vom Grill
frites *(f. pl.)*	Pommes frites
saignant	*Fleisch:* nicht durchgebraten, englisch
à point	*Fleisch:* durchgebraten

▶ **je voudrais savoir ce qu'est ...** ich hätte gern gewusst, was ... ist

une tête persillée *wörtlich:* ein Kopf mit Petersilie (le persil). Hier bedeutet **persillé** jedoch „marmoriert" denn bei der Speise handelt es sich um Schweinskopfsülze.

la cervelle de veau meunière purée Kalbshirn Müllerin (mit) Kartoffelpüree. Menübeschreibungen sind oft etwas gerafft, **et** vor Beilagen wie **purée**, **frites** usw. wird meist weggelassen. Siehe auch **chateaubriand frites**, Filetsteak mit Pommes frites.

▶ **qu'est-ce que le «meunière»?** was bedeutet „Müllerin"? Wie der Wirt erklärt, wird das Kalbshirn leicht in Butter gebraten.

▶ **je prendrai** ich nehme (*wörtlich:* ich werde ... nehmen)

▶ **je suis allergique à l'ail** ich bin allergisch gegen Knoblauch; **je suis allergique à la pénicilline** ich bin allergisch gegen Penicillin

▶ **Que me conseilleriez-vous comme entrée?** Was würden Sie mir als Vorspeise empfehlen? Sie können ebensogut sagen: **que me conseillez-vous?**

ni dans la poule au riz (weder ...) noch im Huhn mit Reis. Das gebräuchlichere Wort ist **le poulet** (Hühnchen/ Hähnchen), während **une poule** „eine Henne" bedeutet.

on verra ensuite werden wir später sehen. **Verra** ist die Zukunftsform von **voit**.

Übung 4

Hören Sie sich die Bistro-Szene noch einmal an und füllen Sie dann die folgenden Lücken aus – aber widerstehen Sie der Versuchung, im Dialogtext oder in den Worterklärungen nachzusehen!

Dialoge mit Übungen

a. ___ _____ _____ ce qu'est une «tête persillée».
b. ___ _____ _____ le «meunière»?
c. Je suis _____ à l'ail.
d. Et dans le chateaubriand _____ ?
e. Saignant ou __ _____ ?
f. Et pour __ _____ on verra ensuite.

Übung 5

Wirres Zeug! Können Sie die Bestellung entziffern?
Z. B. dessert me comme que-vous conseilleriez?
Que me conseilleriez-vous comme dessert?

Annette: purée vous meunière veau plaît s'il de cervelle une.
Patron: vous Madame et?
Carine: poulet moi prendrai je ensuite du et pâté du.
Annette: tu l'ail allergique à mais es.
Carine: y l'ail dans pâté il le a de?
Patron: Madame poulet mais dans pas le oui.
Carine: poulet prendrai je frites le alors seulement.

Wenn Sie die Sätze richtig gestellt haben, lesen Sie sie laut.

Übung 6

Jetzt haben Sie das Wort. Lassen Sie sich vom Ober (Yves) diese beiden Gerichte erklären: *le poulet Vallée d'Auge* (Hühnchen mit Calvados und Sahne) und *le bœuf à la provençale* (Rindfleisch mit Tomaten, Oliven und Knoblauch). Auf der CD gibt Andreas Ihnen Anweisungen. Falls nötig, wiederholen Sie diese Übung ein paarmal.

3 (1/16)

Il faut bien manger pour vivre!
(M = Michel, O = Odile)

M: Alors c'est vous qui êtes responsable de la cuisine ici – et la cuisine a très bonne réputation – comment faites-vous pour bien nourrir tant d'hospitalisés?

O: Il faut y mettre premièrement tout son cœur, toute sa compétence, savoir choisir les menus, des menus qui soient assez légers ...

M: Et quels sont les plats que préfèrent les pensionnaires?

O: Les viandes grillées, les viandes rôties, particulièrement le poulet, le veau, qui sont des viandes blanches et tendres, le bœuf aussi, mais surtout choisi dans le filet, les côtes de porc ...

M: Et comme desserts?

O: Les sucreries, beaucoup de laitages, de crèmes, de fruits cuits, les pêches aussi entre autres, mais les fruits crus sont plus difficiles, quoi, à mastiquer.

M: Ça doit coûter assez cher, tout ça?

O: Il faut bien manger pour vivre, hein?

nourrir	ernähren
choisir	auswählen, *hier:* zusammenstellen
viande *(f.)*	Fleisch
grillé	gegrillt
rôti	gebraten *(im Backofen)*
bœuf *(m.)*	Rind(fleisch)
surtout	vor allem
côte *(f.)* de porc	Schweinekotelett
sucreries *(f. pl.)*	Süßspeisen, Süßigkeiten
cuit	gekocht
pêche *(f.)*	Pfirsich

Dialoge mit Übungen

cru | roh, frisch
mastiquer | kauen

comment faites-vous? wie schaffen (*wörtlich:* machen) Sie es?

tant d'hospitalisés so viele Patienten

il faut y mettre premièrement tout son cœur zunächst einmal muss man mit Herz und Seele dabei sein

▶ **Il faut** (*wörtlich:* es ist nötig) kann je nach Satzzusammenhang mit „müssen", „brauchen", „benötigen", „notwendig sein" übersetzt werden. Meist folgt auf diesen „Mehrzweck"-Ausdruck ein Infinitiv (z. B. **Il faut bien manger pour vivre, hein?** Man muss schließlich essen, um zu leben, nicht?), manchmal auch ein Substantiv (z. B.: **Pour les hospitalisés, il faut des menus légers**. Patienten brauchen leichte Kost).

des menus qui soient assez légers Menüs, die möglichst leicht sein sollten. **Soient** ist die Konjunktiv- oder Möglichkeitsform von **sont**. Diese Form brauchen Sie jetzt noch nicht zu lernen.

▶ **Et quels sont les plats que préfèrent les pensionnaires?** Und welche Gerichte bevorzugen die Patienten? Beachten Sie, dass es hier **que** und nicht **qui** heißen muss. Mit «qui» würde der Satz bedeuten, dass Patienten von Gerichten bevorzugt werden!

beaucoup de laitages, de crèmes ... viel Milch- und Cremespeisen ...

quoi ein Füllwort wie etwa „also"

▶ **Ça doit coûter assez cher, tout ça?** Das alles kostet sicher eine ganze Menge?

Übung 7

Welche Speisen sind bei den Patienten besonders beliebt? Hören Sie sich den Dialog an, sooft Sie wollen, und kreuzen Sie die Lieblingsgerichte an.

a. ☐ Hühnchen
b. ☐ Würstchen
c. ☐ Kalbfleisch
d. ☐ Lamm
e. ☐ Rindfleisch
f. ☐ Cremespeisen

g. ☐ Süßspeisen
h. ☐ Obstkompott
i. ☐ Pfirsiche
j. ☐ Schokolade
k. ☐ frisches Obst
l. ☐ Birnen

Übung 8

Diese Patienten sind besonders wählerisch. Finden Sie heraus, welche der im Dialog erwähnten Speisen für jeden Einzelnen in Frage kommen und tragen Sie sie auf Französisch ein. Die fett umrandeten Buchstaben ergeben ein Wort, das diese Feinschmecker beschreibt.

a. *Gebratenes* Fleisch rührt er nicht an, er mag es ...
b. Sie hat Heißhunger auf Filet vom ...
c. Er isst nur weißes Fleisch wie z. B. ...
d. Sie „steht" auf Süßes und mag alle ...
e. Er kann nicht kauen und bevorzugt ...
f. Sie ist ein Vitamin-Freak und mag Obst wie ...
g. Er hasst Milch und verabscheut daher alle ...

2 J'ai bien mangé, j'ai bien bu ...

Dialoge mit Übungen

h. Sie ist allergisch gegen rohe Früchte, aber nicht gegen ...

a.
b.
c.
d.
e.
f.
g.
h.

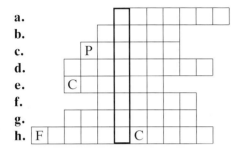

Übung 9

Spielen Sie den Dialog noch einmal durch und lesen Sie dabei den Text mit. Drücken Sie nach jedem der folgenden Wörter die Pausentaste und sprechen Sie nach. Konzentrieren Sie sich auf die Aussprache der Laute *i* und *e*:

> **cuisine nourrir hospitalisé choisir grillées rôties particulièrement filet aussi choisi sucreries fruits cuits difficiles mastiquer vivre**

Übung 10 (1/17)

Sie sind bei einer französischen Familie zu Besuch. Fragen Sie Ihre Gastgeberin (Marie-Thérèse), wie sie es schafft, einen Speisezettel zusammenzustellen, der allen Familienmitgliedern gerecht wird. Reden Sie Marie-Thérèse mit *vous* an, Andreas führt Sie durch die Unterhaltung.

4 (1/18)

Le calvados à appellation contrôlée
(M = Michel, H = M. Hélie)

M: Monsieur Hélie, nous sommes dans votre cave – alors, c'est ici que vous fabriquez votre calvados?

H: Oui, c'est ici que nous fabriquons le calvados. D'abord nous passons le cidre pour avoir un liquide qu'on appelle «la petite eau»; ensuite, cette petite eau, nous la réintroduisons dans une autre cuve pour avoir le calvados – à appellation contrôlée.

M: A quoi ça correspond, l'appellation contrôlée?

H: L'appellation contrôlée correspond à une appellation d'origine par région naturelle. C'est une ... une distillation qui se fait en deux temps et qui permet un vieillissement supérieur du calvados.

M: Donc une qualité également supérieure?

H: Oui, notamment dans le vieillissement.

M: Ah? Comment le vieillissez-vous?

H: Nous le vieillissons dans des fûts en chêne, préalablement remplis de cidre, de façon à ce que le calvados prenne d'abord plus facilement de la couleur et en même temps un certain arôme.

cave *(f.)*	Keller
fabriquer	herstellen
correspondre	entsprechen
permettre	erlauben, ermöglichen
vieillissement *(m.)*	Altern, Ablagern
également	auch, ebenfalls
notamment	besonders
vieillir	ablagern *(Wein)*

2 J'ai bien mangé, j'ai bien bu ...   33

Dialoge mit Übungen

calvados Apfelbranntwein, eine Spezialität aus der Normandie, benannt nach dem **département du Calvados**

nous passons le cidre pour avoir un liquide qu'on appelle «la petite eau» wir geben den Cidre (Apfelwein) durch (die erste Destillation), um eine Flüssigkeit zu erhalten, die **petite eau** genannt wird

nous la réintroduisons dans une autre cuve wir füllen es in eine andere Kufe um

▶ **appellation contrôlée**, auf Weinetiketten oft als **A.C.** abgekürzt, ist die offizielle Lage- und Qualitätsgarantie. Die Bezeichnung **calvados à appellation contrôlée** beschränkt sich auf Apfelbranntweine eines kleinen Gebiets an der normannischen Küste.

▶ **A quoi ça correspond?** Was bedeutet das?

une distillation qui se fait en deux temps eine Destillation in zwei Stufen (*wörtlich:* die sich zweimal macht)

des fûts en chêne, préalablement remplis de cidre Eichenfässer, die zuvor mit Cidre gefüllt waren

de façon à ce que le calvados prenne d'abord plus facilement de la couleur et en même temps un certain arôme so dass der Calvados zunächst einmal leichter Farbe und gleichzeitig ein gewisses Aroma annimmt. **De façon à ce**

que erfordert einen Konjunktiv (eine Verbform, die Sie noch nicht zu lernen brauchen). Daher wird **prendre** hier zu **prenne**.

Übung 11

Gehen Sie noch einmal kurz durch die Dialoge, Worterklärungen und Übungen, dann dürfte dieses Kreuzworträtsel kein Problem für Sie sein. Mit Ausnahme von ein oder zwei sehr einfachen Lösungen sind alle Ausdrücke in dieser *Unité* vorgekommen.

Horizontalement

3 Nous le vieillissons ___ des fûts.
5 M. Hélie ___ du calvados.
7 Quels sont les plats ___ préfèrent les pensionnaires?
8 C'est du ___ fait avec une 12 horiz. de cochon.
9 Que ___ conseilleriez-vous?
12 Qu'est-ce qu'une ___ persillée?
13 Donc une ___ également supérieure?
15 Femme.
16 Là où sont Michel et M. Hélie.
17 Est-ce *le* ou *la* menu?
18 Très connue.
21 ___ dans la poule au riz.
23 Pluriel de «il a».
24 On vieillit le calvados dans un ___ en chêne.
26 J'___ suis toujours très contente.
27 C'est vous ___ êtes responsable.
28 Daube de bœuf ___ provençale.
29 Contraire de *cuit*.
30 Pluriel de *notre*.

Dialoge mit Übungen

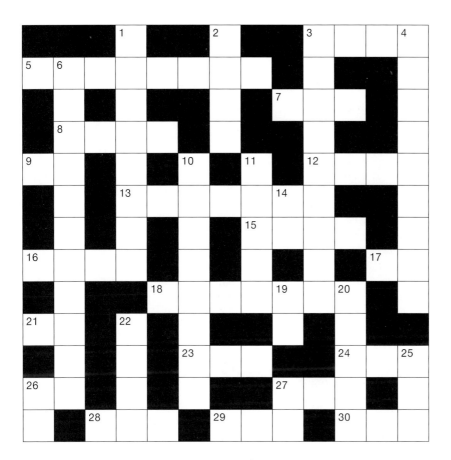

Verticalement

1 C'est tellement plus ___ .
2 Nous la réintroduisons dans une autre ___ .
3 C'est une distillation qui se fait en ___ .
4 Desserts préférés des pensionnaires.
6 A. C. = ___ contrôlée.
10 Alcool fait à partir de 11.
11 Boisson faite à partir de pommes.
14 Singulier de *tes*.
19 … qui permet ___ vieillissement supérieur du calvados.
20 C'est plus agréable – ___ , pour moi.
22 Le même.
25 Où fais-tu ___ courses?
26 Des viandes blanches ___ tendres.
27 Je voudrais savoir ce ___ est une 12 persillée.

Übung 12 (1/19)

Sie sind in der Normandie, wo Sie eine Calvados-Brennerei besichtigen. Stellen Sie dem Besitzer ähnliche Fragen wie Michel. Folgen Sie Andreas' Anweisungen auf der CD.

2 J'ai bien mangé, j'ai bien bu …

Wichtige Wörter und Ausdrücke

je préfère de loin mes petits
commerçants/magasins

c'est un peu plus cher, mais c'est
plus agréable

j'en suis toujours très content(e)

les hypermarchés
supermarchés
grands magasins
sont plus pratiques

on gare la voiture et en une
demi-heure c'est terminé

je voudrais savoir ce qu'est ...

Qu'est-ce que le/la ...?

je prendrai le/la ...

je suis allergique à (l'ail)

Que me conseilleriez-vous comme
entrée?

Comment faites-vous?

Quels sont les plats que préfèrent
les pensionnaires?

ils choisissent
des frites,
des viandes grillées/rôties,
du bœuf saignant/à point

ou des côtes de porc

ils aiment les pêches et les fruits cuits

ça doit coûter assez cher

il faut manger pour vivre

A quoi ça correspond?

---

ich bevorzuge bei weitem meine kleinen
Händler/Läden

es ist ein wenig teurer, aber es ist
angenehmer

ich bin damit immer sehr zufrieden

die Großmärkte
Supermärkte
Kaufhäuser
sind praktischer

man parkt den Wagen, und in einer
halben Stunde ist alles erledigt

ich würde (gern) wissen, was ... ist

Was bedeutet/ist der/die ...?

ich nehme den/die ...

ich bin allergisch gegen (Knoblauch)

Was würden Sie mir als Vorspeise
empfehlen?

Wie machen/schaffen Sie das?

Welche Gerichte bevorzugen
die Patienten?

sie wählen
Pommes frites,
gegrillte/gebratene Fleischstücke,
englisch gebratenes/gut durchgebrate-
nes Rindfleisch

oder Schweinekoteletts

sie mögen Pfirsiche und Obstkompott

das kostet sicher eine ganze Menge

man muss essen, um zu leben

Was bedeutet das?

Grammatik mit Übungen

Die Steigerung von Adjektiven

In Dialog 1 erschienen:
plus pratique   praktischer, bequemer
plus cher   teurer
plus agréable   angenehmer

Um auszudrücken, dass etwas praktischer/ teurer/angenehmer ist als etwas anderes, benutzt man *plus ... que*:
Le calvados est plus cher que le cidre.
Calvados ist teurer als Cidre.
Les pommes cuites sont plus faciles à mastiquer que les pommes crues.
Gekochte Äpfel sind leichter zu kauen als rohe Äpfel.

Zum Glück gibt es nur zwei unregelmäßige Steigerungsformen, und zwar die von *bon* und *mauvais*:
meilleur(e) – besser; *pire* – schlechter
Le vin français est meilleur que le vin espagnol.
Französischer Wein ist besser als spanischer Wein.
Le film était pire que le livre.
Der Film war schlechter als das Buch.

Und wenn Sie sagen möchten, dass eine Sache weniger ... ist als eine andere, verwenden Sie *moins ... que*:
Le bœuf est moins tendre que le veau.
Rindfleisch ist weniger zart als Kalbfleisch/ nicht so zart wie Kalbfleisch.

Übung 13

Relativ gesehen! (Übersetzen Sie die folgenden Feststellungen.)

a. Calvados ist stärker als Cidre. _____
_____

b. Calvados ist besser als Cidre. _____
_____

c. Pfirsiche sind weniger hart als Äpfel.
_____
_____

d. Das Hühnchen ist billiger (weniger teuer) als das Chateaubriand. _____
_____

e. Kalbfleisch ist zarter als Rindfleisch.
_____

f. Englischer Wein ist nicht so gut wie französischer Wein. _____
_____

Adverbien

Ein Adverb beschreibt, auf welche Weise etwas geschieht. Die folgenden Adverbien stammen aus den Dialogen dieser *Unité*:
particulièrement   besonders
premièrement   zunächst
préalablement   zuvor
facilement   leicht

Diese regelmäßigen Adverbien werden durch Anhängen von *-ment* an die weibliche Form des Adjektivs gebildet:
égal (m.), égale (f.): également – ebenfalls
heureux (m.), heureuse (f.): heureusement – glücklicherweise
difficile (m., f.): difficilement – schwer

Adjektive mit den Endungen *-ent* und *-ant* bilden Adverbien, die auf *-emment* und *-amment* enden. (Beide werden gleich ausgesprochen.)
évident: évidemment – sicher, offensichtlich
constant: constamment – ständig

2 J'ai bien mangé, j'ai bien bu ...

37

Grammatik mit Übungen

Wie üblich gibt es wieder ein paar Ausnahmen. Zunächst einmal:

bon: bien – gut
mauvais: mal – schlecht
souvent – oft
toujours – immer
enfin – schließlich
vite – schnell

Die Steigerung von Adverbien

In Dialog 4 kam ein Adverb in Verbindung mit *plus* vor: *plus facilement* – leichter

Wenn Sie vergleichen wollen, auf welche Weise verschiedene Dinge geschehen, verwenden Sie – wie auch bei den Adjektiven – *plus ... que* und *moins ... que*:
Il mange plus vite que sa sœur.
Er isst schneller als seine Schwester.
Il comprend moins bien qu'elle.
Er versteht nicht so gut wie sie.
(*Wörtlich:* Er versteht weniger gut als sie.)

Diesmal gibt es nur zwei Ausnahmen, nämlich:

mieux – besser; *pis* – schlechter, schlimmer
On mange mieux chez vous qu'au restaurant.
Bei euch isst man besser als im Restaurant.

Beide Wörter hören Sie häufig in den Ausdrücken:
tant mieux! – um so besser!
tant pis! – da kann man nichts machen; schade!

Übung 14

Setzen Sie das jeweils passende Adverb in die folgenden Sätze ein:

a. Les grandes surfaces sont _____ plus pratiques que les petits magasins.
b. J'en suis _____ très contente.
c. Comment faites-vous pour _____ nourrir tant d'hospitalisés?
d. _____ , c'est un peu plus cher chez les petits commerçants.
e. Brigitte fait ses courses en voiture, parce que ça va plus _____

Leseübungen

Wie trinkt man Calvados auf französische Art? Darüber klärt der folgende Auszug aus einer Werbung für das normannische Nationalgetränk auf. Auch wenn der Text ein wenig schwierig erscheint, mit Hilfe der Worterklärungen und der Übung müssten Sie das meiste verstehen – im Notfall hilft auch der Wortschatz hinten im Buch weiter.

Calvados
A quels moments l'utiliser?

Le calvados peut être servi à tous les moments de la journée:

Le paysan breton ou normand, comme l'ouvrier parisien, aime bien, l'hiver, arroser de calvados son café du matin, c'est le fameux «café calva» qui donne un coup de fouet au travailleur. Et le soir, en période de grand froid, rien de tel qu'un «grog au calvados» pour vous réchauffer.

Dans le courant de la journée, il peut être consommé en «long drinks». Mélangé à des jus de fruits et des liqueurs, il constitue la base de nombreux cocktails réputés.

Il peut être servi au milieu du repas, à la manière dite du «trou normand» afin de faciliter la digestion.

Mais la meilleure façon de l'apprécier est de le servir à la fin des repas et de prendre tout son temps pour le déguster, surtout lorsqu'il s'agit d'un vieux calvados auquel l'âge a donné une belle couleur d'or ambré. C'est un véritable moment de détente où l'on oublie tous ses soucis.

---

2 J'ai bien mangé, j'ai bien bu ...

arroser · *hier:* einen Schuss (Alkohol) dazu-
  geben
donner un coup de fouet · aufpeitschen, in
  Gang bringen
rien de tel que · (es geht) nichts über
réchauffer · aufwärmen
«trou normand» · *wörtlich:* „normannisches
  Loch" (gemeint ist der Brauch, beim Essen
  eine kleine Schnaps- bzw. Calvadospause
  einzulegen, die das Verdauen reichhaltiger
  Speisen erleichtert)
digestion *(f.)* · Verdauung
apprécier · schätzen
il s'agit de · es handelt sich um
détente *(f.)* · Entspannung
oublier · vergessen
souci *(m.)* · Sorge

Übung 15

Für jede Tageszeit ein passendes Getränk.
Welche Paare gehören laut Text zusammen?
Schreiben Sie die entsprechenden Zahlen in
die Kästchen.

Café calva ☐
Grog au calvados ☐
Long drink ☐
«Trou normand» ☐
Vieux calvados ☐

1. an Wintermorgen
2. im Laufe des Tages
3. nach dem Essen
4. an kalten Abenden
5. während der Mahlzeit

Aimez-vous l'ail? Der folgende Magazin-
artikel informiert über die vielen Vorzüge
von Knoblauch.

En vedette au marché: l'ail

Une famille française moyenne consomme
800 g d'ail par an et par personne, et si vous
faites partie de ceux qui aiment avoir de longues
tresses de ce bulbe aux saveurs puissantes
dans votre cuisine, choisissez plutôt la variété
rose, qui se conserve plus longuement . . .
Vermifuge, antiseptique et tonique du système
nerveux, toutes ces qualités lui sont reconnues.
Ses propriétés antivampires restent, elles, à
prouver . . .

---

en vedette · *hier:* ganz groß
moyen, -ne · durchschnittlich
faire partie de ceux · zu denen gehören
tresse *(f.)* · Zopf
bulbe *(m.)* · Knolle, Zwiebel
saveur *(f.)* · Geschmack, Würze
puissant · kräftig
rose · rosa
vermifuge *(m.)* · Wurmmittel
tonique *(m.)* · Tonikum
reconnu · (an)erkannt, bestätigt
prouver · beweisen

Übung 16

Fakten zum Thema Knoblauch. Welche sind
korrekt?

a. Chaque année les Français mangent 800 g
  d'ail
  ☐ par famille.
  ☐ par personne.

b. L'ail rose
  ☐ est plus puissant.
  ☐ se conserve mieux.

c. Il est prouvé que l'ail
  ☐ a des qualités médicales.
  ☐ protège des vampires.

2 J'ai bien mangé, j'ai bien bu . . .

Radioübungen   Sprechen Sie selbst

Für die meisten Franzosen ist Wein viel mehr als nur ein Getränk: Wein ist ein wichtiges Stück Kultur. Die Winzer sind sich ihrer Verantwortung bewusst. Sie hören jetzt einen Ausschnitt aus einer Reportage über ein Weingut. Der Winzer führt gerade einen Besucher durch das Lager, wo der Wein in Flaschen reift *(le chai de vieillissement en bouteilles)*. Hören Sie sich die Sendung mehrmals an, und sehen Sie sich den Text im Begleitheft an, wenn Sie Schwierigkeiten mit dem südlichen Akzent des Winzers haben. Vokabeln brauchen Sie diesmal kaum:

locaux *(m. pl.)* · Räume
constituer · bilden
commercialiser · in den Handel bringen
mise *(f.)* en bouteilles · Abfüllen in Flaschen
traumatisme *(m.)* · Trauma
s'imposer · sich zur Pflicht machen
si j'ose dire · wenn ich so sagen darf

Übung 17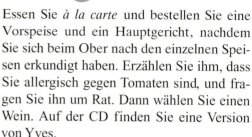

Welche dieser Aussagen ist richtig *(vrai)* und welche falsch *(faux)*?

	vrai	faux
a. On trouve le calme dans le chai de vieillissement en bouteilles parce que c'est loin des machines.	☐	☐
b. Il est bon de commercialiser le vin immédiatement après sa mise en bouteilles.	☐	☐
c. La mise en bouteilles représente pour le vin un certain traumatisme.	☐	☐
d. Le vin doit avoir au moins huit mois de vieillissement en bouteilles.	☐	☐

Übung 18

Essen Sie *à la carte* und bestellen Sie eine Vorspeise und ein Hauptgericht, nachdem Sie sich beim Ober nach den einzelnen Speisen erkundigt haben. Erzählen Sie ihm, dass Sie allergisch gegen Tomaten sind, und fragen Sie ihn um Rat. Dann wählen Sie einen Wein. Auf der CD finden Sie eine Version von Yves.

Übung 19

Sie sind bei einer französischen Freundin zu Gast, die wissen möchte, was Sie gern und weniger gern essen und trinken. Nennen Sie so viele Speisen und Getränke wie möglich und benutzen Sie Ausdrücke wie *j'aime*, *j'aime beaucoup*, *j'adore*, *je préfère*, *je n'aime pas* und *je déteste*. Wenn Sie mit Ihrer Aufzählung fertig sind, hören Sie sich Marie-Thérèse auf der CD an.

3 Votre première visite?

Sie lernen in dieser Unité:

- über Sehenswürdigkeiten zu sprechen und eine Besichtigungstour zu planen
- Ihre Gastgeber zu begrüßen und gallischen Humor zu verstehen
- ein Hotel aus einem französischen Reiseführer auszusuchen

... und Faszinierendes über eine andere Art von *hôtel*.

Wegweiser

Dialoge: Hören Sie zunächst dem Dialog 1 bei geschlossenem Buch zu; anschließend hören Sie ihn sich bei geöffnetem Buch an (wenn nötig, mehrmals). Studieren Sie ihn dabei sorgfältig Zeile für Zeile unter Zuhilfenahme des angegebenen Vokabulars und der Erklärungen. Bearbeiten Sie dann die zum Dialog gehörenden Übungen.

Anschließend verfahren Sie mit den Dialogen 2, 3 und 4 ebenso.

Prägen Sie sich die *Wichtigen Wörter und Ausdrücke* (S. 49) gut ein.

Arbeiten Sie die *Grammatik* einschließlich der Übungen (S. 50–51) durch.

Nun sind die *Leseübungen* (S. 52–54) an der Reihe.

Hören Sie sich die beiden *Radioauszüge* an und bearbeiten Sie die entsprechenden Übungen (S. 55–56). (Hören Sie sich die Radioauszüge an, sooft Sie wollen, versuchen Sie aber, nicht auf die Texte im Begleitheft zu sehen. Im Buch finden Sie Vokabeln und Erklärungen abgedruckt, die Ihnen das Verständnis erleichtern.)

Machen Sie die offenen Sprechübungen im Abschnitt *Sprechen Sie selbst* (S. 56). Hören Sie sich dann zum Vergleich die Beispielversionen auf der CD an.

Hören Sie sich alle Dialoge und Radiotexte noch einmal ohne Buch an.

41

Dialoge mit Übungen

1

Paris semble vous plaire, alors?
(B = Brigitte, A = Alain)

B: Vous êtes en vacances à Paris?
A: Oui, je suis venu pour quelques jours passer des vacances à la capitale.
B: Est-ce votre première visite?
A: Non, ce n'est pas la première fois que je suis venu à Paris.
B: Où êtes-vous descendu?
A: Je suis descendu dans un hôtel, du côté des Champs-Elysées.
B: Et maintenant vous ... vous allez visiter?
A: Oui, oui, c'est-à-dire qu'avant, comme je travaillais, je ... je n'avais pas la possibilité de ... de visiter les musées par exemple, et là je viens pour ... pour visiter Paris.
B: Quels monuments allez-vous visiter cet après-midi?
A: Je vais visiter les Invalides, l'Arc de Triomphe, le Musée Rodin ...
B: Mais Paris semble vous plaire, alors?
A: Énormément, énormément, parce que ... il y a beaucoup de ... de choses à voir, beaucoup de ... de découvertes artistiques à faire.

vacances *(f. pl.)*	Urlaub, Ferien
visite *(f.)*	Besuch, Besichtigung; *hier:* Aufenthalt
quelques	ein paar, einige
fois *(f.)*	Mal
c'est-à-dire	das heißt
musée *(m.)*	Museum
énormément	ungeheuer, sehr
découverte *(f.)*	Entdeckung

je suis venu ich bin gekommen. **Venir** und **descendre** (s. u.) bilden ihre Perfektform (wie im Deutschen) mit **être**.

▶ **Où êtes-vous descendu?** Wo wohnen Sie? (*wörtlich:* Wo sind Sie abgestiegen?) Der Gebrauch von **descendre** stammt aus der Zeit der Postkutschen und Droschken, als Reisende buchstäblich hinabstiegen.

▶ **du côté des Champs-Elysées** bei den Champs-Elysées

▶ **je n'avais pas la possibilité** ich hatte keine Gelegenheit

▶ **Je vais visiter** Ich werde besichtigen. Die einfachste Art, die Zukunft auszudrücken: Die Präsensform von **aller** mit dem Infinitiv.

▶ **Paris semble vous plaire, alors?** Paris scheint Ihnen also zu gefallen? Andere geläufige Ausdrücke mit **plaire: ça me plaît** das gefällt mir; **s'il vous plaît** bitte.

Übung 1

Hören Sie sich den Dialog noch einmal an und beantworten Sie die folgenden Fragen.

a. Est-ce qu'Alain est à Paris
  ☐ pour son travail?
  ☐ en vacances?

b. Est-ce sa première visite?
  ☐ Oui.
  ☐ Non.

3 Votre première visite?

Dialoge mit Übungen

c. Est-ce que son hôtel est
- ☐ sur les Champs-Elysées?
- ☐ près des Champs-Elysées?
- ☐ loin des Champs-Elysées?

d. De quel musée parle-t-il?
- ☐ Du Musée Rodin.
- ☐ Du Musée Grévin.
- ☐ Du Musée des Gobelins.

e. Pourquoi aime-t-il Paris?
- ☐ Parce qu'il a beaucoup d'amis à Paris.
- ☐ Parce qu'il y a beaucoup de choses à visiter.

Übung 2

Brigitte erzählt einer Freundin von Alains Ankunft und ihren Plänen für den nächsten Tag. Setzen Sie die entsprechende Form von *aller* ein.

a. Alain _____ passer quelques jours à Paris.

b. Je _____ le voir demain.

c. Nous _____ visiter la Tour Eiffel et les Invalides.

d. Je suis sûre que ça _____ lui plaire.

e. Le soir, des amis _____ venir dîner avec nous.

f. Est-ce que tu _____ être libre demain soir? Viens avec nous!

Übung 3 (1/24)

Sie sind in Paris und haben eine neue Bekanntschaft (Marie-Thérèse) gemacht. Auf der CD hören Sie von Andreas auf Deutsch, was Sie zu ihr sagen sollen. Nach einer kurzen Pause gibt Yves Ihnen die korrekte französische Version.

3 Votre première visite?

2 (1/25)

Il faut commencer par la Tour Eiffel

Stéphane:

Pour voir Paris? Ah, il faut évidemment commencer par la Tour Eiffel – ça me paraît indispensable – et puis même, si on a le temps, on y montera. Ensuite, il me paraîtrait indispensable également d'aller voir l'Etoile, le Louvre et Notre-Dame – ça me paraît le minimum. Et puis, si possible, et parce que c'est vraiment très beau, faire le tour de Paris par les bateaux-mouches – c'est vraiment un spectacle un peu inhabituel, et, si on le fait en mai ou en automne, c'est quand même ravissant. Alors, voilà ce que je propose – et puis, si on a le temps, eh bien, on ira plus loin: on ira dans le Marais ou ailleurs.

évidemment	natürlich
indispensable	notwendig, unerlässlich
même	sogar
ailleurs	anderswohin

▶ **Pour voir Paris?** Um Paris zu sehen? Beachten Sie den Gebrauch von **pour** zusammen mit einem Infinitiv.

▶ **ça me paraît** das erscheint mir. Etwas später sagt Stéphane **il me paraîtrait** – das würde mir ... erscheinen – und benutzt hier die Konditionalform von paraître.

▶ **on y montera** wir werden hinaufsteigen (*wörtlich:* man wird dort hinaufsteigen). **Monter** steht im Futur,

43

Dialoge mit Übungen

das in der Grammatik auf S. 50 erklärt wird.

l'Etoile der sternenförmig angelegte **Place Charles-de-Gaulle**, in dessen Mitte sich der **Arc de Triomphe** befindet.

les bateaux-mouches Boote für Seine-Rundfahrten, die nach ihrem Erfinder, einem Monsieur Mouche, benannt wurden.
mouche *(f.)* ist das französische Wort für „Fliege".)

un peu inhabituel etwas ungewöhnlich; besonders

▶ **c'est quand même ravissant** das ist schon bezaubernd

▶ **on ira plus loin** wir werden noch weiter gehen. Ein weiteres Beispiel für das Futur.

le Marais ein Pariser Viertel, das berühmt ist für seine vielen eleganten Palais aus dem 16., 17. und 18. Jahrhundert. (Mehr darüber in der Leseübung auf S. 54.)
Das Wort **marais** bedeutet „Sumpf".

Übung 4

Hören Sie Stéphane noch einmal zu und finden Sie die Wörter, die das Gleiche ausdrücken wie die folgenden Begriffe. Schreiben Sie sie neben das entsprechende Wort, aber bitte nicht auf der vorherigen Seite nachsehen.

bien sûr _____
essentiel _____
extraordinaire _____
suggère _____
semble _____
aussi _____
charmant _____
après _____

Übung 5

Nasallaute bereiten Deutschsprachigen immer wieder Schwierigkeiten, sei es beim Hörverstehen, sei es beim Sprechen. Problematisch ist vor allem die Unterscheidung zwischen nasalem *a* und nasalem *o*.

Gehen Sie nun den Dialogtext durch und unterstreichen Sie die folgenden Wörter:

évidemment, commencer, indispensable, temps, ensuite, également, vraiment, quand, ravissant.

In allen finden Sie den gleichen Nasallaut *an* (auch *en* oder *em* geschrieben), der sich deutlich von dem Laut *on* in *montera* unterscheidet. Hören Sie sich den Dialog noch einmal an, lesen Sie den Text dabei mit und sprechen Sie Stéphane die unterstrichenen Wörter nach.

Übung 6 (1/26)

Sie haben eine Besichtigungstour durch Paris geplant und erzählen Yves, was Sie ihm zeigen werden. Andreas macht deutsche Vorschläge für Sie, und Marie-Thérèse bringt die französische Version.
Sie benutzt mehrmals das Wort *on* („man") anstelle von *nous*. Sie brauchen *on* nicht unbedingt zu verwenden, aber Sie werden es oft in Frankreich hören.

3 Votre première visite?

Dialoge mit Übungen

3 (1/27)

Un vrai palace!
(B = Brigitte, J = Jean-François)

B: Viens par ici, Jean-François, je vais te montrer ta chambre.

J: Oh, mais c'est un vrai palace!

B: Oh, n'exagérons rien! Est-ce que tu es frileux?

J: Non, une couverture, ça me suffira largement.

B: Une couverture, ça te suffira. Euh, est-ce que tu veux un oreiller ou un traversin?

J: Ah, je préfère un oreiller.

B: Tu préfères un oreiller. Bon, eh bien, voilà la penderie pour mettre tes affaires, et puis tu as aussi le tiroir de cette commode. Est-ce que tu ... as besoin d'autre chose?

J: Ah, si tu avais un savon je serais très content parce que j'ai oublié le mien à la maison.

B: Ah, aucun problème. Voilà un savon et puis voici aussi quelques serviettes. Ça va suffire?

J: Parfait, parfait.

couverture *(f.)*	Decke
penderie *(f.)*	Schrank
tiroir *(m.)*	Schublade
oublier	vergessen
aucun	kein
parfait	prima *(wörtlich:* perfekt)

un vrai palace! ein wahrer Palast! Das englische Wort „palace" ist in den französischen Sprachgebrauch übergegan-

gen und bezeichnet Luxushotels der Jahrhundertwende.

n'exagérons rien wir wollen nicht(s) übertreiben

▶ **Est-ce que tu es frileux?** Frierst du leicht?

▶ **ça me suffira largement** das genügt mir vollkommen, das ist mehr als genug.
Suffira ist eine Futurform von **suffire**, genügen.

un oreiller ou un traversin? ein Kopfkissen oder eine Nackenrolle?

▶ **tes affaires** *hier:* deine Sachen

▶ **Est-ce que tu as besoin d'autre chose?** Brauchst du noch irgendetwas?

si tu avais un savon ... wenn du (ein Stück) Seife hättest ...

... je serais très content ... wäre ich sehr froh ...
Serais ist eine Konditionalform des Verbs **être**, die Sie jetzt noch nicht zu lernen brauchen.

▶ **le mien** mein(e) (Seife); der/die/das meinige. **Le mien** ist die männliche Form und bezieht sich auf **le savon**. Die weibliche Form: **la mienne**.

▶ **quelques serviettes** einige/ein paar Handtücher

3 Votre première visite?

Dialoge mit Übungen

Übung 7

Jean-François ist offensichtlich stark beeindruckt! Hören Sie sich den Dialog noch einmal an und machen Sie eine Liste aller „Luxusartikel", die Brigitte ihm bietet. Die dick umrandeten Buchstaben beschreiben das Zimmer.

a. Il peut mettre ses vêtements dans la . . .
b. Il a oublié son . . .
c. Pour dormir il préfère un . . .
d. Mais Brigitte lui offre aussi un . . .
e. Il veut une seule . . .
f. Brigitte lui donne quelques . . .

Übung 8

Können Sie die folgenden Sätze entwirren und dann übersetzen?

a. frileux es est-ce tu que? _____
_____

b. largement suffira me ça. _____
_____

c. d'autre besoin chose est-ce tu que as?
_____
_____

d. ta te montrer vais je chambre. _____
_____

e. affaires penderie voilà la tes mettre pour.
_____

Übung 9 (1/28)

Sie sind bei Marie-Thérèse zu Gast, die Ihnen Ihr Zimmer zeigt. Andreas hilft Ihnen beim Antworten, und nach einer kleinen Pause bringt Yves seine Version. Achten Sie auf die Adjektivendungen: Yves wird als *frileux* bezeichnet, eine Frau wäre *frileuse*.

4 (1/29)

Un chien extraordinaire

Jean-Pierre:

L'histoire d'animaux que je préfère est incontestablement celle du monsieur qui va au cinéma pour voir le film *Guerre et Paix* avec son chien.

Le chien est assis à côté de lui, sur un siège, et pendant que le film se déroule, on voit le chien suivre l'histoire d'une façon extraordinaire, pleurer quand l'héroïne fuit les horreurs de la guerre, rire quand le malheur s'éloigne un peu de l'héroïne, suivre le film avec une intelligence et une émotion extraordinaires.

Alors, autour, les autres spectateurs sont très étonnés du comportement de ce chien, et, à la fin du film, ils disent au maître du chien: «Votre chien est tout à fait extraordinaire, Monsieur; nous ne pouvons pas imaginer qu'il aimerait le film à ce point-là.» Et le maître répond «C'est d'autant plus étonnant qu'il n' avait pas du tout aimé le livre».

histoire *(f.)* d'animaux	Tiergeschichte
incontestablement	unbestritten, einwandfrei
guerre *(f.)*	Krieg
paix *(f.)*	Frieden

3 Votre première visite?

Dialoge mit Übungen

siège *(m.)*	Sitz, Platz
façon *(f.)*	Art (und Weise)
fuir	fliehen
autour	um (sie) herum, ringsum
étonné	erstaunt
comportement *(m.)*	Verhalten, Benehmen
maître *(m.)*	Herr(chen)
leur	ihnen

l'histoire ... que je préfère meine Lieblingsgeschichte (*wörtlich:* die Geschichte, die ich bevorzuge)

celle die(jenige) (d. h. die Tiergeschichte). Die weibliche Form bezieht sich hier auf **une histoire**; die Mehrzahl ist **celles**. Die beiden männlichen Formen sind **celui** (Einzahl) und **ceux** (Mehrzahl).

pendant que le film se déroule während der Film abläuft

▶ **on voit le chien suivre l'histoire ... pleurer ... rire** man sieht den Hund die Geschichte verfolgen ... weinen ... lachen

quand le malheur s'éloigne un peu de l'héroïne als die Heldin außer Gefahr ist (*wörtlich:* als das Unglück sich ein wenig von der Heldin entfernt)

aimerait mögen würde (d. h.: dass ihm der Film gefallen würde). Das Verb ist in der Konditionalform.

▶ **à ce point-là** so sehr, derart. Da **ce** sowohl „dies" als auch „jenes" heißen kann, findet man es oft in Verbindung mit **-ci**, wenn „dies" gemeint ist (z. B. **ce chien-ci**) oder mit **-là**, wenn es „jenes" bedeutet.

d'autant plus étonnant que ... um so erstaunlicher, als ...

il n'avait pas du tout aimé le livre ihm hatte das Buch überhaupt nicht gefallen

Übung 10

Testen Sie sich mit dem Kreuzworträtsel auf Seite 48! Die meisten Antworten finden Sie in der Hundegeschichte.

3 Votre première visite?

Dialoge mit Übungen

Horizontalement

2 C'est l' __ d'animaux que je préfère.
6 Le film __ déroule.
8 Masculin: à côté d'*elle*.
10 Je.
11 Contraire de *paix*.
12 Manière.
13 L'animal de l'histoire.
14 Le 13 horiz. est assis à __ __ __ .
15 Il __ lorsque le malheur s'éloigne.
17 Asseyez-vous __ ce siège.
19 Aime mieux.
21 Est-ce *le* ou *la* façon?
22 Rire: il a __ .
23 Est-ce *le* ou *la* film?
24 On le voit __ devant les horreurs.
25 Il __ pas du tout aimé le livre.

Verticalement

1 Contraire de *beaucoup*.
2 Chose horrible.
3 Chaise.
4 Nous ne pouvons pas __ qu'il aimerait le film.
5 Le malheur s' __ un peu.
6 __ on a le temps, on ira plus loin.
7 Tu as un savon? J'ai oublié le __ à la maison.
9 Numéro.
10 Et le __ leur répond.
13 Là où on voit des films.
16 Extrêmement.
18 Avec __ intelligence.
19 On peut faire le tour de Paris __ les bateaux-mouches.
20 Contraire de *commencement*.
21 Est-ce *le* ou *la* spectateur?

48　　　　　　　　　　　　　　　　　　　　　　　　　*3 Votre première visite?*

Dialoge mit Übungen

Übung 11 (1/30)

Jetzt wird Yves Ihnen ein paar Fragen zu der Geschichte stellen. Diesmal sind Sie auf sich selbst angewiesen: Halten Sie die CD nach jeder Frage an und antworten Sie aus dem Gedächtnis. Als kleine Stütze hier einige Fakten:
– Der Filmtitel ist „Krieg und Frieden";
– der Hund sitzt auf einem Platz neben seinem Herrchen;
– der Hund weint und lacht;
– die Zuschauer sind erstaunt;
– das Buch hatte dem Hund nicht gefallen.

Wenn Sie geantwortet haben, starten Sie die CD wieder, um Marie-Thérèses Antwort zu hören.

Wichtige Wörter und Ausdrücke

Est-ce votre première visite?	Ist es Ihr erster Besuch?
Où êtes-vous descendu?	Wo sind Sie abgestiegen/wohnen Sie?
du côté des Champs-Elysées	bei den Champs-Elysées
pour voir Paris, on ira à la Tour Eiffel	um Paris zu sehen, werden wir zum Eiffelturm gehen
ça me paraît indispensable	das erscheint mir unerlässlich
on y montera	wir werden (dort) hinaufsteigen
c'est ravissant	das ist bezaubernd
puis je vais visiter les musées	dann werde ich die Museen besichtigen
Est-ce que tu es frileux(-euse)?	Frierst du leicht?
une couverte me suffira largement	eine Decke genügt mir vollkommen
voilà	hier ist/sind
tes affaires	deine Sachen
quelques serviettes	einige Handtücher
le mien/la mienne	meiner/mein(e)s/meine

3 Votre première visite?

Grammatik mit Übungen

Akkusativpronomen (Direkte Pronomen)

Als Pronomen bezeichnet man Wörter, die anstelle einer Person- oder Gegenstandsbezeichnung gebraucht werden (la femme → elle). Wenn diese Person oder der Gegenstand nicht Subjekt eines Satzes, sondern direktes Objekt ist, so verwendet man ein Akkusativpronomen:
Tu connais cette femme? – Tu **la** connais?
Kennst du diese Frau?   – Kennst du sie?

Hier eine Übersicht über die Akkusativpronomen für jede Person:

me	mich	nous	uns
te	dich	vous	euch/Sie
le	ihn/es	les	sie
la	sie		

Diese Pronomen stehen direkt vor dem Verb:
Il me voit (er sieht mich), und in der Negativform: Il ne me voit pas.
Elle le comprend (sie versteht ihn/es).
Ils nous aiment (sie lieben uns).

In Sätzen mit mehr als einem Verb steht das Akkusativpronomen direkt vor dem Verb, auf das es sich bezieht.
Je vais la visiter.
Paris semble vous plaire.

Bei zusammengesetzten Zeiten, wie z. B. dem Perfekt, steht das Akkusativpronomen vor avoir oder être:
Nous l'avons visité.
Je l'ai oublié à la maison.

Und in der Verneinung haben wir folgende Satzstellung:
Nous ne l'avons pas visité.
Je ne l'ai pas oublié à la maison.

Übung 12

Ersetzen Sie die kursiv gedruckten Wörter durch das jeweils entsprechende Akkusativpronomen, aber denken Sie daran, dass sich die Satzstellung dabei ändert. Z. B.: Je regarde souvent la télévision. Je la regarde souvent.

a. Alain passe les vacances à Paris.

_____

b. Il va visiter le Musée Rodin.

_____

c. J'ai oublié le savon chez moi.

_____

d. Il n'a pas aimé le livre.

_____

e. Jean-Pierre raconte l'histoire.

_____

f. On voit le chien suivre l'histoire.

_____

Das Futur

Sie wissen bereits, wie man die Zukunft mit dem Verb aller + Infinitiv ausdrückt:
Je vais visiter l'Arc de Triomphe.
Ich werde den Triumphbogen besichtigen.

Es gibt jedoch eine zweite Möglichkeit, dieselbe Aussage zu machen, indem man eine Endung an den Infinitiv visiter hängt:
je visiterai, ich werde besichtigen.

Die Endungen für die einzelnen Personen lauten:

je visiter**ai**	nous visiter**ons**
tu visiter**as**	vous visiter**ez**
il/elle visiter**a**	ils/elles visiter**ont**

50   *3 Votre première visite?*

Grammatik mit Übungen

Diese Endungen sind die gleichen wie die Präsensendungen des Verbs *avoir*:
Si on a le temps, on y montera.
Ça me suffira.
Tu ne comprendras pas le film.
Nous passerons les vacances à Paris.

Endet der Infinitiv eines Verbs auf *-re*, dann fällt das *e* in der Futurform weg, z. B. *nous suivrons*, wir werden folgen.

Die meisten Verben folgen diesem Muster, es gibt jedoch leider, wie üblich, ein paar Ausnahmen – obwohl selbst diese sich wenigstens an die Endungen halten! Am besten, Sie merken sich die folgenden häufig vorkommenden Formen:

> être: je serai, tu seras, etc.
> avoir: j'aurai, tu auras, etc.
> aller: j'irai, tu iras, etc.
> venir: je viendrai, tu viendras, etc.
> voir: je verrai, tu verras, etc.

Eine ausführliche Liste der Verbzeiten finden Sie auf S. 219.

Übung 13

Den folgenden Brief könnten Sie an französische Freunde schreiben, die Sie im Sommer besuchen möchten. Setzen Sie jedes Verb (in Klammern) in die entsprechende Futurform.

```
                        Hanovre, le 23 juin
Chers amis,

Je vous remercie beaucoup de votre lettre. Oui, nous
(passer)............ nos vacances à Paris cette année.
Nous (prendre)............ l'avion le 26 juillet
et nous (arriver)............ à Paris dans l'après-
midi. Nous (descendre)............ à l'hôtel Saint-
Servan où notre cousin nous (attendre)............ .
Le soir, nous (aller)............ avec lui au res-
taurant.

Merci beaucoup pour votre invitation: nous (être)......
........ très contents de venir vous voir. Je vous
(téléphoner)............ de l'hôtel pour savoir la
date que vous (proposer)............ . Vous n'
(avoir)............ pas besoin de venir nous chercher,
nous (trouver)............ facilement un taxi.

                        A bientôt
                          Sigrid et Klaus
```

3 Votre première visite?

Leseübungen

Planen Sie eine Reise nach Paris? Dann sollten Sie sich die folgenden Hotelempfehlungen aus *«Paris mon amour»*, einem Parisführer für Einheimische, genauer ansehen.

FAMILY HOTEL: 35, rue Cambon, 1er
(01 42 61 54 84). Ascenseur. De 65 à 85 €, plus 7 € petit déjeuner.
Presque en face du *Ritz,* le *Family* est un hôtel baroque surprenant. Toutes différentes, les chambres ne sont vraiment pas banales: certaines avec des murs arrondis, d'autres immenses (40 m^2 environ) pouvant accueillir 4 à 6 personnes. Papiers et moquettes délirants; le mobilier n'est pas triste non plus. Les Américains en raffolent. La même familie en est propriétaire depuis trois générations.

HOTEL VIVIENNE: 40, rue de Vivienne, 2^e
(01 42 33 13 26). Asc. De 80 à 120 €, petit déj. 9 €.
Un réel effort de décoration: couleurs discrètes, moquette épaisse, mobilier de qualité, beaucoup de bleu. L'ensemble fait hôtel de luxe. Chambres spacieuses, toutes conçues pour deux personnes. Larges balcons.

HOTEL DES MARRONNIERS: 21, rue Jacob, 6^e
(01 43 25 30 60). Asc. De 95 à 185 €, plus 11 € petit déj.
Coincé entre cour et jardin, c'est l'hôtel du silence. Par beau temps, le petit déjeuner est servi à l'ombre des marronniers. Un endroit superbe, presque unique à Paris! La campagne! Les frileux préféreront la véranda. Toutes les chambres ont bains ou douche et TV. De certaines fenêtres, on aperçoit le clocher de l'église Saint-Germain. Au sous-sol, de magnifiques caves voûtées du XVIe siècle sont aménagées en salons. Clientèle d'habitués. C'est notre préféré!

---

arrondi · gerundet
accueillir · aufnehmen (*d. h.* Platz bieten für)
moquette *(f.)* · Teppichboden, Auslegeware
délirant · irre, wild gemustert
ne … pas triste · *hier:* verrückt
en raffoler · verrückt danach sein
effort *(m.)* · Bemühen, Anstrengung
épais, -se · dick
spacieux, -se · geräumig
conçu · gedacht, geschaffen

marronnier *(m.)* · Kastanienbaum
coincé · eingeschoben
cour *(f.)* · Hof
ombre *(f.)* · Schatten
apercevoir · erblicken, sehen
clocher *(m.)* · Glockenturm
sous-sol *(m.)* · Untergeschoss
caves voûtées *(f. pl.)* · Kellergewölbe
aménagé · eingerichtet, umgebaut
clientèle *(f.)* d'habitués · Stammgäste

Übung 14

Welches Hotel ist gemeint? Kennzeichnen Sie die Aussagen dieser Hotelgäste mit den Anfangsbuchstaben des jeweiligen Hotels (F, V oder M).

3 Votre première visite?

Leseübungen

Im zweiten Lesetext erfahren Sie etwas über eine ganz andere Art von *hôtel*: und zwar geht es um die eleganten Palais und Residenzen des Pariser Stadtteils Le Marais. Das Wort *hôtel* kann ja auch „Palais" bedeuten (vgl. S. 44). Diese historischen Prachtbauten sind einen Umweg wert. Hier eine kleine Auswahl:

Hôtel de Beauvais

Un bâtiment élégant, construit autour d'une cour ronde où on découvre une tête de diable sculptée au-dessus d'une porte d'écurie. On dit que la première propriétaire, Catherine Bellier, une femme très galante malgré sa laideur, initia le futur Roi Soleil (Louis XIV) aux secrets de l'amour. Elle avait alors quarante ans . . .
En 1673, le jeune Mozart et sa famille viennent habiter à l'hôtel pendant cinq mois.

Hôtel Carnavalet

Construit au milieu du XVIe siècle, cet immense hôtel est décrit dans les lettres de l'auteur Madame de Sévigné qui en est locataire de 1677 à 1696. Elle mentionne entre autres son beau jardin et les écuries pour dix-huit chevaux . . .
Maintenant l'hôtel héberge le Musée de l'Histoire de Paris où on trouve des souvenirs de Madame de Sévigné et de la Révolution.

Hôtel de Sens

Un hôtel très ancien et un vrai bijou . . . Construit à la fin du XVe siècle pour les archevêques de Sens, il est mis à la disposition de la reine Margot en 1605.
Un horrible drame se produit à l'hôtel lorsqu' à cinquante-deux ans la reine préfère un jeune homme de dix-huit ans au comte de Vermond. Le comte tue son rival. Mais la vengeance de la reine est terrible: elle fait couper la tête du comte.

découvrir · entdecken
écurie *(f.)* · Pferdestall
laideur *(f.)* · Hässlichkeit
héberger · beherbergen, unterbringen
bijou *(m.)* · Juwel
archevêque *(m.)* · Erzbischof
disposition *(f.)* · Verfügung
tuer · töten
vengeance *(f.)* · Rache

Übung 15

Haben Sie die Beschreibung der *hôtels* genau studiert? Testen Sie Ihr Wissen in diesem Geschichtsquiz.

a. In welchem *hôtel* lebte für kurze Zeit ein Musikgenie?
b. War Madame de Sévigné Mieterin oder Besitzerin des Hotels Carnavalet?
c. Wo findet man einen Teufelskopf über einer Stalltür?
d. Wen bevorzugte die 52-jährige Königin Margot als Liebhaber?
e. Was war ihre schreckliche Rache?
f. Wo findet man Erinnerungsstücke an die Revolution?
g. Was soll Catherine Bellier im Alter von 40 Jahren angeblich getan haben?
h. Für wen wurde das Hotel de Sens gebaut?

Radioübungen

Im ersten Programmbeitrag führt Sie Madame Nebout, die sich mit Pariser Parks und Gärten besonders auskennt, rund um die Kathedrale Notre-Dame. Ausgangspunkt ist die Apsis, *le chevet*. Sehen Sie sich zur Orientierung den kleinen Lageplan an.

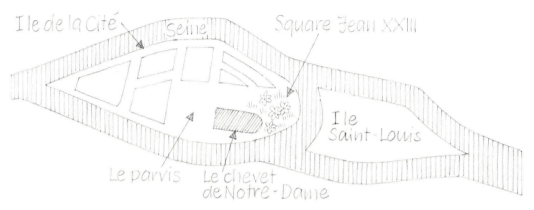

parterres fleuris *(m. pl.)* · Blumenrabatten, -beete
jardiniers *(m. pl.)* · Gärtner
tant de monde · so viele Menschen
vaisseau *(m.)* · Kirchenschiff
un petit coup d'œil · ein kurzer Blick
parvis *(m.)* · Kirchenvorplatz
peu poétique · wenig poetisch

Übung 16 1/31

Versuchen Sie, die folgenden Fragen zu beantworten, ohne vorher das Skript zu lesen. Sehen Sie nur nach, wenn Sie allein nicht weiterkommen.

a. Welcher Platz wird jedes Jahr für die besten Rabatten mit einem Preis ausgezeichnet?
b. Wo befindet sich dieser Platz?
c. Wo steht der *point zéro*-Stein?
d. Was zeigt er an?
e. Welches System bezeichnet Madame Nebout als „wenig poetisch"?

Im zweiten Rundfunkausschnitt hören Sie einen Wetterbericht für die nächsten 24 Stunden.
Finden Sie mit Hilfe der Anmerkungen heraus, was Sie erwartet.

nuageux · wolkig
frais, fraîche · frisch, kühl
météo *(f.)* · Wetterbericht, Wettervorhersage (*kurz für* bulletin météorologique *bzw.* prévisions météorologiques)
nuit *(f.)* prochaine · kommende Nacht, heute Nacht
quant à · was ... betrifft
pluie *(f.)* · Regen (des pluies: Regen fällt)
intermittent, -e · zeitweilig aussetzend
de l'ordre de 18 degrés · um die 18 Grad
les températures baisseront jusqu'à 9 degrés · die Temperaturen werden bis 9 Grad sinken
éclaircies et nuages joueront à cache-cache · „Aufheiterungen und Wolken werden miteinander Verstecken spielen" (d. h. teils heiter, teils wolkig)

3 Votre première visite?

Radioübungen

Übung 17 (1/32)

Hören Sie sich den Wetterbericht noch einmal an und entscheiden Sie, welche Voraussage sich auf die einzelnen Tagesabschnitte bezieht.

La météo				9°	18°
ce soir					
cette nuit					
demain					

Sprechen Sie selbst

Übung 18 (1/33)

Beantworten Sie die folgenden Fragen und hören Sie anschließend auf der CD, wie Yves Marie-Thérèse die gleichen Fragen stellt. Aber wie gesagt, das Gespräch der beiden ist lediglich ein Beispiel, an das Sie sich nicht zu halten brauchen.

Où allez-vous passer vos vacances cette année?

Est-ce que c'est votre première visite?

Quand arriverez-vous?

Et où descendrez-vous?

Übung 19 (1/34)

Sie wollen ein langes Wochenende mit einem französischen Kind in Paris verbringen. Erzählen Sie dem Kind, was Sie alles unternehmen werden (z. B. «Vendredi nous irons . . .», «Samedi matin on visitera . . .», «Si on a le temps, on y montera . . .») und benutzen Sie dabei die Futurform.

Wenn Sie Ihr Besichtigungsprogramm ausgearbeitet haben, hören Sie sich an, was Marie-Thérèse sich alles vorgenommen hat.

3 Votre première visite?

4 Quelle journée!

Sie lernen in dieser Unité:

- zu erzählen, was Sie in Ihrer Mittagspause tun
- Ihren Tagesablauf zu beschreiben
- zu sagen, was Sie tun würden, wenn ...

... und Sie erfahren, was Termiten in Paris anrichten.

Wegweiser

Dialoge: Hören Sie zunächst dem Dialog 1 bei geschlossenem Buch zu; anschließend hören Sie ihn sich bei geöffnetem Buch an (wenn nötig, mehrmals). Studieren Sie ihn dabei sorgfältig Zeile für Zeile unter Zuhilfenahme des angegebenen Vokabulars und der Erklärungen. Bearbeiten Sie dann die zum Dialog gehörenden Übungen.

Anschließend verfahren Sie mit den Dialogen 2, 3 und 4 ebenso.

Prägen Sie sich die *Wichtigen Wörter und Ausdrücke* (S. 67) gut ein.

Arbeiten Sie die *Grammatik* einschließlich der Übungen (S. 68–69) durch.

Nun sind die *Leseübungen* (S. 70–71) an der Reihe.

Hören Sie sich die beiden *Radioauszüge* an und bearbeiten Sie die entsprechenden Übungen (S. 72–73). (Hören Sie sich die Radioauszüge an, sooft Sie wollen, versuchen Sie aber, nicht auf die Texte im Begleitheft zu sehen. Im Buch finden Sie Vokabeln und Erklärungen abgedruckt, die Ihnen das Verständnis erleichtern.)

Machen Sie die offenen Sprechübungen im Abschnitt *Sprechen Sie selbst* (S. 74). Hören Sie sich dann zum Vergleich die Beispielversionen auf der CD an.

Hören Sie sich alle Dialoge und Radiotexte noch einmal ohne Buch an.

Dialoge mit Übungen

1 (2/1)

L'heure du déjeuner

(C = Mme Coste, B = Brigitte)

C: Et que fais-tu pendant ton heure de déjeuner?

B: Eh bien, j'ai l'embarras du choix, parce que, en face du bureau, il y a plusieurs cafés très agréables, une brasserie et une crêperie. Et donc, je peux ... je peux choisir ... l'endroit où je vais ... déjeuner.

C: Très bien, mais – il n'y a pas un restaurant d'entreprise?

B: Si, il y a un restaurant d'entreprise, mais comme tous les restaurants d'entreprise, il n'est pas ... il est pas très bon, et puis en plus, très souvent je n'ai pas une heure pour déjeuner, donc je n'ai pas assez de temps pour aller au restaurant d'entreprise et je suis obligée de ... d'aller manger vite un sandwich ou une crêpe en face du bureau.

C: Mais il faudra pas faire ça tous les jours.

B: Non, non, non, je sais – ce n'est pas bon pour ma santé.

pendant	während
en face de	gegenüber von
plusieurs	mehrere
brasserie *(f.)*	*wörtlich:* Brauhaus; eine Kombination von Restaurant, Kneipe und Großgaststätte, wo man schnell und zu zivilen Preisen essen kann
endroit *(m.)*	Ort; *hier:* Lokal
en plus	außerdem
obligé(e)	gezwungen
santé *(f.)*	Gesundheit

▶ **j'ai l'embarras du choix** ich habe die Qual der Wahl. **Un embarras** ist ein unangenehme, peinliche Situation.

je suis dans l'embarras ich bin in Verlegenheit

faire des embarras Umstände machen

crêperie *(f.)* ein Restaurant, in dem es nur **crêpes** *(f. pl.)*, d. h. hauchdünne Pfannkuchen, zu essen gibt – eine Spezialität aus der Bretagne in süßer und pikanter Form, zu der man Cidre trinkt.

▶ **je vais déjeuner** ich gehe zum Mittagessen

un restaurant d'entreprise eine Kantine. Merken Sie sich auch **un restaurant universitaire** (Mensa) und die Kurzform **restau-u.**

il (ne) faudra pas das darfst/solltest du nicht, das sollte man nicht. **Il faudra** ist die Zukunftsform von **il faut**. Wie so oft im normalen Sprachgebrauch hat Mme Coste das **ne** „verschluckt".

Übung 1

Hören Sie sich den Dialog noch einmal an und beantworten Sie die folgenden Fragen, ohne dabei den Dialogtext zu lesen. Sehen Sie sich die Sätze genau an – zu jedem gibt es zwei Antworten.

1. Brigitte a l'embarras du choix parce qu'
a. ☐ il y a beaucoup d'endroits pour manger.
b. ☐ il n'y a pas de restaurants.
c. ☐ elle a plusieurs possibilités.
d. ☐ elle n'a pas assez de temps.

58   *4 Quelle journée!*

Dialoge mit Übungen

2. En face du bureau il y a
a. ☐ un restaurant d'entreprise.
b. ☐ plusieurs brasseries.
c. ☐ des cafés.
d. ☐ une crêperie.

3. Brigitte ne mange pas au restaurant d'entreprise parce que
a. ☐ c'est trop cher.
b. ☐ ce n'est pas très bon.
c. ☐ elle n'a pas toujours une heure pour déjeuner.
d. ☐ il n'y en a pas.

4. Quand elle veut manger rapidement Brigitte choisit
a. ☐ une crêpe.
b. ☐ une salade.
c. ☐ un café.
d. ☐ un sandwich.

Übung 2 (2/2)

Zum Diktat, bitte! Hören Sie sich zunächst den kurzen Text, den Yves Ihnen diktieren wird, ein- bis zweimal an, bevor Sie anfangen zu schreiben.
Drücken Sie dann nach jeder Sprechpause die Pausentaste, schreiben Sie den Satzteil nieder und prüfen Sie ihn. Achten Sie auf die Satzzeichen (*virgule* = Komma, *point* = Punkt) sowie auf die Verb- und Adjektivendungen. Vergleichen Sie Ihre Version mit der im Begleitheft.

Übung 3 (2/3)

Was machen Sie mittags (*à midi*)? Beantworten Sie Yves' Fragen mit Hilfe der Anweisungen von Andreas. Anschließend hören Sie Marie-Thérèses Version.

2 (2/4)

Un bébé, c'est très bien …
(Cl = Claude, Ca = Catherine)

Cl: Bon, alors, donne-moi des nouvelles du bébé!

Ca: Il va très bien, mais, tu sais – ça change la vie!

Cl: Oui, ça, je m'en doute. Alors, qu'est-ce que tu fais toute la journée?

Ca: Ne me demande pas – je ne sais pas! Les journées passent à une vitesse effrayante …

Cl: C'est vrai?

Ca: … et je ne sais pas ce que je fais. Je me lève, je prépare le déjeuner, je lui donne son biberon …

Cl: Hum! hum!

Ca: … je fais un peu de ménage, la vaisselle – en fait, des tâches ménagères, mais – je ne fais rien.

Cl: Ça te manque pas, les collègues?

Ca: Ah si, tu ne peux pas imaginer!

Cl: Et les élèves?

Ca: Eh oui! Vivement la rentrée!

Cl: Ah oui, ça, je m'en doute, oui.

Ca: Non, tu vois, un bébé, c'est très bien, mais ce n'est pas suffisant.

Cl: Je crois.

Ca: Je crois que je retravaillerai.

toute la journée	den ganzen Tag lang
vitesse (*f.*)	Geschwindigkeit
effrayant	erschreckend
biberon (*m.*)	Flasche (Baby)
vaisselle (*f.*)	Abwasch
tâche ménagère (*f.*)	Hausarbeit
suffisant	ausreichend
retravailler	wieder arbeiten gehen

4 Quelle journée!

59

Dialoge mit Übungen

▶ **donne-moi des nouvelles du bébé** sag mir, wie es dem Baby geht. (*wörtlich:* gib mir Neuigkeiten vom Baby!) Mehr über die Befehlsform erfahren Sie im Grammatikteil auf S. 69.

ça, je m'en doute das kann ich mir vorstellen. Das Verb ist **se douter de**, etwas vermuten.

▶ **je ne sais pas ce que je fais** ich weiß nicht, was ich mache

▶ **je fais un peu de ménage** ich mache ein bisschen sauber (*wörtlich:* den Haushalt)

Ça (ne) te manque pas, les collègues? Und vermisst du nicht die Kollegen? *Wörtlich:* es fehlt dir nicht, die Kollegen? Sie hätte ebensogut sagen können: **tes collègues ne te manquent pas?** Weitere Beispiele: **elle manque à ses amis**, sie fehlt ihren Freunden; **Pierre manque à Marie**, Marie vermisst Pierre.

▶ **si**, doch, beantwortet eine negative Frage oder Feststellung: z.B. **Ce n'est pas vrai! – Si, c'est vrai**.

▶ **vivement la rentrée!** Schulkinder würden eher **vivement les vacances!** (Wenn nur schon Ferien wären!) sagen, aber Catherine, die Lehrerin ist, sehnt den Schulbeginn, **la rentrée**, herbei.

Übung 4

Finden Sie mit Hilfe der Aufnahme heraus, was Catherine den ganzen Tag lang macht. Schreiben Sie den französischen Ausdruck für Catherines Aktivitäten unter jedes Bild.

Catherine ...

a. _____

b. _____

c. _____

Dialoge mit Übungen

d. _____

e. _____

Übung 5

Hören Sie sich jetzt noch einmal den Dialog an, ohne den Text mitzulesen, und achten Sie auf die folgenden Wörter. Sobald Sie eines davon entdeckt haben, drücken Sie die Pausentaste und wiederholen Sie den Satzteil, in dem das Wort vorkam: z. B. *suffisant* → *mais ce n'est pas suffisant*. Vergleichen Sie dann Ihre Version mit dem Text auf Seite 59.

> **nouvelles vie vitesse collègues
> imaginer rentrée retravaillerai**

Übung 6

Bringen Sie Ordnung in das folgende Sprachgewirr und übersetzen Sie die Sätze anschließend.

a. moi donne- bébé du nouvelles des. _____

b. est- tu qu' journée la ce toute fais que? _____

c. journées effrayante les passent vitesse une à. _____

d. que fais je sais ce ne pas je. _____

e. imaginer peux ne tu pas. _____

f. de peu je ménage un fais. _____

Übung 7

Übernehmen Sie jetzt Catherines Rolle in einem Gespräch mit Yves, den Sie diesmal siezen sollen. Wie üblich hilft Ihnen Andreas dabei.

3

Patrick est bon en langues
(Ca = Catherine, Cl = Claude)

Ca: Alors, dis-moi, Patrick est content de sa rentrée?
Cl: Ben, tu sais, c'est un peu difficile parce que ... il rentre en terminale ...
Ca: Ah! l'année du bac!
Cl: Eh oui! Et il est un petit peu découragé

4 Quelle journée!

Dialoge mit Übungen

déjà à l'avance parce qu'ils sont très nombreux dans sa classe.
Ca: Beaucoup de travail aussi, je suppose?
Cl: Beaucoup de travail déjà, oui, même la première semaine.
Ca: Et les professeurs?
Cl: Les professeurs, c'est très, très moyen.
Ca: Hum! Et qu'est-ce qu'il aime comme matières?
Cl: Il aime beaucoup l'histoire et la géographie, il est bon en langues – si tu veux, il est, il est mauvais en rien, et il est très bon en rien non plus.
Ca: Mais il travaille bien?
Cl: Il est très consciencieux.
Ca: Tu penses qu'il aura le bac?
Cl: Ah! j'espère.

terminale *(f.)*	die letzte Schulklasse vor der Reifeprüfung
découragé	entmutigt, niedergeschlagen
à l'avance	im Voraus
matière *(f.)*	Schulfach
consciencieux	gewissenhaft

content de sa rentrée mit dem Schulbeginn/dem neuen Schuljahr zufrieden

▶ **l'année du bac** das Abiturjahr. **Bac,** Kurzform für **baccalauréat,** entspricht der Reifeprüfung.

Les professeurs, c'est très, très moyen. Die Lehrer sind nicht gerade berauschend. (*Wörtlich:* Die Lehrer, das ist sehr, sehr mittelmäßig.)

▶ **Qu'est-ce qu'il aime comme matières?** Welche Fächer mag er?

▶ **il (n') est mauvais en rien, et il (n') est très bon en rien non plus** er ist weder schlecht noch besonders gut in irgendetwas

il aura le bac er wird das Abi bestehen

Übung 8

Was denkt Patrick wirklich? Kreuzen Sie mit Hilfe der Aufnahme an, was auf seine Schulsituation zutrifft – aber bitte nicht im Text nachsehen!

Dialoge mit Übungen

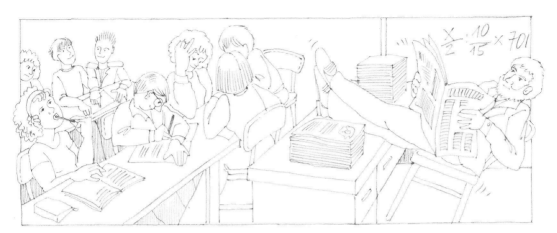

Übung 9

In der folgenden Textwiedergabe tauchen verschiedene Wörter auf, die im Dialog nicht vorkommen. Benutzen Sie nur die CD, um diese hinzugefügten Wörter zu identifizieren. Unterstreichen Sie sie und vergleichen Sie anschließend mit dem Originaldialog auf S. 61–62.

Ca: Alors, Claude, dis-moi, Patrick est content de sa rentrée en classe?

Cl: Ben, tu sais, c'est un peu difficile cette année parce que ... il rentre en terminale ...

Ca: Ah! c'est l'année du bac!

Cl: Eh oui! Et tu sais, il est un petit peu découragé déjà à l'avance parce qu'ils sont très nombreux dans sa nouvelle classe.

Ca: Il doit avoir beaucoup de travail aussi, je suppose?

Cl: Beaucoup de travail déjà, oui, même pendant la première semaine.

Ca: Et les professeurs sont bons?

Cl: Les professeurs, Patrick dit que c'est très, très moyen.

Übung 10

Lesen Sie den Dialog zunächst laut vor. Übersetzen Sie anschließend den folgenden Text ins Französische und greifen Sie immer dann auf den Dialog zurück, wenn Sie allein nicht weiterkommen.

Dieses Jahr ist es sehr schwer für Jacques, weil es *(c'est)* das Abiturjahr ist.

Er ist ein klein wenig entmutigt, weil zu viele (sehr zahlreich) in seiner Klasse sind.

Aber er ist nicht schlecht in irgendetwas *(en rien)*, er ist gut in Sprachen und er ist sehr gewissenhaft.

Seine Mutter hofft, dass er das Abitur bestehen wird.

Übung 11 2/7

Versetzen Sie sich nun in Patricks Rolle und beantworten Sie Marie-Thérèses Fragen zu Ihren Schulproblemen.

Auch für diese Übung steht Ihnen Andreas wieder zur Seite. Beachten Sie den Gebrauch des bestimmten Artikels im Französischen: *j'aime l'histoire et la géographie* – ich mag Geschichte und Geographie.

4 Quelle journée! 63

Dialoge mit Übungen

4

Que feriez-vous de 100 000 (euros)?

Mme Coste: Je m'achèterais un très joli manteau de fourrure, car j'en ai toujours désiré un.

Marie: Mais je crois que je ferais ma valise et puis j'achèterais un billet d'avion et je partirais au soleil.

Alain: Si j'avais 100 000 à dépenser, j'achèterais d'abord une voiture, et le reste de cet argent, je le mettrais à la banque.

Madeleine: Grand Dieu! je payerais déjà toutes mes dettes et puis je payerais aussi l'inspecteur des impôts!

Brigitte: Je prendrais un an de congé et je ferais le tour de France à bicyclette pour visiter toutes les églises romanes.

Claude: Oh, ben! je pense que j'irais voyager, j'achèterais peut-être un magnétoscope, et puis – oh! je ferais des travaux dans l'appartement.

Anne: Oh, j'irais vite au Canada, tout de suite! Ah oui, je partirais, je prendrais l'avion, je crois, et puis, je ferais un beau voyage, d'abord au Canada. Je reviendrais chez moi, en campagne, et puis je crois que je me ferais construire une petite maison, dont je rêve depuis longtemps, avec mon ami et puis mes deux chiens.

manteau *(m.)* de fourrure	Pelzmantel
billet *(m.)* d'avion	Flugticket
dépenser	ausgeben
dettes *(f. pl.)*	Schulden
inspecteur *(m.)* des impôts	Finanzamt *(wörtlich:* Steuerinspektor)
congé *(m.)*	Urlaub
église *(f.)*	Kirche
roman(e)	romanisch
magnétoscope *(m.)*	Videorecorder
campagne *(f.)*	Land
dont	wovon

▶ **Je m'achèterais** Ich würde mir ... kaufen. Diese Verbform, die Konditional- oder Wahrscheinlichkeitsform, wird von allen interviewten Personen in diesem Dialog benutzt. Im Grammatikteil auf S. 68 wird sie genauer erklärt.

j'en ai toujours désiré un ich wollte schon immer einen haben

je ferais ma valise ich würde meinen Koffer packen

j'irais voyager ich würde auf Reisen gehen

▶ **au Canada** nach Kanada. Die Namen der meisten europäischen Länder sind weiblich und man setzt lediglich **en** vor das Land, um **nach** auszudrücken: **je vais souvent en France**, ich fahre oft nach Frankreich. Bei männlichen Ländernamen hingegen muss es **au** (oder **aux** im Plural) heißen:

Dialoge mit Übungen

il va au Japon, er geht nach Japan; **nous allons aux Etats-Unis**, wir reisen in die Vereinigten Staaten.

je me ferais construire une petite maison ich würde ein kleines Haus bauen (*wörtlich:* mir ... bauen lassen). Anne ist sich offensichtlich nicht bewusst, dass 100 000 dafür kaum reichen würden ...

je rêve depuis longtemps ich träume seit langem. Ebenso: **j'habite Paris depuis sept ans**, ich wohne seit sieben Jahren in Paris.

mon ami mein Freund. Achten Sie auf die feinen Unterschiede zwischen **un de mes amis** (einer meiner Freunde), **un ami à moi** (ein Freund von mir) und **mon ami(e)**. Freund oder Freundin, im Sinne von Partner, werden oft auch als **petit(e) ami(e)** bezeichnet. Und im familiären Ton heißt es **mon copain** (mein Kumpel) und **ma copine**.

Übung 12

Träume oder Schäume? Hören Sie sich die Aufnahme nochmals an und kreuzen Sie dabei die Wünsche an, die von den Leuten erwähnt werden. Entscheiden Sie dann mit Hilfe des Textes, wessen Traum hier jeweils dargestellt ist, und schreiben Sie die Namen unter die Bilder. Wer fällt hier aus dem Rahmen?

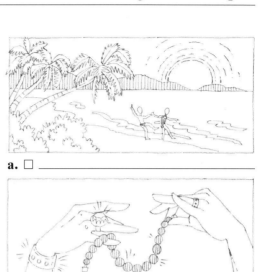

a. ☐ _____

b. ☐ _____

c. ☐ _____

d. ☐ _____

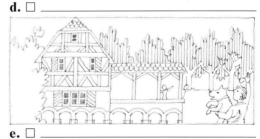

e. ☐ _____

4 Quelle journée!

Dialoge mit Übungen

f. ☐ _____

g. ☐ _____

h. ☐ _____

i. ☐ _____

Übung 13

Hören Sie sich jetzt die zweite Hälfte der Interviews noch einmal an, ohne den Text anzusehen, und setzen Sie die fehlenden Verben in der Konditionalform in die Lücken ein. Falls Sie dabei Hilfe brauchen, lesen Sie über das Konditional in der Grammatik auf S. 68 nach.

Brigitte: Je _____ un an de congé et je _____ le tour de France à bicyclette pour visiter toutes les églises romanes.

Claude: Oh, ben! je pense que j' _____ voyager, j' _____ peut-être un magnétoscope, et puis – oh, je _____ des travaux dans l'appartement.

Anne: Oh, j' _____ vite au Canada, tout de suite! Ah oui, je _____, je _____ l'avion, je crois, et puis, je _____ un beau voyage, d'abord au Canada. Je _____ chez moi, en campagne, et puis je crois que je me _____ construire une petite maison, dont je rêve depuis longtemps, avec mon ami et puis mes deux chiens.

Übung 14 2/9

Ein unerwarteter Geldgewinn! Was würden Sie damit anfangen? Auf der CD werden Sie von Marie-Thérèse interviewt. Denken Sie daran, wie die Leute im Dialog „Ich würde ..." gesagt haben. Deutsche Anweisungen bekommen Sie wieder von Andreas.

Wichtige Wörter und Ausdrücke

l'heure du déjeuner	Mittagspause/-stunde
j'ai l'embarras du choix	ich habe die Qual der Wahl
en face du bureau	gegenüber vom Büro
il y a plusieurs	gibt es mehrere
brasseries/endroits	Restaurants/Lokale,
où je vais déjeuner	wo ich essen gehe
tous les jours	jeden Tag
toute la journée	den ganzen Tag
je me lève	ich stehe auf
je fais un peu de ménage/	ich mache ein wenig Hausarbeit/
la vaisselle	den Abwasch
en plus, je prépare le déjeuner	außerdem bereite ich das Mittagessen zu
Tes collègues ne te manquent pas?	Vermisst du nicht deine Kollegen?
j'espère	ich hoffe,
qu'il aura le baccalauréat	dass er das Abitur bestehen wird
il est un peu	er ist ein wenig
découragé à l'avance	im Voraus entmutigt
Qu'est-ce qu'il aime	Welche Fächer
comme matières?	mag er (am liebsten)?
il est bon en langues	er ist gut in Sprachen
si j'étais riche ...	wenn ich reich wäre ...
je dépenserais tout mon argent	ich würde all mein Geld ausgeben
je m'achèterais	ich würde mir
un magnétoscope/	einen Videorecorder/
un billet d'avion	ein Flugticket kaufen
je prendrais un an de congé	ich würde ein Jahr Urlaub nehmen
je ferais ma valise	ich würde meinen Koffer packen
j'irais voyager	ich würde
au Canada et	nach Kanada und
aux Etats-Unis	in die Vereinigten Staaten reisen
mon ami habite	mein Freund wohnt
en France	in Frankreich
depuis un an	seit einem Jahr

4 Quelle journée!

Grammatik mit Übungen

Das Konditional

In Dialog 4 erzählten verschiedene Personen, was sie tun würden, wenn . . . und verwendeten dabei die Konditionalform:
Je ferais un beau voyage.
Ich würde eine schöne Reise machen.
Je payerais toutes mes dettes.
Ich würde all meine Schulden abzahlen.

Das Konditional wird durch Anhängen der Imperfektendungen an den Infinitiv gebildet. Schlagen Sie auf S. 21 nach, wenn Sie diese Endungen nicht mehr genau in Erinnerung haben.

Infinitiv: *partir*   Imperfekt: *je partais*

Konditional:

je partirais	ich würde abreisen
tu partirais	du würdest abreisen
il/elle partirait	er/sie würde abreisen
nous partirions	wir würden abreisen
vous partiriez	ihr würdet abreisen
ils/elles partiraient	sie würden abreisen

Beachten Sie, dass Verben, die eine unregelmäßige Futurform haben, auch im Konditional Ausnahmen bilden:

Infinitiv	Futur	Konditional
aller	*j'irai*	*j'irais*
appeler	*j'appellerai*	*j'appellerais*
avoir	*j'aurai*	*j'aurais*
être	*je serai*	*je serais*
faire	*je ferai*	*je ferais*
venir	*je viendrai*	*je viendrais*
voir	*je verrai*	*je verrais*

Alle anderen Personen (*tu, il* usw.) folgen diesem Muster mit den oben aufgeführten Endungen.

Übung 15

Setzen Sie das jeweils passende Wort in der Konditionalform ein.

dépenser	**payer**	**aller**
	prendre	**partir**

Si nous avions 100 000 euros, nous _____ _____ d'abord l'inspecteur des impôts. Ensuite, nous _____ six mois de congé et nous _____ en voyage. Nous _____ d'abord en France et puis au Canada. Mais nous ne _____ pas tout notre argent.

Konditionalsätze mit si (wenn)

Im Deutschen wie im Französischen unterscheidet man zwischen Konditionalsätzen (wenn-Sätzen), die eine echte Möglichkeit, und solchen, die eine bloße Annahme ausdrücken, indem man verschiedene Verbzeiten benutzt.

- Wenn etwas möglich ist:
  si + Präsens → Futur
  Si on a (Präsens) *le temps, on ira* (Futur) *au cinéma.*
  Wenn wir Zeit haben, gehen wir ins Kino.

- Wenn etwas hypothetisch ist:
  si + Imperfekt → Konditional
  Si j'avais (Imperfekt) *100 000 €, j'achèterais* (Konditional) *une voiture.*
  Wenn ich 100 000 € hätte, würde ich einen Wagen kaufen.

Das folgende Beispiel zeigt, wie sich die Aussage eines Satzes durch verschiedene Verbzeiten verändert:

Si je vais à Washington, je verrai mon ami.
Wenn ich nach Washington reise, werde ich meinen Freund sehen.
Si j'allais à Washington, je verrais mon ami.
Wenn ich nach Washington reisen würde, würde ich meinen Freund sehen.

Übung 16

Setzen Sie die Infinitive in Klammern in die richtige Zeit.

a. Si elle était riche, elle (acheter) _____ _____ un manteau de fourrure.
b. S'il fait beau, on (aller) _____ à la campagne.
c. Si vous (payer) _____ vos dettes, l'inspecteur des impôts sera content!
d. Si vous aviez beaucoup d'argent, vous le (mettre) _____ à la banque.
e. Si tu (aller) _____ au Canada, tu prendrais l'avion.
f. Si elle se faisait construire une maison, elle (habiter) _____ avec son ami.

Der Imperativ (Befehlsform)

Jemanden zu bitten, etwas zu tun oder zu lassen, ist ganz einfach – erinnern Sie sich nur an das Schild auf der Strandpromenade von Cabourg (S. 22). Die beiden Pluralformen (*nous* und *vous*) sind die gleichen wie die Präsensformen:

Nous allons à la plage.	*Allons-y!*
Wir gehen zum Strand.	Gehen wir!
Vous venez avec nous.	*Venez ici!*
Sie kommen mit uns.	Kommen Sie her!

Der einzige Unterschied liegt in der Einzahl:
Tu me donnes cinq euros.   Donne-moi ...!
Du gibst mir fünf Euro.   Gib mir ...!

Merken Sie sich:
● „Du gibst" heißt *tu donnes*, während „gib!" *donne!* ohne *-s* lautet. Diese Regel gilt für alle Verben, die auf *-er* enden (selbst für *aller: tu vas*, du gehst; *va!*, geh!).

● Bei positiven Befehlen entspricht die Wortstellung der deutschen: *donne-moi*, gib mir; *donnez-moi*, geben Sie/gebt mir. *Moi* und *toi* treten an die Stelle von *me* und *te* im normalen Satzbau und werden durch einen Bindestrich angeschlossen.

● Ist der Befehl negativ, wird die normale Wortstellung beibehalten (ebenso wie *me* und *te*): *ne me demande pas*, frag mich nicht.

Leseübungen

Wenn es um wichtige Familienereignisse geht, werden, wie bei uns, Anzeigen verschickt *(faire-part)* oder in die Zeitung gesetzt *(annonce)*. Hier zwei Beispiele für den recht förmlichen Sprachstil solcher Anzeigen:

Denise Mermet et Olivier Lilette

ont la joie de faire part de leur mariage

célébré dans la stricte intimité

le Samedi 27 Juillet 2002

en l'Eglise Sainte-Benoîte de Craonnelle

(Aisne)

Monsieur et Madame
Dominique Desmarquest laissent
à Julie la joie de vous annoncer la naissance
de son petit frère

Romain

Amiens, le 3 Février 2002
Maternité Sainte-Thérèse
Rue Gloriette
80000 Amiens

8, rue Pointin
80000 Amiens

joie *(f.)* · Freude
faire part de · bekannt geben
dans la stricte intimité · im engsten Familien-
kreis; (Beerdigung)
naissance *(f.)* · Geburt
maternité *(f.)* · Entbindungsklinik/-station

Übung 17

a. Est-ce que le faire-part de mariage est une invitation? oui ☐ non ☐

b. Comment s'appelle la sœur de Romain?
_____

c. Dans quelle rue est-il né? _____

70   *4 Quelle journée!*

Leseübungen

Das folgende Gedicht spielt im Garten eines Landhauses: ein warmer Sommernachmittag, eine Mutter sieht ihren Kindern beim Spielen zu, als plötzlich ...

Voilà la pluie! ... Allons, les enfants, rentrez vite! ...
Hou! les vilains lambins qui seront tout mouillés!
Toi, Jeanne, il faut aider Thérèse. Elle est petite ...
Courons, courons! ... Il faudra dire au jardinier
De fermer les volets et de rentrer les chaises.
Vous vous installerez dans la salle à manger;
Toi l'aînée, il faudra faire jouer Thérèse.

Tu donneras à Jean ses couleurs sans danger,
Je crois qu'il reste un catalogue et des images
A découper. Prenez les ciseaux à bouts ronds,
Et ne réveillez pas grand-père! Nous verrons
Lequel de vous fera les plus beaux découpages.
Je vous laisse. J'ai ma migraine. Amusez-vous
Bien gentiment, et le plus sage aura un sou.

Paul Géraldy

rentrer · hineingehen, hineinbringen
vilain · ungehorsam, schlimm
lambin *(m.)* · Trödler, Bummler
mouillé · nass
courons · lasst uns schnell laufen
volet *(m.)* · Fensterladen
s'installer · sich niederlassen
aîné(e) · Älteste(r), Große(r)
image *(f.)* · Bild
découper · ausschneiden
réveiller · wecken
bien gentiment · schön artig
le plus sage · der Artigste, Vernünftigste
sou *(m.)* · kleine Münze, „Groschen"

il faudra faire jouer Thérèse · du musst mit Thérèse spielen (*wörtlich:* wirst ... müssen), du musst Thérèse beschäftigen
les ciseaux à bouts ronds · die abgerundete Schere
... lequel de vous fera les plus beaux découpages · ... wer von euch die schönsten Ausschneidearbeiten macht

Übung 18

Ein Gewitter setzt der Idylle ein Ende, und tausend Dinge müssen gleichzeitig geschehen. Was erfahren Sie aus den „Regieanweisungen" der Mutter über jeden Hausbewohner?

	Informations	Jeanne	Thérèse	jardinier	Jean	mère	grand-père
a.	est petite						
b.	rentre les chaises						
c.	a mal à la tête						
d.	dort dans la maison						
e.	est l'aînée						
f.	veut être seule						
g.	ferme les volets						
h.	colorie des images						

4 Quelle journée!

Radioübungen

Hören Sie zunächst, was die Einwohner von Paris und Umgebung laut Meinungsumfrage von den öffentlichen Transportmitteln halten. Hier die Zusammenfassung von *Radio Service Tour Eiffel*.

enquête *(f.)* · Untersuchung, Umfrage
effectué(e) · vorgenommen, ausgeführt
auprès de · unter, bei
échantillon *(m.)* représentatif · repräsentativer Durchschnitt
souhaiter · wünschen
amélioration *(f.)* · Verbesserung
avenir *(m.)* · Zukunft

suivant · folgend
voiture *(f.)* particulière · Privatwagen
marche *(f.)* à pied · Zufußgehen
deux-roues *(m.)* · Rad (*wörtlich:* Zwei-Räder)
utile · nützlich
voire · sogar

Übung 19 (2/10)

Arbeiten Sie diesmal mit CD und Radiotext (siehe Begleitheft) und tragen Sie die Untersuchungsergebnisse ein:

Enquête: les transports urbains

Effectuée du .... au .... (dates)

Nombre de personnes interviewées: ....

Age minimum: ....

Satisfaits du fonctionnement des transports urbains: .... %

Souhaitent des améliorations pour l'avenir: ....%

Moyens de transport utilisés
– bus et métro ....%
– voiture particulière ....%
– marche à pied ....%
– deux-roues ....%

Considèrent le développement et l'amélioration des transports urbains importants / très importants ....%

---

4 Quelle journée!

Radioübungen

Auch der zweite Beitrag kommt von *Radio Service Tour Eiffel*: ein Interview zum Thema Termiten, die sich bereits durch mehrere Pariser Stadtteile gefressen haben. Informieren Sie sich über diese alarmierende Tatsache – die Wortliste macht's möglich!

quartier *(m.)* · Stadtteil
dévorer · verschlingen, auffressen
petite bête *(f.)* · Tierchen
blanchâtre · weißlich
à l'abri de la lumière · vor Licht geschützt
étoffe *(f.)* · Stoff
plâtre *(m.)* · Gips, Verputz
conseil *(m.)* · Rat
éviter · vermeiden
lutter contre · bekämpfen
en débarrassant · indem man ... entfernt
sous-sol *(m.)* · Keller, Untergeschoss
rez-de-chaussée *(m.)* · Erdgeschoss, Parterre
immeuble *(m.)* · Wohnblock, Gebäude
se passer · passieren, geschehen
bâtiment *(m.)* adjacent · Nebengebäude
ils effectuent de véritables ravages · sie richten wahre Verwüstungen an
en s'attaquant aux matières cellulosiques · indem sie sich über zellulosehaltige Stoffe hermachen
si on laissait faire un nid de termites · wenn man ein Termitennest in Ruhe (*wörtlich:* gewähren) lassen würde

Übung 20 (2/11)

Versuchen Sie jetzt, die folgenden Fragen zu beantworten – nehmen Sie dabei notfalls den Radiotext (im Begleitheft) zu Hilfe.

a. Wie viele Pariser Stadtteile sind den Termiten bereits zum Opfer gefallen? _____

b. Welche Farbe haben Termiten? _____

c. Wovon ernähren sie sich? _____

d. Welche zwei Faktoren begünstigen eine Termitenplage? _____

e. Welchen Teil eines Gebäudes nehmen sie zuerst in Angriff? _____

f. Wohin wandern sie dann? _____

4 Quelle journée!

Sprechen Sie selbst

Übung 21

Was machen Sie den ganzen Tag? Beschreiben Sie Ihren Tagesablauf so ausführlich wie möglich – vielleicht helfen die folgenden Fragen dabei. Sprechen Sie laut und halten Sie Ihre Sätze möglichst einfach.

- A quelle heure vous levez-vous pendant la semaine?
- Qui prépare le petit déjeuner?
- Qu'est-ce que vous faites après le petit déjeuner?
- Où mangez-vous à midi?
- Qu'est-ce que vous faites le soir?

Wenn Sie mit Ihrem Bericht fertig sind, hören Sie sich an, wie Marie-Thérèse ihren Tag verbringt.

Übung 22

Greifen Sie nach den Sternen! *Qu'est-ce que vous feriez si vous étiez millionnaire?* Lassen Sie Ihrer Phantasie freien Lauf, aber denken Sie dabei an die Konditionalform. Anschließend erfahren Sie von Yves, wie er mit plötzlichem Reichtum leben würde.

5 Partir sans problème

Sie lernen in dieser Unité:

● Reiseinformationen einzuholen und Fahrkarten zu kaufen
● wie man ein Auto mietet
● nach dem Weg zu fragen und ihn dann auch zu finden

... und warum Marseilles Pendler in den Untergrund gehen.

Wegweiser

Dialoge: Hören Sie zunächst dem Dialog 1 bei geschlossenem Buch zu; anschließend hören Sie ihn sich bei geöffnetem Buch an (wenn nötig, mehrmals). Studieren Sie ihn dabei sorgfältig Zeile für Zeile unter Zuhilfenahme des angegebenen Vokabulars und der Erklärungen. Bearbeiten Sie dann die zum Dialog gehörenden Übungen.

Anschließend verfahren Sie mit den Dialogen 2, 3 und 4 ebenso.

Prägen Sie sich die *Wichtigen Wörter und Ausdrücke* (S. 84) gut ein.

Arbeiten Sie die *Grammatik* einschließlich der Übungen (S. 85–86) durch.

Nun sind die *Leseübungen* (S. 87–88) an der Reihe.

Hören Sie sich die beiden *Radioauszüge* an und bearbeiten Sie die entsprechenden Übungen (S. 89–90). (Hören Sie sich die Radioauszüge an, sooft Sie wollen, versuchen Sie aber, nicht auf die Texte im Begleitheft zu sehen. Im Buch finden Sie Vokabeln und Erklärungen abgedruckt, die Ihnen das Verständnis erleichtern.)

Machen Sie die offenen Sprechübungen im Abschnitt *Sprechen Sie selbst* (S. 90). Hören Sie sich dann zum Vergleich die Beispielversionen auf der CD an.

Hören Sie sich alle Dialoge und Radiotexte noch einmal ohne Buch an.

Dialoge mit Übungen

1 (2/14)

Il vaut mieux acheter un carnet
(P = Patrick, N = Noëlle)

P: Dites-moi, Noëlle, à Paris, où est-ce que je peux acheter des tickets d'autobus?

N: Vous pouvez acheter des tickets d'autobus dans toutes les stations de métro et dans certains bureaux de tabac.

P: Je ne peux pas les acheter quand je monte dans l'autobus?

N: Si, bien sûr, vous pouvez, mais cela vous revient beaucoup plus cher. Il vaut mieux acheter un carnet.

P: Bien. Et quand je reçois mes tickets, un ticket vaut pour un trajet?

N: Oui. De toute façon, le nombre de tickets est indiqué sur un petit dessin qui figure à l'arrêt de l'autobus.

P: Ah bon! Et si je change d'avis et que je prends le métro, je peux utiliser ce même ticket?

N: Il est absolument valable dans les stations de métro.

trajet *(m.)*	Strecke, Fahrt
de toute façon	auf jeden Fall
valable	gültig

▶ **bureaux** *(m. pl.)* **de tabac** Tabakwarengeschäfte, in denen man auch Süßigkeiten, Zeitungen, Postkarten und Briefmarken bekommt.

▶ **je monte dans l'autobus** ich steige in den Bus ein. Merken Sie sich auch **descendre**, aussteigen.

▶ **cela vous revient beaucoup plus cher** das kostet wesentlich mehr (*wörtlich:* das kommt Sie sehr viel teurer)

▶ **il vaut mieux acheter un carnet** es ist besser/günstiger, einen Fahrkartenblock zu kaufen. **Vaut** ist die dritte Person des Verbs **valoir** (*wörtlich:* wert sein). Vielleicht haben Sie es schon einmal in der Frage **ça vaut combien?**, wieviel kostet das?, gehört.

un petit dessin qui figure ... ein kleiner Plan (*wörtlich:* Zeichnung), den man ... findet. Er gibt Auskunft über die Buslinie und wieviele Fahrkarten man für den jeweiligen Streckenabschnitt braucht.

▶ **à l'arrêt de l'autobus** an der Bushaltestelle (*wörtlich:* an der Haltestelle des Busses, d. h. eines bestimmten Busses). Allgemein heißt es **un arrêt d'autobus**. Merken Sie sich auch **une gare routière**, ein Busbahnhof.

▶ **je change d'avis** ich entscheide mich anders (*wörtlich:* ich ändere die Meinung)

si ... et que ... wenn nun ... und (wenn) ... Folgen zwei wenn-Sätze aufeinander, so beginnt der erste mit **si**, der zweite jedoch mit **et que**.

76   *5 Partir sans problème*

Dialoge mit Übungen

Übung 1

Entscheiden Sie, welche dieser Behauptungen richtig *(vrai)* und welche falsch *(faux)* sind. Nehmen Sie dabei die Aufnahme – aber nicht den Text – zu Hilfe.

	vrai	faux
a. Vous ne pouvez pas acheter des tickets d'autobus dans une station de métro.	☐	☐
b. Vous pouvez les acheter quand vous montez dans l'autobus.	☐	☐
c. Les tickets coûtent moins cher si on achète un carnet.	☐	☐
d. Le nombre de tickets qu'il faut pour un trajet est indiqué à l'arrêt de l'autobus.	☐	☐
e. Les tickets d'autobus ne sont pas valables dans les stations de métro.	☐	☐

Übung 2

Sie kennen sich jetzt mit dem Transportsystem aus und können es einem kanadischen Touristen erklären, der mit Ihnen an der Haltestelle steht. Setzen Sie das passende Wort in jede Lücke.

prenez	**pouvez**	**montez**
acheter	**utiliser**	**revient**
d'avis	**bureaux**	**stations**

Vous pouvez _____ des tickets d'autobus dans toutes les _____ de métro et dans certains _____ de tabac. Vous _____ les acheter quand vous _____ dans l'autobus, mais cela vous _____ beaucoup plus cher. Si vous changez _____ _____ et que vous _____ le métro, vous pouvez _____ les mêmes tickets.

Übung 3 ②/15

Sie besuchen eine französische Stadt und möchten wissen, wo man Busfahrkarten bekommt. Folgen Sie den Anweisungen von Andreas, stellen Sie Ihre Fragen und hören Sie sich dann Yves' Version, gefolgt von Marie-Thérèses Antworten, an.

2 ②/16

Pourriez-vous me renseigner?
(E = employée, C = Mme Coste)

E: Bonjour, Madame.

C: Bonjour, Mademoiselle. Mademoiselle, je désirerais me rendre à Mulhouse pour voir ma fille, qui vient de déménager. Pourriez-vous me renseigner sur les transports pour s'y rendre?

E: Oui, bien sûr. Vous avez le, le train ou l'avion.

C: L'avion? Mais j'ai jamais pris l'avion, alors je préférerais prendre le train.

E: Oui.

C: Et, c'est départ de quelle gare, s'il vous plaît?

E: C'est Gare de l'Est.

C: Vous connaissez la durée du trajet?

E: Oh! environ cinq heures.

C: Bon. Est-ce que c'est direct? Est-ce que

5 Partir sans problème

77

Dialoge mit Übungen

l'on doit changer?

E: Non, non, c'est direct.

C: Et ... est-ce que vous savez s'il y a des consignes à la gare?

E: Oui, oui, dans toutes les gares il y a des consignes, Madame.

C: Et pourriez-vous me donner les horaires?

E: Oui – un petit moment, hein – je vais chercher.

C: Merci.

se rendre à	sich nach ... begeben, nach ... reisen
durée *(f.)*	Dauer
changer	*hier:* umsteigen
horaire *(m.)*	Fahrplan, Abfahrtszeit
aller chercher	holen (gehen)

▶ **je désirerais me rendre à Mulhouse** ich würde gern (*wörtlich:* würde wünschen) nach Mulhouse reisen. Die Konditionalform ist etwas umständlich und verleitet zum Verschlucken von Silben: **désirerais** und **préférerais** klingen hier wie **désirais** und **préférais**.

▶ **qui vient de déménager** die gerade umgezogen ist. **Venir de** + Infinitiv ist eine häufig gebrauchte Wendung: **je viens d'arriver**, ich bin gerade angekommen.

▶ **Pourriez-vous me renseigner ...?** Könnten Sie mir Auskunft geben ...?

s'il y a des consignes à la gare ob es am Bahnhof eine Gepäckaufbewahrung gibt.

▶ **La consigne** ist die Gepäckaufbewahrung, das Wort für „Schließfach" ist **consigne automatique**.

Übung 4

Hören Sie sich Madame Costes Fragen und die Auskünfte noch einmal genau an und beantworten Sie die folgenden Fragen, ohne im Dialogtext nachzusehen.

a. Pourquoi est-ce que Madame Coste veut se rendre à Mulhouse? _____

b. Qu'est-ce que sa fille vient de faire? ____

c. Quels moyens de transport y a-t-il pour aller à Mulhouse? _____

d. Lequel Madame Coste préfère-t-elle? ___

e. Quelle est la durée du trajet? _____

f. Est-ce qu'il y a des consignes à la gare?

Übung 5

Entscheiden Sie anhand des Plans und der Reiseinformation, welche Route und welches Transportmittel *(moyen de transport)* zwischen Paris und dem Flughafen Charles de Gaulle für jede Reisegruppe am günstigsten ist.

5 Partir sans problème

Dialoge mit Übungen

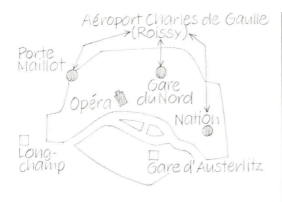

Trains:
Gare du Nord/Charles de Gaulle
- Départs toutes les 15 minutes
- Durée moyenne du trajet: 35 minutes

Autobus:
351 Nation/Charles de Gaulle
- Départs toutes les 30 minutes
- Durée moyenne du trajet: 40 minutes

Cars:
Porte Maillot/Charles de Gaulle
- Départs toutes les 15 minutes
- Durée moyenne du trajet: 30 minutes

a. Moyen de transport _____
de _____ à _____
Durée moyenne: _____

b. Moyen de transport _____
de _____ à _____
Durée moyenne: _____

Übung 6 (2/17)

Sie möchten von Yves wissen, welche Transportmöglichkeiten es gibt, um von Paris zum Flughafen zu kommen: *Pourriez-vous me renseigner sur les transports?* Er erwähnt *la navette*, das Wort für „Pendelverkehr". Halten Sie sich wie immer an die Anweisungen von Andreas.

c. Moyen de transport _____
de _____ à _____
Durée moyenne: _____

5 *Partir sans problème*

Dialoge mit Übungen

3 (2/18)

Kilométrage illimité
(K = Mme Kruc, D = Dominique)

K: Bonjour, Madame.

D: Bonjour, Madame. Je désire louer une petite voiture pour me rendre en province.

K: Oui, avec plaisir. Euh! quelle voiture vous voulez?

D: Euh! peut-être une Renault, mais une petite ...

K: Oui, bien sûr – on a des petites Renault 5 – elles sont vraiment parfaites, hein. Je pourrais voir votre permis de conduire, s'il vous plaît?

D: Le voici.

K: Merci.

D: Je souhaiterais vous rendre la voiture à Strasbourg – est-ce que c'est possible?

K: Sans aucun problème, oui, bien sûr.

D: Quel est le tarif pour plusieurs jours?

K: Eh bien, on propose un tarif pour sept jours, kilométrage illimité; le tarif est 553 (€).

D: J'ai des bagages importants – avez-vous une galerie?

K: Oui, nous avons une galerie, effectivement, disponible aujourd'hui, sans aucun problème.

D: Je peux partir tout de suite?

K: Oui, bien sûr. Vous n'avez plus qu'à signer. Tenez.

louer	mieten
province *(f.)*	*(alles in Frankreich, was nicht Paris ist)*
permis *(m.)* de conduire	Führerschein, Fahrerlaubnis
souhaiter	möchten, wünschen
rendre	ab-, zurückgeben
galerie *(f.)*	*hier:* Dachgepäckträger
effectivement	tatsächlich
disponible	zur Verfügung
tenez	hier! *(wörtlich:* nehmen/ halten Sie!)

---

le voici hier ist er. Ebenso: **le/la voilà**, da ist (kommt) er/sie.

▶ **sans aucun problème** überhaupt kein Problem. Merken Sie sich auch **aucun problème** und **pas de problème**, kein Problem. **Sans problème** bedeutet „problemlos".

des bagages importants große Gepäckstücke. Normalerweise heißt **important** „wichtig", es kann sich jedoch auch auf Größe oder Ausmaß einer Sache beziehen: z. B. **des travaux importants** umfassende Arbeiten.

vous n'avez plus qu'à signer Sie brauchen nur noch zu unterschreiben. **Ne ... plus** und **ne ... que** sind hier zu einer doppelten Verneinung zusammengefaßt.

Übung 7

Wählen Sie anhand der Aufnahme die richtige Antwort.

a. Qu'est-ce que Dominique veut comme voiture?

☐ une voiture économique

☐ une Peugeot

☐ une petite voiture

80   *5 Partir sans problème*

Dialoge mit Übungen

b. Quelle voiture est-ce que Mme Kruc lui propose?
- ☐ une Renault 4
- ☐ une Renault 5
- ☐ une Renault 15

c. Où est-ce que Dominique veut rendre la voiture?
- ☐ à Paris
- ☐ à Strasbourg
- ☐ en province

d. Combien doit-elle payer pour sept jours?
- ☐ 553 €
- ☐ 153 €
- ☐ 535 €

Übung 8

Pas de problème? Lesen Sie die Mietbedingungen von Hertz und entscheiden Sie, welche Kunden tatsächlich einen Wagen mieten können.

Il est facile de louer une voiture.

- Permis de conduire: datant de plus d'un an.
- Age minimum: 18 ans.
- Dépôt: minimum 500 € à la prise en charge du véhicule.
  Il n'est pas demandé aux titulaires de cartes de crédit.
  Essence: non comprise dans nos tarifs.
- Une galerie: 42, 35 € pour la durée de location.

J'ai 17 ans et j'ai mon permis de conduire depuis 15 mois.

☐ Sally Jones, USA

J'ai 550 € et il me faut 100 € pour le ferry à Boulogne.

☐ Tony Horton, England

Nous avons un grand lit à transporter à l'autre bout de Paris.

☐ Yves und Ginette Leblanc, Frankreich

Je n'ai pas d'argent liquide, mais j'ai une carte American Express.

☐ Andreas Rombach, Deutschland

5 Partir sans problème

Dialoge mit Übungen

Übung 9 (2/19)

Sie möchten einen Wagen mieten. Andreas sagt Ihnen, was Sie Yves, den Angestellten der Verleih-Firma, fragen sollen.

4 (2/20)

Comment sortir de Paris?
(K = Mme Kruc, D = Dominique)

K: Tenez – voilà votre contrat, vos clés. Je vous ai inscrit sur le contrat comment vous rendre au parking, hein – vous n'avez qu'à suivre les flèches Hertz jaunes et noires – et je vous ai indiqué où se trouvait la voiture: deuxième sous-sol, place 353.

D: Je vous remercie. Pouvez-vous aussi avoir la gentillesse de m'indiquer comment sortir de Paris en évitant les embouteillages à cette heure-ci?

K: Oui, bien sûr. Alors, c'est très simple: vous prenez l'avenue du Maine, jusqu'au bout, puis l'avenue du Général Leclerc, jusqu'au bout. Ensuite, vous prenez le périphérique est, et vous sortez autoroute A4.

D: C'est donc bien la direction de Strasbourg. Auriez-vous une carte de France?

K: Ah oui, bien sûr. Tenez.

D: Je vous remercie.

K: Je vous en prie.

D: Au revoir.

K: Au revoir, Madame – bonne route!

contrat *(m.)*	Vertrag
clé *(auch* clef) *(f.)*	Schlüssel
parking *(m.)*	Parkplatz, -haus
suivre	folgen

flèche *(f.)*	Pfeil
se trouver	sich befinden
sous-sol *(m.)*	Tiefgeschoss
éviter	vermeiden, umgehen
embouteillage *(m.)*	Verkehrsstau
jusqu'au bout	bis zum Ende
périphérique *(m.)*	Autobahnring um das Zentrum von Paris
est	Ost-, östlich
carte *(f.)*	Landkarte

Je vous ai inscrit ... Ich habe Ihnen aufgeschrieben ...

▶ **Je vous remercie.** Ich danke Ihnen.

▶ **Pouvez-vous aussi avoir la gentillesse de ...** Könnten Sie außerdem so nett sein, zu ...

à cette heure-ci um diese Zeit (*wörtlich:* zu dieser Stunde)

Autoroute A4 Autobahn A4. So wie bei uns Autobahnen oft mit E (Europastraße) oder A plus Nummer bezeichnet sind, tragen französische Autobahnen ein **A** oder sogar einen Namen. So heißt z. B. die Strecke von Paris nach Marseille **l'Autoroute du Soleil**.
Routes nationales entsprechen unseren Bundesstraßen und sind an einem **N** plus Nummer zu erkennen. Alle kleineren Landstraßen sind **routes départementales** mit einem **D**.

▶ **Auriez-vous ...?** Hätten Sie ...? Die Konditionalform ist höflicher als **avez-vous**.

▶ **je vous en prie** entspricht dem deutschen „bitte schön!" (*wörtlich:* ich bitte Sie darum).

▶ **Bonne route!** Gute Fahrt!

Übung 10

Hören Sie jetzt noch einmal den Dialog und folgen Sie Madame Krucs Anweisungen Schritt für Schritt: Notieren Sie sich, wo der Wagen geparkt ist, und zeichnen Sie dann ein, wie Sie vom Hertz-Büro aus fahren müssen.

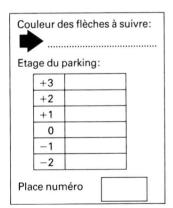

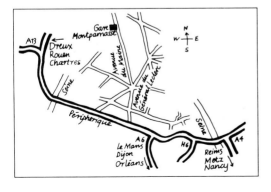

Übung 11

Dominique erklärt ihrem Beifahrer *(copilote)*, wie man am besten aus Paris herauskommt. Spielen Sie den Dialog nochmals und drücken Sie die Pausentaste, sobald Sie eine passende Antwort gefunden haben. Hören Sie sich die Stelle so oft an, bis Sie sie aufschreiben können. Straßennamen finden Sie auf dem Plan links unten. Halten Sie die Antworten so kurz wie möglich und benutzen Sie die *nous*-Form.

Copilote: Alors, Dominique, comment sortir d'ici?
Dominique: C'est très simple: nous prenons _____

Copilote: Jusqu'où?
Dominique: _____
Copilote: Et puis?
Dominique: _____
Copilote: Encore jusqu'au bout?
Dominique: _____
Copilote: Et ensuite?
Dominique: _____
Copilote: Et où faut-il sortir?
Dominique: _____
Copilote: C'est quelle direction?
Dominique: _____

Übung 12 (2/21)

Sie befinden sich jetzt in dem gleichen Hertz-Büro wie Dominique und möchten nach Chartres fahren. Bitten Sie um eine Landkarte und fragen Sie, wie Sie am besten aus Paris herauskommen. Orientieren Sie sich auf dem Plan gegenüber. Halten Sie sich wie immer an die Anweisungen von Andreas.

5 Partir sans problème

Wichtige Wörter und Ausdrücke

vous pouvez acheter des tickets	Sie können Fahrkarten kaufen,
quand vous montez dans l'autobus,	wenn Sie in den Bus einsteigen,
mais cela vous revient plus cher	aber das kostet (Sie) mehr
il vaut mieux	es ist günstiger,
acheter un carnet	einen Fahrkartenblock zu kaufen
on peut acheter des tickets	man kann Fahrkarten
dans les stations de métro,	in U-Bahn-Stationen,
dans les gares routières	auf Busbahnhöfen
et dans les bureaux de tabac	und in Tabakwarengeschäften kaufen
Quelle est la durée du trajet?	Wie lange dauert die Fahrt?
environ vingt minutes	rund zwanzig Minuten
je souhaiterais	ich würde gern
vous rendre la voiture	(Ihnen) den Wagen zurückgeben
voir votre permis de conduire	Ihren Führerschein sehen
trouver une consigne	ein Schließfach finden
Et si je change d'avis?	Und wenn ich mich anders entscheide?
l'arrêt d'autobus se trouve	die Bushaltestelle befindet sich
en face du parking	gegenüber vom Parkplatz
elle vient de déménager	sie ist gerade umgezogen
Pourriez-vous me renseigner/	Könnten Sie mir Auskunft/
donner les horaires?	die Abfahrtszeiten geben?
Auriez-vous	Hätten Sie
une carte/la clé?	eine Landkarte/den Schlüssel?
bien sûr	selbstverständlich
tenez/le/la voici	hier/hier ist er/sie
Pouvez-vous avoir la gentillesse	Könnten Sie so nett sein,
de m'indiquer	mir zu sagen,
comment éviter les embouteillages?	wie man die Verkehrsstaus vermeidet?
sans aucun problème	überhaupt kein Problem
vous suivez cette rue jusqu'au bout	Sie folgen dieser Straße bis zum Ende
et vous prenez	und Sie nehmen
le périphérique est	die Ring-Autobahn Ost
je vous remercie	ich danke Ihnen
je vous en prie	bitte schön
Bonne route!	Gute Fahrt!

Grammatik mit Übungen

Reflexive Verben

Reflexiv bedeutet soviel wie „auf sich bezogen" – daher die Bezeichnung „reflexive Verben" für Wörter wie „sich waschen", „sich erinnern" usw. (im Französischen *se laver, se souvenir* usw.) Hier zunächst die Präsensform:

se laver	
je me lave	ich wasche mich
tu te laves	du wäschst dich
il se lave	er wäscht sich
elle se lave	sie wäscht sich
on se lave	man wäscht sich
nous nous lavons	wir waschen uns
vous vous lavez	ihr wascht euch
ils se lavent	sie waschen sich
elles se lavent	sie waschen sich

Im Französischen gibt es jedoch sehr viel mehr reflexive Verben – darin liegt vielleicht die einzige Schwierigkeit:

Je désirerais me rendre à Mulhouse. (se rendre)
Ich würde gern nach Mulhouse reisen (*wörtlich:* mich begeben).
La voiture se trouve au parking. (se trouver)
Der Wagen befindet sich im Parkhaus.
Comment vous appelez-vous? (s'appeler)
Wie heißen Sie?
Nous nous levons à six heures. (se lever)
Wir stehen um sechs Uhr auf.

Oft drücken reflexive Verben auch eine gegenseitige Handlung aus:
Vous vous envoyez des cartes?
Schickt ihr euch Karten?
Ils se donnent des cadeaux.
Sie beschenken sich.

Übung 13

Me, te, se, nous, vous: Wählen Sie das passende Reflexivpronomen für jeden Satz. Manche kommen mehrmals vor!

a. Les consignes _____ trouvent à la gare.
b. Nous voudrions _____ rendre à Chartres.
c. Elles _____ parlent. (miteinander)
d. Comment _____ appelles-tu?
e. Est-ce que vous _____ voyez souvent? (gegenseitig)
f. Madame Coste désire _____ rendre à Mulhouse.

Das Pronomen y

Das Wort *y* (dahin, dort) ist Ihnen mittlerweile sicher geläufig. Wie alle anderen Pronomen steht es vor dem Verb:
J'y vais. Ich gehe hin.
Nous y sommes. Wir sind da/dort.
Il y a . . . Es gibt/sind . . .

Enthält der Satz zwei Pronomen, so steht *y* an zweiter Stelle, außer wenn es sich um *en* (davon, welche) handelt:
Je désire m'y rendre. Ich möchte dorthin.
La voiture s'y trouve. Der Wagen befindet sich da.
Aber: *Il y en a.* Es gibt welche.

Verb plus Infinitiv

Treffen zwei Verben aufeinander, so muss das zweite im Infinitiv stehen. *Être* und *avoir* sind von dieser Regel ausgenommen.
Je désirerais aller à Mulhouse.
Ich würde gern nach Mühlhausen fahren.
Pouvez-vous me renseigner?
Können Sie mir Auskunft geben?

5 Partir sans problème

Grammatik mit Übungen

Viele dieser Sätze lassen sich auf Deutsch nur mit „... es zu ..." wiedergeben:
Je déteste travailler.
Ich hasse es zu arbeiten.
Je préfère partir très tôt.
Ich bevorzuge es früh abzureisen.

Merken Sie sich bei dieser Gelegenheit, dass *savoir* und *pouvoir* nicht austauschbar sind, obwohl beide in den meisten Fällen mit „können" übersetzt werden.
Je sais bedeutet „ich weiß, wie" und setzt ein erlerntes Wissen voraus. *Je peux* heißt „ich bin in der Lage, zu" oder „ich darf".
Je peux partir tout de suite?
Kann ich sofort abfahren?
Je ne sais pas conduire.
Ich kann nicht Auto fahren.

Übung 14

Versuchen Sie, die folgenden Sätze zu übersetzen:

a. Er liebt es, in die Ferien zu fahren.

b. Wo kann ich U-Bahn-Fahrkarten kaufen?

c. Könnten Sie mir die Abfahrtszeiten geben?

d. Ich würde gern umziehen.

e. Ich möchte einen großen Wagen mieten.

f. Ich würde es vorziehen, Ihnen den Wagen in Straßburg zurückzugeben.

g. Meine Tochter kann französisch sprechen.

h. Sie kann heute Abend nicht kommen.

5 *Partir sans problème*

Leseübungen

Wenn Sie lieber mit der Bahn durch Frankreich fahren, dann sind die folgenden Informationen von der *S.N.C.F. (Société Nationale des Chemins de Fer Français)* vielleicht interessant für Sie. Wussten Sie, dass Sie Ihre Fahrkarte auf der Hin- wie auf der Rückfahrt *(à l'aller comme au retour)* entwerten *(composter)* müssen? Es gibt dafür, wie bei uns, einen Entwerter *(composteur)*.

Billets S.N.C.F.

Achetez votre billet à l'avance: vous éviterez ainsi les attentes de dernier moment au guichet.

Attention: si vous n'avez pas acheté votre billet, il vous coûtera plus cher dans le train.

utilisation

Le jour de votre départ, **à l'aller comme au retour**, vous devez valider vous-même votre billet en utilisant les composteurs mis à votre disposition dans les gares. Leur utilisation est très simple. Il suffit d'introduire votre billet sous la flèche. L'appareil imprimera au verso de votre billet le jour et le code de la gare de départ.
Dans chaque gare, une signalisation appropriée vous indique où composter votre billet.

Attention:
cette formalité très simple est indispensable. Si dans le train, vous présentez un billet non composté, vous aurez à payer 20 % du prix de votre billet; si votre billet a été composté un autre jour que celui du départ, il sera considéré comme non valable et vous aurez à payer le prix d'un billet augmenté de 20 %.

---

attente *(f.)* · Warten, Wartezeit
guichet *(m.)* · Schalter
valider · entwerten
vous-même · Sie selbst
il suffit de . . . · es genügt, wenn . . . ; Sie brauchen nur zu . . .
introduire · hineinschieben
imprimer · drucken; *hier:* stempeln
au verso · auf der Rückseite
approprié(e) · entsprechend
indiquer · angeben, informieren
indispensable · unerlässlich
considérer · ansehen, betrachten
augmenté · erhöht

Übung 15

Kreuzen Sie die zutreffende Feststellung an.

a. Kauft man die Fahrkarte im Zug und nicht am Schalter, so . . .
☐ kostet es mehr.
☐ erspart man sich das Schlangestehen.
☐ entlastet man den Fahrkartenschalter.

b. Nach Entwertung im *composteur* steht auf der Fahrkarte . . .
☐ ein Pfeil.
☐ der Abfahrtsbahnhof.
☐ ein verschlüsseltes Datum.

c. Wenn Sie den Fahrschein nicht entwerten, müssen Sie . . .
☐ den Zug verlassen.
☐ 20 % Strafgeld zahlen.
☐ eine neue Fahrkarte kaufen.

d. Stimmen Stempel- und Reisedatum nicht überein, kostet es Sie . . .
☐ 20 % des Fahrkartenpreises.
☐ 100 % des Fahrkartenpreises.
☐ 120 % des Fahrkartenpreises.

5 Partir sans problème

Leseübungen

Und was bietet die französische Bahn Ihren Kunden? Das erfahren Sie aus dieser Werbung. Neue Wörter sind *sauter* (springen), *plonger* (tauchen) und *service affrètement* (Charter-Service). Eines steht laut S.N.C.F. fest:
Der Zug gibt den Takt an – *le train bat la mesure!*

LE TRAIN BAT LA MESURE!

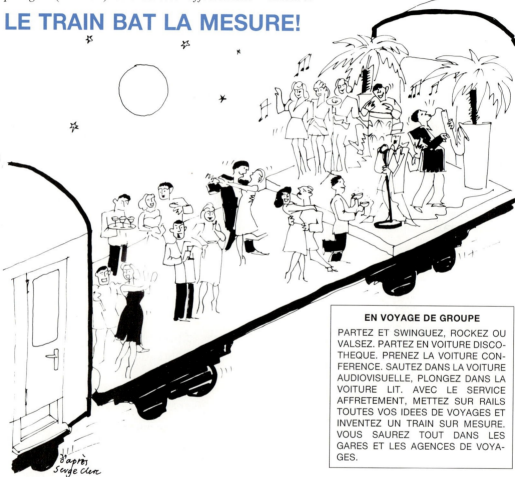

EN VOYAGE DE GROUPE

PARTEZ ET SWINGUEZ, ROCKEZ OU VALSEZ. PARTEZ EN VOITURE DISCOTHEQUE. PRENEZ LA VOITURE CONFERENCE. SAUTEZ DANS LA VOITURE AUDIOVISUELLE, PLONGEZ DANS LA VOITURE LIT. AVEC LE SERVICE AFFRETEMENT, METTEZ SUR RAILS TOUTES VOS IDEES DE VOYAGES ET INVENTEZ UN TRAIN SUR MESURE. VOUS SAUREZ TOUT DANS LES GARES ET LES AGENCES DE VOYAGES.

Übung 16

Auf dem Plakat werden fünf verschiedene Einrichtungen genannt. Was können Gruppenreisende dank dieser Einrichtungen tun? Falls nötig, nehmen Sie den Wortschatz zu Hilfe.

Sie können:
1. _____
2. _____
3. _____
4. _____
5. _____

5 Partir sans problème

Radioübungen

Was tut sich im Untergrund von Marseille? Wie die folgende Reportage enthüllt, rollt dort von nun an der Berufsverkehr in einer nagelneuen *métro*. Hier zunächst einige der vielleicht etwas schwer zu verstehenden Eigennamen, die in dem Bericht erwähnt werden:

le Député-Maire, Monsieur Gaston Defferre · der damalige Bürgermeister von Marseille, der gleichzeitig Parlamentsabgeordneter war.

le Vieux Port · der „Alte Hafen"

la Gare Saint-Charles · der Hauptbahnhof von Marseille

R.A.T.P., la Régie Autonome des Transports Parisiens · Pariser Transportwesen
inauguré · eingeweiht, eröffnet
dès · ab, von ... an
faubourg *(m.)* · Vorort
responsable *(m., f.)* · Verantwortliche(r)
faire ses preuves · sich bewähren
pneu *(m.)* · Reifen
débit *(m.)* · *hier:* Beförderungskapazität

Übung 17 (2/22)

Nachdem Sie mit der Reportage vertraut sind, füllen Sie den folgenden Fragebogen aus.

	Informations sur le métro de Marseille
a.	Jour de l'entrée en service de la première ligne:
b.	Couleurs des voitures:
c.	Longueur du trajet:
d.	Nombre de stations:
e.	Le métro passe par:
f.	Les responsables ont été conseillés par:
g.	Les voitures roulent sur:
h.	Nombre de passagers par heure en 85:

Als nächstes hören Sie ein Interview mit dem ehemaligen Geschäftsführer von Citroën, Georges Falconet, anlässlich der Vorführung des neuen Dieselmodells BX 19.

évoluer · sich entwickeln
d'ailleurs · übrigens
actuellement · augenblicklich, zur Zeit
marché *(m.)* en baisse · Marktrückgang
chute *(f.)* · Rückgang, Absinken
s'expliquer · sich erklären

davantage ... que · eher/mehr ... als
qu'attendaient les clients · die die Kunden/ Käufer erwarteten
désaffection *(f.)* · nachlassendes Interesse

Übung 18 (2/23)

a. Welchen Marktanteil machen Dieselmodelle aus?

b. Was ist der Grund für den Rückgang der Verkaufszahlen von Dieselmodellen?

5 Partir sans problème

Radioübungen — Sprechen Sie selbst

c. Was ist laut Georges Falconet nicht der Grund?
d. Welches sind die Vorzüge des BX19?
   □ es macht Freude, ihn zu fahren
   □ weite Farbskala
   □ wirtschaftlich
   □ großer Kofferraum
   □ gute Fahrleistung
   □ leicht manövrierbar

Und wie steht's mit den Straßen von Paris? Die folgende Meldung gibt einen Überblick über die Verkehrslage *(donne un point de la physionomie de la circulation)* im Raum Paris. Die Ortsnamen finden Sie auf der Straßenkarte. Ein nützliches Wort ist *poids lourd (m.)*, Lastkraftwagen.

Übung 19 2/24

Sie haben sicher bemerkt, dass die Verkehrsmeldung sich auf die Ringautobahn *(le périphérique)* beschränkt. Zeichnen Sie jetzt in einer Farbe alle Abschnitte ein, die verstopft sind, und in einer anderen Farbe die Strecken, die über Nacht geschlossen sind.

Übung 20 2/25

Jemand möchte wissen, wie man von Ihrem Wohnort aus nach Paris reisen kann. Geben Sie so genau wie möglich Auskunft: Welche Verkehrsmittel gibt es, wie kommt man zu Flughafen, Bahnhof, Bushaltestelle usw. Hören Sie dann auf der CD, wie Marie-Thérèse diese Fragen beantwortet.

Übung 21 2/26

Sie haben kürzlich einen Citroën Diesel BX19 gemietet und sind ganz begeistert davon. Loben Sie die Vorzüge dieses Wagens und nehmen Sie dafür den Interviewtext (Begleitheft S. 30) zu Hilfe. Auf der CD finden Sie Yves' Version.

5 *Partir sans problème*

6 Cherche emploi

Sie lernen in dieser Unité:

● Stellenanzeigen zu lesen und ein Vorstellungsgespräch zu führen
● von Ihrer Arbeit zu erzählen
● wie ein typischer Tag im Leben eines Bistro-Wirts aussieht

... und was Pierre Cardin von seinem *métier* hält.

Wegweiser

Dialoge: Hören Sie zunächst dem Dialog 1 bei geschlossenem Buch zu; anschließend hören Sie ihn sich bei geöffnetem Buch an (wenn nötig, mehrmals). Studieren Sie ihn dabei sorgfältig Zeile für Zeile unter Zuhilfenahme des angegebenen Vokabulars und der Erklärungen. Bearbeiten Sie dann die zum Dialog gehörenden Übungen.

Anschließend verfahren Sie mit den Dialogen 2, 3 und 4 ebenso.

Prägen Sie sich die *Wichtigen Wörter und Ausdrücke* (S. 100) gut ein.

Arbeiten Sie die *Grammatik* einschließlich der Übungen (S. 101–102) durch.

Nun sind die *Leseübungen* (S. 103–104) an der Reihe.

Hören Sie sich die beiden *Radioauszüge* an und bearbeiten Sie die entsprechenden Übungen (S. 105–106). (Hören Sie sich die Radioauszüge an, sooft Sie wollen, versuchen Sie aber, nicht auf die Texte im Begleitheft zu sehen. Im Buch finden Sie Vokabeln und Erklärungen abgedruckt, die Ihnen das Verständnis erleichtern.)

Machen Sie die offenen Sprechübungen im Abschnitt *Sprechen Sie selbst* (S. 106). Hören Sie sich dann zum Vergleich die Beispielversionen auf der CD an.

Hören Sie sich alle Dialoge und Radiotexte noch einmal ohne Buch an.

Dialoge mit Übungen

1 (2/27)

Un job pour les vacances
(A = Alain, D = Dominique)

A: Est-ce que vous auriez un job pour les vacances?

D: Vous recherchez un travail d'été en région parisienne?

A: Oui, si possible.

D: J'ai actuellement à vous proposer un poste de manutention dans un grand magasin, un travail de vendeur, un travail de démarchage – c'est du porte-à-porte – ou, éventuellement, un emploi de bureau.

A: Euh, je crois qu'un emploi de bureau me conviendrait.

D: L'employeur m'a demandé un candidat avec une belle écriture. Est-ce votre cas?

A: Je pense que j'ai une belle écriture, oui.

D: Eh bien, je vais pouvoir téléphoner à la société France Loisirs, obtenir un rendez-vous – vous pourrez vous y présenter de ma part. J'espère qu'ils vous emploieront pour la période que vous souhaitiez.

A: Parfait. Je vous remercie beaucoup.

job (m.)	kurzfristige Arbeit, Ferienjob
manutention (f.)	Lagerarbeit
vendeur (m.), vendeuse (f.)	Verkäufer/in
démarchage (m.)	Kundenwerbung, Vertretung
porte-à-porte (m.)	Vertretung (an der Haustür, wörtlich: von Tür zu Tür)
éventuellement	eventuell
écriture (f.)	Handschrift

Est-ce que vous auriez ...? Hätten Sie vielleicht/Haben Sie zufällig ...? **Auriez** ist die Konditionalform von **avez.**

▶ **Vous recherchez un travail d'été en région parisienne?** Suchen Sie einen Ferienjob (wörtlich: Sommerarbeit) im Pariser Raum?

▶ **un emploi de bureau me conviendrait** eine Bürotätigkeit würde mir zusagen. Das Verb (hier im Konditional) ist **convenir à**, passen, recht/geeignet sein. Sie werden es häufig in dem Ausdruck **Cela vous convient**? (Passt es Ihnen?) hören, wenn Sie einen Termin abmachen usw.

▶ **Est-ce votre cas?** Trifft das in Ihrem Fall zu? Weitere nützliche Ausdrücke: **dans ce cas** in diesem Fall, **en tout cas** auf jeden Fall.

▶ **la société** Firma (wörtlich: Gesellschaft) – oft Teil eines Geschäftsnamens

de ma part von mir (auch: meinerseits), gemeint ist „Sagen Sie, ich hätte Sie geschickt". Merken Sie sich auch **C'est de la part de qui?** Mit wem spreche ich? (bei Telefonaten).

Übung 1

Hören Sie sich nun die Aufnahme noch einmal an und notieren Sie, wie man auf Französisch sagt ...:

a. ein Verkäufer _____

92

6 Cherche emploi

Dialoge mit Übungen

b. Kundenwerbung *(2 Ausdrücke)* _____

_____

c. eine Bürotätigkeit _____
d. eine Firma _____
e. ein Treffen _____

Übung 2

Alain schrieb außerdem an eine Agentur, weil er einen Ferienjob suchte. Finden Sie für jede Lücke das passende Wort.

sinon	recherche	période	conviendrait
serait		proposer	demander

Messieurs,

Je ------------- un travail d'été en région parisienne
et je vous écris pour vous ------------- si vous avez
un poste à me -------------------. Si possible, je préfé-
rerais un travail de vendeur dans un grand magasin; ----
---------- un poste de manutention me -------------.
La ---------------- que je souhaiterais ----------- du
15 juillet au 31 août.
Veuillez trouver ci-joint mon curriculum vitae et je vous
prie d'agréer, Messieurs, mes salutations distinguées.

Alain Confignal

Veuillez trouver ci-joint · In der Anlage/Bei-
liegend erhalten Sie
Veuillez agréer ... · das Gegenstück zu
„Hochachtungsvoll". Französische Gruß-
formeln am Briefende sind lang und um-
ständlich und klingen recht altmodisch.
Merken Sie sich als Allzweckformel für
„Mit freundlichen Grüßen": Je vous prie
d'agréer, Monsieur/Madame, mes saluta-
tions distinguées.

Übung 3 (2/28)

Sie gehen jetzt selbst auf Stellensuche. Sie
haben gewisse Ansprüche: In diesem Som-
mer wollen Sie unter anderem in der *région
parisienne* arbeiten. Auf der CD stellt Ihnen
Marie-Thérèse als Angestellte einer Agentur
Fragen zu Ihrer Person.
Folgen Sie wie immer den Anweisungen von
Andreas.

6 Cherche emploi

Dialoge mit Übungen

2 (2/29)

Le patron a l'air très sympathique
(C = Mme Coste, B = Brigitte)

C: Alors, ma chérie, raconte-moi comment s'est passée cette première journée.

B: Eh bien écoute: très, très bien. Je crois que je vais bien aimer cette entreprise. Le patron a l'air très sympathique, euh! j'ai un joli bureau …

C: Et le travail par lui-même?

B: Probablement il va y avoir beaucoup de travail – beaucoup de courrier à expédier – mais je crois que je m'en sortirai.

C: Et tu es bien installée?

B: Oh très, très bien. J'ai un grand bureau avec une jolie fenêtre – je vais pouvoir me mettre des plantes vertes. J'ai une bonne machine à écrire, plein de bureaux de rangement pour mes dossiers: non, je vais être très, très bien installée.

C: Et tu as des collègues qui sont agréables?

B: Très gentilles. Elles ont à peu près mon âge, elles m'ont bien renseignée sur la, sur la maison. Non, non, je crois que ça va être un, un endroit agréable pour travailler.

se passer	*hier:* verlaufen
écouter	zuhören
patron *(m.)*	Chef, Firmeninhaber
avoir l'air	(zu sein) scheinen
par lui-même	selbst
courrier *(m.)*	Korrespondenz, Post
expédier	abschicken
s'en sortir	zurechtkommen
plein de	jede Menge
rangement *(m.)*	(das) Einordnen
dossier *(m.)*	Akte

maison *(f.)*	*hier:* Firma
endroit *(m.)*	Ort; *hier:* Arbeitsplatz

▶ **comment s'est passée cette première journée** wie war (*wörtlich:* ist verlaufen) der erste Tag. **Passée** ist weiblich, weil es sich auf **journée** bezieht. (Siehe Grammatik S. 101)

▶ **un joli bureau** ein nettes Büro. **Bureau** kann Schreibtisch oder Arbeitszimmer bedeuten; **bureau de rangement** für Aktenschrank ist nicht üblich.

▶ **il va y avoir** es wird … geben (von **il y a**)

▶ **une bonne machine à écrire** eine gute Schreibmaschine. Merken Sie sich auch **taper à la machine** tippen.

elles ont à peu près mon âge sie sind ungefähr in meinem Alter. Wenn vom Alter die Rede ist, benutzt man **avoir**: **j'ai trente ans** ich bin dreißig Jahre alt.

elles m'ont bien renseignée sur la maison sie haben mich genau über die Firma informiert. **Renseignée** bezieht sich auf Brigitte und ist daher weiblich.

Übung 4

Feine Unterschiede! Unterstreichen Sie alle Wörter, die sich von der Aufnahme unterscheiden, ohne im Text nachzusehen. Gehen Sie dann nochmals durch den Dialog und schreiben Sie die Originalwörter auf. Vergleichen Sie anschließend mit dem Text.

Dialoge mit Übungen

C: Alors, ma chérie, dis-moi comment s'est passée cette première journée.
B: Eh bien voilà: très, très bien. Je pense que je vais bien aimer cette maison. Le patron a l'air très agréable, euh! j'ai un grand bureau ...
C: Et le travail par lui-même?
B: Probablement il y aura beaucoup de choses à faire – beaucoup de lettres à expédier – mais j'espère que je m'en sortirai.

Übung 5

Un endroit agréable pour travailler. Hören Sie sich Brigittes Bericht noch einmal an und schreiben Sie auf, was sie zu den folgenden Themen sagt.

a. _____

b. _____

c. _____

d. _____

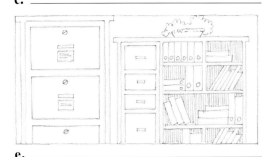
e. _____

f. _____

6 *Cherche emploi*

Dialoge mit Übungen

Übung 6 (2/30)

Sie haben gerade den ersten Tag an einem neuen Arbeitsplatz hinter sich, und Yves möchte wissen, wie es war. Beantworten Sie seine Fragen mit Hilfe von Andreas.

3 (2/31)

Des appartements somptueux

Mme Coste:

Oui, mon mari était tapissier-décorateur et il s'occupait de, des peintures, des travaux de menuiserie, de la plomberie, d'installations sanitaires, enfin tout, tout ce qui concerne l'installation d'un appartement. Et ensuite nous faisions poser les tapis, ... et souvent les clients possédaient des, des meubles anciens – alors, ils nous les faisaient transformer, recouvrir, et puis nous faisions les rideaux, les dessus-de-lit ...

Oh, nous avions une clientèle d'ambassades – cinq ou six ambassades, dont l'Ambassade d'Autriche, de Belgique, du Pérou, de l'Inde – et puis une forte clientèle d'aristocrates, de personnes habitant l'avenue Foch ou le seizième. Leurs appartements étaient somptueux quelquefois, surtout avenue Foch, je me souviens d'un appartement dont le salon était tout entouré de boiseries anciennes, sculptées – c'était merveilleux.

s'occuper de	sich beschäftigen mit, kümmern um
peintures *(f. pl.)*	*hier:* Malerarbeiten
(travaux de) menuiserie *(f.)*	Tischler-, Schreiner-arbeiten
plomberie *(f.)*	Klempnerarbeiten

installations *(f. pl.)* sanitaires	sanitäre Anlagen, Badezimmerein-richtungen
installation *(f.)*	Ausstattung
posséder	besitzen
meubles *(m. pl.)* anciens	antike Möbel
recouvrir	beziehen
rideau *(m.)*	Vorhang
dessus-de-lit *(m.)*	Bettüberwurf
somptueux	prunkvoll, luxuriös
quelquefois	manchmal
se souvenir de	sich erinnern an
dont	*hier:* darunter
entouré	*hier:* getäfelt
boiseries *(f. pl.)*	Holztäfelung
sculpté	mit Schnitzereien ver-ziert

▶ **mon mari était tapissier-décorateur** mein Mann war Tapezierer und Dekorateur. Ebenso: **je suis étudiant** ich bin Student; **elle est comptable/fonctionnaire/gérante** sie ist Buchhalterin/Beamtin/Geschäftsführerin.

▶ **nous faisions poser les tapis** wir ließen die Teppiche verlegen

▶ **ils nous les faisaient transformer** sie (die Kunden) ließen sie (die Möbel) von uns umgestalten/restaurieren

le seizième das Sechzehnte – das exklusivste und teuerste der Pariser **arrondissements** (Stadtteile)

Übung 7

Beantworten Sie die folgenden Fragen mit Hilfe der Aufnahme.

a. Was machte M. Coste mit antiken Möbeln? _____

b. Was für Kunden hatte er? _____

c. Wo befand sich die Wohnung mit der Holztäfelung? _____

Übung 8

Arbeiten Sie auch diesmal nur mit der Aufnahme. Schreiben Sie auf, welche Dinge von diesen Adjektiven beschrieben werden.

a. sanitaires _____
b. anciens _____
c. forte _____
d. somptueux _____
e. entouré _____
f. anciennes _____

Übung 9

Die folgende Übersetzung ist eine kleine Herausforderung, aber sehen Sie ruhig im Dialogtext nach, falls Sie steckenbleiben sollten. Das einzige neue Wort ist *refaire*, dekorieren bzw. renovieren.

Diesen Sommer haben wir unsere Wohnung renovieren lassen. Mein Mann hat die Teppiche verlegt, und ich habe Gardinen und einen schönen Bettüberwurf für unser Schlafzimmer genäht (gemacht). Ein Dekorateur hat Tischlerarbeiten im Wohnzimmer gemacht und kümmert sich jetzt um die Klempnerarbeiten und die sanitären Anlagen. Die Wohnung ist nicht wiederzuerkennen (= ist umgestaltet)!

Übung 10

Stellen Sie sich vor, Sie wären Dekorateur, und geben Sie Marie-Thérèse Auskunft über Ihre Arbeit. Andreas schlägt Ihnen die Antworten vor.

4

Café, tartines, croissants

M. Duranton:

Ah, une journée de travail chez nous, ça passe: le matin, on ouvre à sept heures; je travaille tout seul à cette heure-là: j'ouvre les portes et je sers les premiers clients – café, tartines, croissants.

Ensuite, la cuisinière arrive, on commence à discuter pour savoir les courses qu'on va faire pour le repas de midi, mon fils part faire les commissions, et moi je reste au comptoir et je veille à la mise en place de la serveuse dans la salle, tout ça pour que tout soit prêt à midi, parce que chez nous les clients arrivent de midi et demi à deux heures et demie – on peut pas être en retard, parce qu'on peut pas dire aux clients «Revenez dans une heure!».

Et alors, l'après-midi, naturellement il y a un temps pour manger, d'une demi-heure, et l'après-midi on continue le bar, sandwichs, restaurant, jusqu'au soir, huit heures et demie, la fermeture... Et tous les jours c'est l'éternelle répétition!

| passer | (im Flug) vergehen |
| tout seul | ganz allein |

Dialoge mit Übungen

servir	bedienen
tartine *(f.)*	Butterbrot
discuter	besprechen, diskutieren
commission *(f.)*	Besorgung, Erledigung, Einkauf
comptoir *(m.)*	Theke
veiller à	beaufsichtigen, achtgeben
mise en place *(f.)*	Tischdecken, Herrichten
serveuse *(f.)*	Serviererin
salle *(f.)*	Restaurantteil, Speisesaal
en retard	verspätet, zu spät
fermeture *(f.)*	Geschäfts-, Ladenschluss

à cette heure-là um die (*wörtlich:* jene) Zeit. Sie haben bereits **à cette heure-ci**, um diese Zeit, gelernt.

▶ **la cuisinière** Köchin. Das gleiche Wort heißt auch „Herd". **Faire la cuisine** und **cuisiner** bedeuten „kochen" im Allgemeinen, während **cuire** und **bouillir** sich auf die Zubereitungsart der Speisen beziehen: **cuire au four** backen, im Backofen braten; **c'est cuit** es ist gar; **bouillir** benutzt man im Zusammenhang mit Wasser, Suppe etc.: **l'eau bout** das Wasser kocht. „Etwas zum Kochen/Sieden bringen" heißt **faire cuire/bouillir.**

pour savoir les courses qu'on va faire um zu entscheiden (*wörtlich:* wissen), was wir einkaufen müssen. „Einkaufen gehen/Besorgungen machen" kann mit **faire les courses** *(f. pl.)* oder **faire les commissions** *(f. pl.)* übersetzt werden.

pour que tout soit prêt damit alles fertig ist. **Soit** ist der Konjunktiv von **est (être)**, eine Verbform, die bei Willensäußerungen verwendet wird. Sie brauchen diese Form nicht unbedingt, aber Sie sollten Sie wenigstens erkennen. Im Gegensatz zu M. Duranton sprechen die meisten Franzosen **soit** wie **moi** aus.

▶ **de midi et demi à deux heures et demie** von halb eins bis halb drei. Bei **midi et demi** und **minuit et demi** wird **demi** ohne **e** geschrieben, weil das weibliche Wort **heure** nicht erwähnt ist.

c'est l'éternelle répétition! es ist immer dasselbe! (*wörtlich:* die ewige Wiederholung)

Übung 11

Fast alle Lösungswörter dieses Kreuzworträtsels sind in den Dialogen von *Unité 6* vorgekommen.

Horizontalement

  4 Est-ce *le* ou *la* course?
  5 Celle qui prépare le 12 (horiz.).
  7 Ce que fait la serveuse.
  9 —— seul.
10 Préparé par 5 (horiz.).
11 Négatif.
12 Déjeuner ou dîner.
14 Il faut que le déjeuner soit —— à midi.
18 Les premiers 8 (vert.) sont servis —— M. Duranton.
20 Nous, vous, tout le monde.
21 Encore et encore.

98

6 Cherche emploi

Dialoge mit Übungen

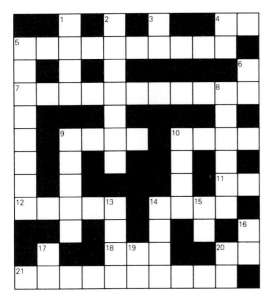

Verticalement

1. Celui qui fait les commissions.
2. Un tapissier-décorateur s'en occupe.
3. Mais oui!
4. Est-ce *le* ou *la* travail?
5. Là où M. Duranton travaille le matin.
6. Est-ce *le* ou *la* croissant?
8. Une personne qui mange au restaurant.
9. Un ___ pour manger.
10. Qui coûte beaucoup d'argent.
13. M. Duranton ouvre le bistro à quelle heure?
14. Mon 1 (vert.) ___ faire les commissions.
15. Vous recherchez un travail ___ région parisienne?
16. Douze mois.
17. Est-ce *le* ou *la* soir?
19. J'___, tu as, il a ...
20. Identique à 20 (horiz.).

Übung 12 2/34

Diesmal übernehmen Sie die Rolle von M. Durantons Köchin. Erzählen Sie Yves, wie Ihr Arbeitstag im Bistro aussieht. Sie sind jetzt zum ersten Mal auf sich selbst angewiesen, Andreas kommt Ihnen nicht zu Hilfe. Planen Sie also im Voraus, wie Sie die folgenden Fragen beantworten würden und starten Sie dann die CD.

– A quelle heure est l'ouverture?
– Que fait le patron avant votre arrivée?
– Pourquoi discutez-vous avec le patron?
– Quand est-ce que les clients arrivent pour le déjeuner?
– Combien de temps avez-vous pour manger, l'après-midi?
– A quelle heure est la fermeture du bistro?

6 *Cherche emploi*

Wichtige Wörter und Ausdrücke

je suis	ich bin
vendeur, vendeuse	Verkäufer/in
étudiant, étudiante	Student/in
comptable	Buchhalter/in
fonctionnaire	Beamter/Beamtin
gérant, gérante	Geschäftsführer/in
secrétaire	Sekretärin
programmeur, programmeuse	Programmierer/in
ingénieur	Ingenieur/in
je recherche	ich suche
un poste/un emploi	einen Posten/eine Stellung
un job pour les vacances	einen Ferienjob
un travail d'été	eine Sommerarbeit
un emploi de bureau me conviendrait	eine Bürotätigkeit würde mir zusagen
Comment s'est passée	Wie war
cette première journée?	der (dieser) erste Tag?
mon patron/employeur a l'air	mein Chef/Arbeitgeber scheint
agréable/sympathique	angenehm/sympathisch zu sein
j'ai	ich habe
un grand bureau	ein großes Büro
une machine à écrire	eine Schreibmaschine
la société/l'entreprise/la maison	die Gesellschaft/Firma
s'occupe des peintures/	beschäftigt sich mit Malerarbeiten/
de la menuiserie/de la plomberie	Tischlerarbeiten/Klempnerarbeiten
je me souviens de leur appartement	ich erinnere mich an ihre luxuriöse
somptueux/de leurs rideaux	Wohnung/ihre Gardinen
nous faisions poser les tapis	wir ließen die Teppiche verlegen
ils nous faisaient transformer les	sie ließen uns die antiken Möbel
meubles anciens	restaurieren
je sers les premiers clients	ich bediene die ersten Kunden
je discute le menu	ich bespreche das Menü
je veille à	ich beaufsichtige
la mise en place dans la salle	das Tischdecken im Speisesaal
mon fils fait	mein Sohn macht
les courses/les commissions	die Einkäufe/Besorgungen
tout seul	ganz allein
la fermeture est à huit heures et demie	wir schließen um halb neun

Grammatik mit Übungen

faire + Infinitiv

Für „lassen" im Sinne von „veranlassen" benutzt man im Französischen *faire* (machen). In der letzten *Unité* wurde erklärt, dass von zwei Verben, die aufeinander folgen, das zweite ein Infinitiv sein muss. Im Falle von *faire* + Infinitiv sieht das folgendermaßen aus:

Ils nous faisaient transformer les meubles.
Sie ließen uns die Möbel umgestalten.
Nous faisions poser les tapis.
Wir ließen die Teppiche verlegen.

Und hier einige Beispiele für die gleiche Konstruktion mit verschiedenen Verbzeiten:

Je me ferais construire une petite maison.
Ich würde (mir) ein kleines Haus bauen
    lassen.
Je fais laver ma voiture.
Ich lasse meinen Wagen waschen.
Elle s'est fait couper les cheveux.
Sie hat sich die Haare schneiden lassen.
Il se fera faire un manteau.
Er wird sich einen Mantel machen lassen.
Tu l'as fait venir?
Hast du ihn/es kommen lassen?

Übung 13

Welches Wort in welche Lücke? Finden Sie heraus, was diese Leute alles machen lassen. Vergleichen Sie dann Ihre Version mit den Antworten im Begleitheft und übersetzen Sie anschließend.

croire	sont	fait	as	faut
photographier	faites		voulez	
installer	faire	réparer	venir	

a. J'ai _____ réserver une table pour quatre personnes.
b. Nous avons fait _____ le chauffage central.
c. Ils se _____ fait _____ devant les pyramides.
d. Avez-vous fait _____ la voiture?
e. _____ entrer mon client, s'il vous plaît.
f. Tu nous _____ fait _____ un détour!
g. Je crois qu'il _____ faire _____ un médecin.
h. Vous _____ me faire _____ cette histoire bizarre?

Reflexive Verben im Perfekt

In der vorigen *Unité* sind Ihnen reflexive Verben im Präsens begegnet (*je me souviens*, ich erinnere mich). Hier geht es weiter mit dem Perfekt. Vergessen Sie nicht, dass Sie dazu das Hilfsverb *être* und nicht *avoir* brauchen.

je me suis levé(e)	ich bin aufgestanden
tu t'es levé(e)	du bist aufgestanden
il s'est levé	er ist aufgestanden
elle s'est levée	sie ist aufgestanden
nous nous sommes levé(e)s	wir sind aufgestanden
vous vous êtes levé(e)s/levé(e)	ihr seid/Sie sind aufgestanden
ils se sont levés	sie sind aufgestanden
elles se sont levées	sie sind aufgestanden

Das Partizip *(levé)* richtet sich in Zahl und Geschlecht nach der Person, so dass eine Frau schreiben würde: *je me suis levée*.

6 Cherche emploi

101

Grammatik mit Übungen

Ein wenig umständlich wird es in der verneinten Form:
Je ne me suis pas levé(e).
Ich bin nicht aufgestanden.
Nous ne nous sommes pas levé(e)s.
Wir sind nicht aufgestanden.

Und ähnlich wortreich geht es in der Frageform zu:
Quand s'est-elle mariée?
Wann hat sie geheiratet?
Pourquoi vous êtes-vous levés si tôt?
Warum seid ihr so früh aufgestanden?

Einfacher ist es, wenn Sie die normale Satzstellung im fragenden Ton anbringen:
Vous vous êtes rendus à Rome?
Ihr seid nach Rom gefahren?

Übung 14

Olivier scheint unter Gedächtnisschwund zu leiden – zumindest in Bezug auf ein bestimmtes Wochenende in der Normandie … Ergänzen Sie die Sätze mit den folgenden Verben in der richtigen Form. Wir haben das erste als Beispiel eingesetzt. (Bei den übrigen brauchen sie *en* nicht!)

| se souvenir | se lever | se rendre |
| se marier | s'occuper |

(M = Martine, O = Olivier)

M: Tu te souviens de notre week-end en Normandie?
O: Non, je _ne m'en souviens pas._
M: Mais si! Nous nous sommes levés à cinq heures du matin!

O: Et pourquoi _____ si tôt?
M: Mais enfin, pour nous rendre au Mont-Saint-Michel!
O: Nous _____ au Mont-Saint-Michel?
M: Mais oui, c'était le jour où Caroline s'est mariée!
O: Ah bon? Et avec qui _____ ?
M: Avec Bernard, le patron de bistro. Tu _____ du champagne – et je pense que tu t'en es trop bien occupé!
O: Ah si, maintenant je _____ .
C'était du Moët & Chandon!

6 Cherche emploi

Leseübungen

Suchen Sie eine Stelle? Oder fehlt es vorübergehend an Personal? Dann löst diese Anzeige vielleicht Ihr Problem: *Bis* ist eine bekannte Agentur für Stellenvermittlung auf Zeit.

Chez Bis, un menuisier temporaire, c'est d'abord un menuisier.

Vous avez besoin – temporairement – d'un menuisier, d'un plombier, d'un chauffagiste, d'un électricien? . . . Vous avez besoin de qualifications précises?

Eh bien, nous vous proposons exactement le professionnel qui vous fait défaut. Nous vous proposons exactement la «bonne main» que vous attendez.

Chez Bis, un travailleur temporaire, c'est d'abord un professionnel qualifié.

Qu'elle soit secrétaire ou programmeuse, qu'il soit mécanicien ou dessinateur, nous savons bien qu'un travailleur temporaire doit être compétent, rigoureux et immédiatement opérationnel.

Notre métier nous impose discipline et sérieux. Nous prêtons main-forte, cette main doit être sûre.

Et enfin, lorsque cette main sûre, lorsque cette main fiable, cette «bonne main» est près de chez vous, avec 300 agences en France, elle devient, en plus, la bonne adresse. Avec Bis, vous êtes en bonnes mains.

---

avoir besoin de · brauchen

plombier *(m.)* · Klempner

chauffagiste *(m.)* · Heizungsmonteur

qui vous fait défaut · der Ihnen fehlt

«bonne main» *(f.)* · „gute Hand" spielt auf den   Ausdruck *en bonnes mains* („in guten Händen", „gut aufgehoben") an.

rigoureux · genau, gewissenhaft

immédiatement opérationnel · sofort einsatzbereit

métier *(m.)* · Beruf

serieux *(m.)* · Seriosität

prêter main-forte · zur Hand gehen, Hilfe leisten

fiable · zuverlässig

devenir · werden

en plus · außerdem

Übung 15

a. Kreuzen Sie an, was die *Bis*-Anzeige über Arbeitskräfte auf Zeit aussagt.

qualifiziert	☐	über 21	☐
pünktlich	☐	lernwillig	☐
kompetent	☐	sofort einsatzfähig	☐
gewissenhaft	☐	billig	☐

b. Wie würden Sie auf Französisch sagen?

Ich brauche einen Klempner. ⎯⎯⎯⎯

⎯⎯⎯⎯⎯⎯⎯⎯⎯⎯⎯⎯⎯⎯⎯⎯⎯⎯

Wir brauchen einen Elektriker. ⎯⎯⎯

⎯⎯⎯⎯⎯⎯⎯⎯⎯⎯⎯⎯⎯⎯⎯⎯⎯⎯

Brauchen Sie bestimmte Qualifikationen?

⎯⎯⎯⎯⎯⎯⎯⎯⎯⎯⎯⎯⎯⎯⎯⎯⎯⎯

6 Cherche emploi

Leseübungen

Oder schlummert ein brillantes Verkaufstalent in Ihnen? Dann sind Sie der richtige Kandidat für IBM:

Nos ingénieurs commerciaux sont ambitieux: si vous l'êtes cette offre vous concerne.

Jeunes diplômé(e)s d'écoles d'ingénieurs et de commerce, vous êtes à la recherche de votre première situation

Ce que nous attendons de nos futurs ingénieurs commerciaux

Votre motivation pour une activité de vente doit être forte. Nous recherchons des femmes et des hommes présentant les qualités suivantes:
- Aptitude à communiquer à haut niveau.
- Ambition, énergie au-dessus de la moyenne.

- Sens de la méthode, esprit de synthèse.
- Sens de la négociation et aptitude à convaincre.
- Imagination dans la recherche de nouveaux clients et dans la préparation d'un projet informatique.

Nous vous demandons de répondre aux conditions suivantes:
- Avoir de bonnes connaissances de l'anglais.
- Accepter le principe de la mobilité géographique: nos postes sont à pourvoir à Paris et en province.
- Etre dégagés des obligations du Service national.

---

ingénieur commercial *(m.)* · Wirtschaftsingenieur

concerner · betreffen

diplômé(e) · *hier:* Absolvent/in, Graduierte(r)

recherche *(f.)* · Suche

situation *(f.)* · Stellung

attendre de · erwarten von

vente *(f.)* · Verkauf

aptitude *(f.)* · Fähigkeit

au-dessus de la moyenne · überdurchschnittlich

sens *(m.)* · Sinn, Gefühl, -vermögen

esprit *(m.)* de synthèse · Fähigkeit, die Dinge im Zusammenhang zu sehen

convaincre · überzeugen

imagination *(f.)* · Phantasie, Einfallsreichtum

informatique *(f. Substantiv; auch Adjektiv)* · Computerwesen, Computerconnaissance *(f.)* · Wissen

pourvoir · (eine Stelle) besetzen

dégagé · frei, nicht gebunden

Service national *(m.)* · Militärdienst

Übung 16

Testen Sie Ihre Fähigkeiten und finden Sie heraus, ob Sie für den Posten bei IBM geeignet sind. Sie brauchen nur die Punkte für Ihre Antworten zusammenzuzählen und im Begleitheft nachzusehen!

104

6 Cherche emploi

Vous êtes

a. ☐ 3 compétent et rigoureux.
b. ☐ 2 discipliné et sérieux.
c. ☐ 4 un professionnel qualifié.
d. ☐ 1 très amusant.

Vous avez

a. ☐ 1 beaucoup d'imagination.
b. ☐ 2 une motivation très forte.
c. ☐ 4 un esprit de synthèse.
d. ☐ 3 une énergie au-dessus de la
       moyenne.

L'informatique

a. ☐ 1 qu'est-ce que c'est?
b. ☐ 4 m'a toujours passionné(e).
c. ☐ 3 est la science de l'avenir.
d. ☐ 2 m'amuse assez.

Vous savez

a. ☐ 3 parler une langue étrangère.
b. ☐ 1 choisir un bon restaurant.
c. ☐ 2 taper à la machine.
d. ☐ 4 trouver de nouveaux clients.

Radioübungen

Zunächst ein sehr kurzer Beitrag zu einer Einrichtung, die Schulabgängern Einblick in verschiedene Berufszweige geben soll.

Permanence · (*hier:* Name der Agentur)
séance *(f.)* · Treffen
jeunes en cours de formation · in der Ausbildung befindliche Jugendliche
rencontre *(f.)* · Zusammenkunft
charcuterie *(f.)* · *hier:* (Schweine-)Fleisch- und Wurstwarenzubereitung
se dérouler · stattfinden

Übung 17 (2/35)

Hier eine Übersetzung der Radiomeldung – in der einige Schlüsselwörter fehlen. Hören Sie sich die Aufnahme noch einmal an und setzen Sie die entsprechenden Wörter ein.

Das Zentralbüro für Koordinierung veranstaltet Informationstreffen für bestimmte Berufszweige, an denen Berufserfahrene und noch in der Ausbildung befindliche Jugendliche teilnehmen. _____ wird das Thema der Zusammenkunft die Berufszweige der _____ sein. Sie beginnt um _____ Uhr und findet in der Aula des Jean-Dame-Gymnasiums statt, rue Léopold-Bellan Nr.____, im ____ Arrondissement.

Hören Sie jetzt ein Interview von Jacques Chancel mit Couturier und Multi-Talent Pierre Cardin, der seine Fühler in die Theaterwelt ausgestreckt hat und jungen Künstlern eine Chance in seinem Theater- und Galeriekomplex *L'Espace Cardin* gibt.

recevoir · empfangen *(als Gast)*
sur le plan · auf die Ebene/das Thema
renier · leugnen
permettre *(Partizip Perfekt:* permis) · erlauben
grâce à · dank, durch
devenir · werden
tellement · so sehr, derartig
intégré à · verwachsen mit
cellule *(f.)* · Zelle
se sentir · sich als … fühlen
quelqu'un · jemand
mériter · verdienen

6 Cherche emploi

Radioübungen

Übung 18

In welcher Reihenfolge macht Pierre Cardin im Verlauf des Interviews die folgenden Äußerungen? Nummerieren Sie die Sätze von 1 bis 6.

a. ☐ Je suis un élément, une cellule qui travaille pour cette maison.
b. ☐ C'est grâce à mon métier que je suis Pierre Cardin.
c. ☐ Je suis tellement intégré au travail que je fais ...
d. ☐ La haute couture est, je ne renie jamais, ce qui m'a permis de faire du théâtre.
e. ☐ J'ai l'impression de parler de Pierre Cardin ... comme d'un employeur.
f. ☐ Je fais tout pour que cette marque soit brillante et mérite le prestige qu'elle a actuellement.

Sprechen Sie selbst

Übung 19

Wie viel können Sie mittlerweile auf Französisch über Ihren Alltag, zu Hause oder am Arbeitsplatz, erzählen? Suchen Sie sich die wichtigsten der auf Ihren Beruf oder Ihre Interessen zugeschnittenen Ausdrücke aus dem Wörterbuch. Hier eine Struktur, der Sie folgen können:

– Je suis ... (Beruf)
– Je travaille à ...
– J'aime/Je n'aime pas ...
– Je commence à ... heures.
– Je m'occupe de ...
– Le patron/la patronne ...
– Mes collègues ...
– Je rentre à la maison à ...

Wenn Sie Ihren Tagesablauf beschrieben haben, erfahren Sie von Marie-Thérèse, wie ihr Arbeitstag als Journalistin bei einer Lokalzeitung aussieht.

rédacteur/rédactrice en chef · Chefredakteur/in

Übung 20

Sie bereiten sich auf ein Vorstellungsgespräch bei einer Arbeitsvermittlung in Frankreich vor. Überlegen Sie sich vorher, wie Sie diese oder ähnliche Fragen beantworten würden.

genre *(m.)* · Art

– Quel âge avez-vous?
– Quel genre de travail recherchez-vous?
– Est-ce votre première situation en France?
– Pourquoi voulez-vous travailler en France?
– Savez-vous taper à la machine? ... conduire? ... faire la cuisine?
– Avez-vous des connaissances en anglais? ... espagnol? ... informatique?
– Quand voulez-vous commencer?

Hören Sie anschließend, wie Yves sich als Programmierer bewirbt.

7 Vivement le week-end!

Sie lernen in dieser Unité:

● von Ihrem Wochenende zu berichten
● über Hobbys und Freizeit zu sprechen
● wie es bei einem *Pétanque*-Spiel zugeht
... und was es mit einer „Öl-Raffinerie"
mitten in Paris auf sich hat.

Wegweiser

Dialoge: Hören Sie zunächst dem Dialog 1 bei geschlossenem Buch zu; anschließend hören Sie ihn sich bei geöffnetem Buch an (wenn nötig, mehrmals). Studieren Sie ihn dabei sorgfältig Zeile für Zeile unter Zuhilfenahme des angegebenen Vokabulars und der Erklärungen. Bearbeiten Sie dann die zum Dialog gehörenden Übungen.

Anschließend verfahren Sie mit den Dialogen 2, 3 und 4 ebenso.

Prägen Sie sich die *Wichtigen Wörter und Ausdrücke* (S. 115) gut ein.

Arbeiten Sie die *Grammatik* einschließlich der Übungen (S. 116–117) durch.

Nun sind die *Leseübungen* (S. 117–120) an der Reihe.

Hören Sie sich die beiden *Radioauszüge* an und bearbeiten Sie die entsprechenden Übungen (S. 121–122). (Hören Sie sich die Radioauszüge an, sooft Sie wollen, versuchen Sie aber, nicht auf die Texte im Begleitheft zu sehen. Im Buch finden Sie Vokabeln und Erklärungen abgedruckt, die Ihnen das Verständnis erleichtern.)

Machen Sie die offenen Sprechübungen im Abschnitt *Sprechen Sie selbst* (S. 122). Hören Sie sich dann zum Vergleich die Beispielversionen auf der CD an.

Hören Sie sich alle Dialoge und Radiotexte noch einmal ohne Buch an.

Dialoge mit Übungen

1

Une maison de campagne
(D = Dominique, H = Hélène)

D: As-tu passé un bon week-end?
H: Délicieux. Je suis allée à la campagne, tu sais, chez mes amis, euh ... pas très loin de Paris.
D: Oui, tu m'en avais parlé.
H: C'est une, c'est une grande maison. Il faisait pas très beau – on a fait du feu dans les cheminées. On était dix. Ce sont les hommes qui ont fait la cuisine. On a joué au ping-pong, euh ... la plupart du temps, et mais je me suis fait battre par mes neveux.
D: Tu as vraiment de la chance, parce que moi j'ai passé le week-end à faire le ménage, à faire la cuisine, à couvrir les livres de ma fille – j'en ai vraiment assez de rester à Paris en fin de semaine. J'ai décidé de chercher une maison de campagne – j'ai acheté les journaux, j'ai feuilleté les petites annonces et je commence mes recherches cette semaine.
H: Eh ben, tu as bien raison. Je t'aiderai.

il fait beau	das Wetter ist schön
faire du feu *(m.)*	Feuer machen
cheminée *(f.)*	Kamin *(auch:* Schornstein*)*
la plupart du temps	die meiste Zeit
couvrir	*hier:* einbinden
journal *(m.)*	Zeitung
feuilleter	durchblättern
petite annonce *(f.)*/ petites annonces *(f. pl.)*	Kleinanzeige/ Anzeigenteil
aider	helfen

tu m'en avais parlé du hattest mir davon erzählt

▶ **on était dix** wir waren zu zehnt
▶ **ce sont les hommes ...** die Männer waren es ... **Ce sont** ist der Plural von **c'est**, dennoch wird es nie mit **nous** oder **vous** verwendet: richtig heißt es **c'est nous/c'est vous**.

je me suis fait battre par mes neveux ich bin von meinen Neffen geschlagen worden (beim Tischtennis)

▶ **tu as vraiment de la chance** du hast wirklich Glück. Merken Sie sich auch
▶ **Bonne chance!** Viel Glück!

▶ **j'en ai vraiment assez de rester à Paris en fin de semaine** ich hab' wirklich genug davon, am Wochenende in Paris zu bleiben

▶ **tu as bien raison** du hast ganz Recht. Das Gegenteil von **avoir raison** (Recht haben) ist **avoir tort** (Unrecht haben).

Übung 1

Vervollständigen Sie die Übersetzungen der folgenden Ausdrücke mit Hilfe der Aufnahme, ohne den Text durchzulesen.

a. gut/schön sein (Wetter) faire _____
b. Feuer machen faire _____
c. kochen faire _____
d. sauber machen faire _____
e. Glück haben avoir _____
f. genug haben avoir _____
g. Recht haben avoir _____

108

7 Vivement le week-end!

Dialoge mit Übungen

Übung 2

Nach ihrem Wochenende auf dem Land bei Madeleine und Jacques bedankt sich Hélène schriftlich bei den beiden. Versuchen Sie, den Brief zu übersetzen. *Mes plus amicales pensées* entspricht etwa dem Briefschluss „Viele Grüße".

Chère Madeleine, cher Jacques,

Je vous remercie beaucoup du week-end que j'ai passé avec vous dans votre maison de campagne. C'était vraiment délicieux. J'ai beaucoup aimé jouer au ping-pong avec les enfants. Mais vous, vous avez passé votre temps à faire la cuisine – vous devez être fatigués! J'ai décidé d'acheter une maison de campagne, alors j'espère que vous viendrez un jour passer un week-end chez moi.

Mes plus amicales pensées à toute la famille.

Hélène

---

2 (3/2)

Cinq semaines de congé
(P = Patrick, J = Jean-François)

P: Dites-moi, Jean-François, combien de semaines de congé avez-vous en France?

J: Eh bien, nous avons cinq semaines de congé et une dizaine de jours fériés que nous pouvons allonger avec des ponts, c'est-à-dire si, par exemple, le onze novembre, qui est une fête nationale, tombe un jeudi, bien souvent nous bénéficions du vendredi comme jour de congé.

P: Et pour ce qui est des vacances d'été, on m'a dit que presque tous les Français partaient au mois d'août – c'est vrai?

J: Euh, effectivement, les vacances sont peu étalées en France et la majorité des gens partent en juillet et en août.

congé *(m.)*	Urlaub
jour férié *(m.)*	Feiertag
allonger	verlängern
c'est-à-dire	das heißt
fête nationale *(f.)*	Nationalfeiertag
bénéficier de	*hier:* bekommen; *wörtlich:* profitieren von

7 Vivement le week-end!

109

Dialoge mit Übungen

une dizaine rund zehn. Beachten Sie, dass bei diesem Ausdruck das **x** von **dix** zu **z** wird. Häufig gebraucht wird **une douzaine**, ein Dutzend.

des ponts zusätzliche Urlaubstage (*wörtlich:* Brücken) zwischen einem Feiertag und einem Wochenende. **Faire le pont** heißt „ein verlängertes Wochenende machen".

▶ **le onze novembre** der 11. November, auch **Jour de l'Armistice** (= Waffenstillstand) genannt, ist ein Feiertag zum Gedenken an das Ende des ersten Weltkriegs.

▶ **tombe un jeudi** fällt auf einen Donnerstag. Das „auf", „an" wird bei Wochentagen stets weggelassen: **elle est née un lundi**, sie ist an einem Montag geboren.

pour ce qui est des vacances d'été ... was die Sommerferien betrifft ...

on m'a dit que presque tous les Français partaient au mois d'août ich habe gehört, dass fast alle Franzosen im August wegfahren

peu étalées nicht sehr gestaffelt/verteilt

▶ **la majorité des gens** die meisten Leute

Übung 3

Quelle est la différence? Nehmen Sie nur die Aufnahme zu Hilfe und unterstreichen Sie alle Wörter, die sich vom Original unterscheiden. Tun Sie dann das Gleiche mit den entsprechenden Wörtern im Dialogtext.

P: Dis-moi. Jean-François, combien de semaines de vacances avez-vous en France?

J: Eh bien, on a cinq semaines de congé et une dizaine de fêtes nationales que nous pouvons allonger avec des ponts, c'est-à-dire si, par exemple, le quinze août, qui est un jour férié, tombe un mardi, bien souvent nous bénéficions du lundi comme jour de congé.

Übung 4

Die Aussprache französischer Nasale bereitet Ausländern oft Schwierigkeiten und führt leicht zu Missverständnissen. Hören Sie sich darum den Dialog zweimal an und konzentrieren Sie sich bei jedem Durchgang auf eine der folgenden Lautgruppen. Drücken Sie nach jedem dieser Wörter die Pausentaste und sprechen Sie nach.

a. Der Nasallaut *en/em/an/am:*
exemple, novembre, souvent, vendredi, effectivement, vacances, France, gens, en.

b. Der Nasallaut *on/om:*
avons, congé, pouvons, allonger, ponts, onze, tombe, bénéficions, sont.

Übung 5

Saure-Gurken-Zeit! Die Geschäfte müssen warten. Setzen Sie das passende Wort in die Lücken des Telefongesprächs.

110   *7 Vivement le week-end!*

Dialoge mit Übungen

pont	semaines	jour férié
fête nationale		septembre
en vacances		congé

Le 14 juillet? — Désolée, c'est une _____.

Et le 15? — Ah non, c'est un vendredi.

C'est un _____ ? — Non, mais nous faisons le _____.

Alors, le 5 août? — Eh bien, je pars au mois d'août.

Et vous avez combien de semaines de ___ ? — Quatre _____, alors, je vous verrai en _____ !

Übung 6 (3/3)

Sie wollen telefonisch einen Geschäftstermin mit einer französischen Kundin (Marie-Thérèse) vereinbaren. Andreas gibt wie üblich Hilfestellung. Ihre erste Frage ist *Puis-je venir jeudi, le onze novembre?* (*Puis-je* ist die Frageform von *je peux*; wenn es Ihnen lieber ist, sagen Sie *Est-ce que je peux venir jeudi, ...?*)

3 (3/4)

Une raffinerie de pétrole?

Warum zieht das Centre Pompidou so viele Besucher an?

M. de Pindray:
Parce qu'ils sont attirés par la nouveauté. Toutes les façades des maisons de Paris sont grises et tristes, et tout d'un coup, il y a

comme un gros jouet d'enfant qui est tombé du ciel: le Centre Beaubourg, qui nous attire comme si on était des enfants. Cela dit, les gens qui habitent le quartier n'y vont pas – les voisins trouvent ça épouvantable.

On appelle ça la raffinerie de pétrole – ce qui est parfaitement injuste. C'est vrai, le dos du Centre Pompidou fait penser à une raffinerie de pétrole, mais, si vous regardez devant, on a quelque chose de formidablement aérien, musical – c'est complètement transparent, c'est, c'est un anti-bâtiment.

attirer	anziehen
nouveauté *(f.)*	Neuheit; *hier:* Reiz des Neuen
gris	grau
triste	trist, traurig
tout d'un coup	auf einmal, aus heiterem Himmel
jouet *(m.)*	Spielzeug
cela dit	allerdings
quartier *(m.)*	Viertel
voisin(e)	Nachbar(in), Anlieger
épouvantable	fürchterlich, grässlich
injuste	ungerecht, unfair
dos *(m.)*	Rückseite
devant	*hier:* von vorn
aérien	luftig, leicht
bâtiment *(m.)*	Gebäude

Centre Pompidou das Kulturzentrum im Herzen von Paris, auch **Centre Beaubourg** genannt, da es in der **Rue Beaubourg** liegt.

la raffinerie de pétrole die Ölraffinerie. **Pétrole** bedeutet sowohl Rohöl als

7 Vivement le week-end!

Dialoge mit Übungen

auch Petroleum. Das Wort für Benzin ist **essence** *(f.)*.

▶ **fait penser à** erinnert an

Übung 7

Et la liberté des opinions alors! Hören Sie sich die Aufnahme noch einmal an und notieren Sie alle Argumente für *(pour)* und gegen *(contre)* das *Centre Pompidou*, die M. de Pindray äußert.

Pour

a. Les visiteurs sont _____

_____

b. La façade a quelque chose _____

_____

c. Le Centre est complètement _____

_____

Contre

a. Les gens du quartier _____

_____

b. Les voisins pensent que c'est _____

_____

c. Ils appellent ça _____

_____

Übung 8

Wenn Sie Näheres über das Zentrum wissen möchten, lesen Sie das folgende Informationsblatt und beantworten Sie anschließend die Fragen.

Centre National d'Art et de Culture Georges-Pompidou

Construction métallique avec façade de verre.
Architectes: Piano (italien) et Rogers (anglais).
Inauguration: le 31 janvier 1977

Ouvert de 12 h à 22 h en semaine et de 10 h à 22 h les samedis et dimanches.
Fermé le mardi, le 1er mai et le 25 décembre.

Les visiteurs y trouveront:

● Bibliothèque publique d'information avec 1800 œuvres audiovisuelles (diapositives, bandes vidéo, etc.)
● Musée d'art contemporain
● Bibliothèque et atelier pour enfants
● Cinémathèque
● Centre de création industrielle (CCI)
● Institut de recherche et de coordination acoustique et musical (IRCAM) (on ne visite pas).

---

inauguration *(f.)* · Eröffnung, Einweihung
œuvre *(f.)* · Werk
diapositive *(f.)* · Dia
contemporain · zeitgenössisch

a. Kann man das Zentrum wochentags um 10.00 Uhr morgens besuchen? _____
b. Wurde es von französischen Architekten erbaut? _____
c. Was findet man neben Büchern in der Bibliothek? _____
d. Was wurde speziell für Kinder eingerichtet? _____
e. Welche Baumaterialien fanden Verwendung? _____

112   *7 Vivement le week-end!*

Dialoge mit Übungen

Übung 9 (3/5)

Sie verbringen mit Freunden ein Wochenende in Paris und haben das Centre Pompidou besucht. Yves möchte wissen, was Ihre Freunde davon halten. Folgen Sie Andreas.

4 (3/6)

Des mordus de la pétanque
(V = M. Vuittenez, S = Stephanie)

V: J'étais descendu sur la Côte d'Azur – et là-bas, ce sont des mordus de la pétanque. Et ... ils sont un petit peu des comédiens. Ce qui est bien d'ailleurs, c'est de voir l'acharnement qu'ils mettaient. Et alors, des disputes, des disputes, mais sérieuses, hein! Parce que chacun voulait avoir raison, puis – en fait – ils n'avaient pas plus raison les uns que les autres, hein!

S: Est-ce surtout un jeu d'hommes?

V: Non. Non, non, les dames jouent aussi mais quand même moins. Vous verrez, à la Poterne des Peupliers – vous avez une femme, elle est là presque tous les jours. Elle joue, elle joue même très bien, d'ailleurs. Evidemment, elle est taquinée par tout le monde, parce que ... une seule femme dans toute l'équipe ...

là-bas	dort, da (unten)
acharnement *(m.)*	Leidenschaftlichkeit, Verbissenheit
chacun(e)	jede(r)
quand même	wenn auch, dennoch
même	sogar
d'ailleurs	übrigens
évidemment	sicher, selbstverständlich
taquiner	hänseln, aufziehen
équipe *(f.)*	Mannschaft, Team

j'étais descendu ich war unten (hinuntergefahren)

des mordus Fans (*wörtlich:* Gebissene)

la pétanque, auch als **boules** bekannt, ein Kugelspiel, das besonders in Südfrankreich sehr verbreitet ist. „Pétanque spielen" heißt **jouer à la pétanque** (in Dialog 1 haben Sie bereits **jouer au ping-pong** gelernt).

des comédiens Komödianten. M. Vuittenez deutet an, dass die Spieler gern eine große Schau abziehen.

ils n'avaient pas plus raison les uns que les autres weder die einen noch die anderen hatten (mehr) recht

la Poterne des Peupliers Name einer Pariser Straße (im 13. Arrondissement), wo Pétanque gespielt wird

7 Vivement le week-end! 113

Dialoge mit Übungen

Übung 10

Hören Sie sich den Dialog an, um die fehlenden Wörter zu finden – aber bitte nicht im Text nachsehen! Die fett umrandeten Buchstaben sagen etwas über *Pétanque*-Spieler aus. Die folgenden Sätze entsprechen übrigens nicht der Reihenfolge im Dialog.

a. J'étais _____ sur la Côte d'Azur.
b. Chacun voulait avoir _____ .
c. Les _____ jouent aussi.
d. Là-bas, ce sont des mordus de la _____ .
e. Et alors, des _____ , mais sérieuses.
f. Une seule femme dans toute l'_____
g. Est-ce surtout un _____ d'hommes?
h. Elle est _____ par tout le monde.
i. Elle est là _____ tous les jours.

Übung 11

Was hat M. Vuittenez erzählt? Hören Sie sich die Aufnahme noch einmal an und treffen Sie Ihre Wahl. In jedem Fall ist nur eine Version richtig.

a. M. Vuittenez était descendu
  ☐ la Côte d'Azur.
  ☐ sur la Côte d'Azur.
  ☐ là-bas.

b. Ce qui est bien, c'est
  ☐ l'acharnement des joueurs.
  ☐ les disputes sérieuses.
  ☐ que chacun voulait avoir raison.

c. Ils n'avaient raison
  ☐ les uns et les autres.
  ☐ les uns plus que les autres.
  ☐ ni les uns ni les autres.

d. Les femmes jouent
  ☐ aussi bien.
  ☐ moins souvent.
  ☐ tous les jours.

e. A la Poterne des Peupliers on taquine
  ☐ la seule femme.
  ☐ tout le monde.
  ☐ toute l'équipe.

Übung 12 3/7

Sie haben sich gerade zu den Zuschauern eines *Pétanque*-Spiels gesellt, die mit großem Interesse eine hitzige Auseinandersetzung zwischen zwei Spielern verfolgen. Fragen Sie Yves, worum es dabei geht *(Qu'est-ce qui se passe?)*, und folgen Sie den Anweisungen von Andreas.

7 Vivement le week-end!

Wichtige Wörter und Ausdrücke

il fait beau	das Wetter ist schön
faire du feu	Feuer machen
faire penser à	erinnern an
faire le pont	sich für ein „verlängertes Wochenende" freinehmen
avoir de la chance	Glück haben
avoir raison	Recht haben
avoir tort	Unrecht haben
en avoir assez	genug davon haben
le onze novembre tombe un jeudi	der 11. November fällt auf einen Donnerstag
c'est-à-dire,	das heißt,
c'est	es ist
un jour de congé	ein freier Tag
un jour férié	ein Feiertag
une fête nationale	ein Nationalfeiertag
d'ailleurs	übrigens
ce sont les hommes qui jouent	sind es die Männer, die spielen
ça fait penser à une	es erinnert an eine
raffinerie de pétrole	Ölraffinerie
quand même,	dennoch
les visiteurs sont attirés	fühlen sich die Besucher vom (Reiz des)
par la nouveauté	Neuen angezogen
là-bas	dort (unten/drüben)
on était dix	waren wir zu zehnt
l'équipe	das Team
chacun	jeder
tout le monde	jedermann
joue à la pétanque	spielt Pétanque
la majorité/la plupart	die meisten
des Français/gens	Franzosen/Leute
partent en août	fahren im August weg

7 Vivement le week-end!

Grammatik mit Übungen

qui und que

● *Les gens **qui** habitent ici* ...
Die Leute, die hier wohnen ...
Wer wohnt hier? Die Leute. „Leute" ist das Subjekt.
Qui bezieht sich stets auf das Subjekt eines Satzes, ganz gleich ob es sich dabei um eine Person oder eine Sache in der Einzahl oder Mehrzahl handelt:
*Le Centre Beaubourg **qui** nous attire* ...
Das Centre Beaubourg, das uns anzieht ...

● *Les gens **que** j'ai invités* ...
Die Leute, die ich eingeladen habe ...
Wen habe ich eingeladen? Die Leute. „Leute" ist das Objekt.
Que bezieht sich auf das Objekt eines Satzes, auf Personen oder Sachen in der Einzahl oder Mehrzahl:
*La maison **que** nous avons louée* ...
Das Haus, das wir gemietet haben ...

Folgt ein Vokal auf *que*, so wird es zu *qu'* apostrophiert (während *qui* unverändert bleibt):
*La musique **qu'on** entend* ...
Die Musik, die man hört ...

Übung 13

Subjekt oder Objekt? Setzen Sie *qui, que* oder *qu'* ein.

a. Les gens ＿＿ habitent près du Centre Beaubourg ne l'aiment pas.
b. Le musée, ＿＿ est le plus grand musée d'art moderne du monde, est fermé le mardi.
c. J'ai feuilleté le journal ＿＿ j'ai acheté.
d. Le onze novembre, ＿＿ est une fête nationale, tombe un vendredi.
e. On taquine la seule femme ＿＿ joue à la pétanque.
f. La dame ＿＿ on voit à la Poterne des Peupliers joue très bien.
g. J'ai beaucoup aimé le week-end ＿＿ j'ai passé chez vous.
h. Ce sont les hommes ＿＿ ont fait la cuisine.

Mehr zum Perfekt und Imperfekt

Ereignisse (Perfekt)	Beschreibung (Imperfekt)
Je suis allée à la campagne.	*Il ne faisait pas très beau.*
On a fait du feu dans les cheminées.	*On était dix.*
	C'était délicieux.
On a joué au ping-pong.	

Sehen Sie sich noch einmal genau an, wie Perfekt und Imperfekt in diesen Beispielsätzen verwendet wurden: Das Imperfekt dient der allgemeinen Beschreibung von Umständen, das Perfekt schildert die Ereignisse bzw. Handlungen und beantwortet daher die Frage „Was geschah dann?".
Stellen Sie sich das Imperfekt als kontinuierliche Wellenlinie vor, die den Hintergrund einer Szene bildet:

J'étais en vacances dans le Midi

Grammatik mit Übungen

In diesen Hintergrund schneidet das Perfekt mit jeder Handlung ein:

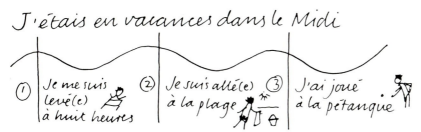

Übung 14

Dominique erzählt, wie sie die Suche nach einem Haus auf dem Land „angepackt" hat. Setzen Sie die Verben in Klammern ins Perfekt oder Imperfekt.
Achten Sie bitte darauf, dass *je* vor Vokalen zu *j'* wird.

«J'en (avoir) _____ vraiment assez de rester à Paris en fin de semaine, alors je (décider) _____ de chercher une maison de campagne. Je (acheter) _____ les journaux et je (feuilleter) _____ les petites annonces. Puis samedi je (aller) _____ voir une maison qui (se trouver) _____ à une trentaine de kilomètres de Paris. C'(être) _____ charmant. Devant la maison, des enfants (jouer) _____ dans un beau petit jardin. A l'intérieur, il y (avoir) _____ du feu dans la cheminée. Je (décider) _____ tout de suite d'acheter la maison.»

Leseübungen

Um Kinder für klassische Musik zu begeistern, hat die Organisation *Jeunesses Musicales de France (J.M.F.)* ein Programm von Nachmittagskonzerten zusammengestellt.

L'invitation au concert

Voici une bonne idée pour occuper leurs loisirs: les Jeunesses Musicales de France reprennent, à partir de novembre, leur formule des concerts du mercredi après-midi, abandonnée depuis trois ans. Les J.M.F. se proposent de former vos enfants à l'écoute, de leur révéler le monde de la musique. Les concerts d'autrefois étaient peut-être un peu trop éducatifs et de ce fait rébarbatifs.
Aujourd'hui, on a choisi des programmes plus prestigieux. A l'honneur le 9 novembre: l'orchestre de Paris. Toutefois, le petit abonné recevra avant chaque concert une documentation qui lui présentera l'œuvre du jour, lui expliquera la place des différents musiciens de l'orchestre, et lui proposera une discographie pour mieux appréhender la musique et son auteur. Ce sera à vous, parents, de les aider à bien utiliser cette documentation. Le jour même, avant le lever de rideau, une courte présentation remettra définitivement les idées au clair! L'abonnement aux 6 concerts de l'année vaut environ 80 F. Vous pouvez vous inscrire dès maintenant.
E.G.

Leseübungen

loisir *(m.)* · Freizeit
abandonner · aufgeben, einstellen
révéler à · vertraut machen mit
éducatif · lehrreich
rébarbatif · schwierig, abschreckend
abonné(e) · Abonnent(in)
appréhender · *hier:* verstehen, erfassen
avant le lever de rideau · bevor der Vorhang
 aufgeht
remettra … au clair · wird Klarheit schaffen
 über …
dès maintenant · ab sofort

Übung 15

Sie möchten den Sohn von französischen Freunden mit einem Konzert-Abonnement überraschen. Übersetzen Sie den folgenden Brief mit Hilfe des Artikels und der Anmerkungen.

Musik lieben · aimer *la* musique
ein Abonnement schenken · *verwenden Sie*
 t'abonner
Unterlagen · une documentation
am Tag · am *wird nicht übersetzt!*

Lieber Peter,

ich weiß, dass du Musik magst, und ich würde dir gerne ein Abonnement bei den Jeunesses Musicales de France bezahlen.
Vor jedem Konzert wirst du einige Unterlagen erhalten, die die Stücke des jeweiligen Tages erläutern –
sie sind aber nicht zu schulisch!
Am Tag des Konzerts wird dann eine kurze Präsentation stattfinden, bevor der Vorhang aufgeht.

Leseübungen

Langeweile in Caen? Nicht, wenn Sie einen Blick auf das Freizeitprogramm dieser normannischen Stadt werfen ... Noch nicht überzeugt? Versuchen Sie, Übung 16 zu machen.

OCTOBRE

Mardi 4 oct. Dîner. Tournoi de bridge.

Jeudi 6 oct. Visites d'ateliers de peinture à Honfleur (promenade de la journée).

Vendredi 14 oct. 14 h 30 à 17 h portes ouvertes à l'Accueil avec exposition de photos.

Samedi 15 oct. Visite de la ville.

Jeudi 20 oct. Démonstration de maquillage par une esthéticienne.

NOVEMBRE

Mardi 8 nov. Conférence sur la fabrication des parfums.

Jeudi 10 nov. 17 h Conférence par un artiste peintre, suivie par un dîner.

Jeudi 17 nov. 10 h Visite des studios de la radio locale.

Vendredi 25 nov. Pot d'amitié, suivi d'un dîner au restaurant.

Mardi 29 nov. Réunion amicale avec goûter.

tournoi *(m.)* · Turnier
atelier *(m.)* de peinture · Maleratelier
promenade *(f.)* · hier: Ausflug
accueil *(m.)* · Empfang *(hier: Name des Freizeitclubs)*
exposition *(f.)* · Ausstellung
démonstration *(f.)* · Vorführung
maquillage *(m.)* · Make-up, Schminken
esthéticienne *(f.)* · Kosmetikerin
conférence · Vortrag
pot *(m.)* d'amitié · Umtrunk
réunion *(f.)* · Treffen
goûter *(m.)* · Kaffee und Kuchen, Teestunde

7 Vivement le week-end! 119

Leseübungen

Übung 16

Schreiben Sie alle Tage auf, an denen *Accueil* den folgenden Personen etwas nach ihrem Geschmack bietet.

a. _____

b. _____

c. _____

d. _____

e. _____

f. _____

Radioübungen

Was tut sich in Paris? Vier kurze Meldungen informieren über das vielseitige Freizeitangebot in der Hauptstadt.

Übung 17

Im ersten Beitrag wird ein Wohltätigkeitskonzert angekündigt, dessen Einnahmen für die Erforschung von Zellerkrankungen *(les recherches sur les maladies cellulaires)* bestimmt sind. Das Orchester spielt unter der Leitung von Zubin Mehta. Beantworten Sie dazu einige Fragen.

a. Wo findet das Konzert statt?

_____

b. Wessen Werke werden gespielt?

_____

c. Wie ist der Name des Orchesters?

_____

d. In welchem Arrondissement befindet sich das Theater? _____

Übung 18

Oder steht Ihnen der Sinn nach intellektuellen Dingen? In diesem Fall hat die Sommeruniversität von Paris vielleicht das Richtige für Sie. Wie lauten die Themen der beiden Vorlesungen, und wo werden sie gehalten?

Name der Universität	Thema
René Descartes	
Pierre et Marie Curie	

Übung 19

Wenn Sie sich einfach nur amüsieren wollen, besuchen Sie den Jahrmarkt *(fête)*, der jeden Herbst in dem Stadtteil *La Villette* seine Zelte aufschlägt. Hören Sie sich die Meldung mehrmals an und füllen Sie dann die Textlücken. Nehmen Sie notfalls das Wörterverzeichnis zu Hilfe.

C'est _____ _____ que Monsieur Jack Lang, Ministre Délégué à la _____, inaugurera la Grande Fête d'Automne de La Villette. Bien entendu, les travaux _____ dans le _____ de La Villette, et cela jusqu'en _____, mais à partir de _____ vous pourrez _____ évoluer des artisans forains, des cracheurs de feu, des jongleurs, ou bien _____ place dans des manèges futuristes, participer à des concours de tir et tenter – _____ pas? – votre _____ aux loteries. La Grande Fête d'Automne de la Villette est ouverte jusqu'au 16 octobre.

Übung 20

Wie steht's mit Ihrer Kondition? Hier haben Sie Gelegenheit, etwas für Ihren Körper zu tun. Hören Sie gut zu und notieren Sie die fehlenden Informationen auf dem folgenden Blatt (S. 122).

cours *(m.)* · Kurs
fond *(m.)* · Untermalung, Hintergrund
dispensés · *hier:* abgehalten
inscription *(f.)* · Einschreibung, Anmeldung
séance *(f.)* · *hier:* Stunde *(wörtlich:* Sitzung)
frais *(m. pl.)* · Kosten

7 Vivement le week-end!

Radioübungen

Club Omnisport ———— **Arrondissement**

Gruppe: Gymnastik für Frauen
Kursbeginn: ————
Kurstage: ———————————— Zeit:
a. ————————————
b. ————————————
Einschreibtermine: ———————— Zeit:
a. ————————————
b. ————————————
und am Beginn jedes Semesters.
Gebühr für das gesamte Schuljahr: ————
Stundenzahl pro Woche: ————

Sprechen Sie selbst

Übung 21 (3/12)

Stellen Sie sich vor, dass Sie gerade für ein langes Wochenende verreist waren. Beschreiben Sie, was Sie jeden Tag unternommen haben. Wenn Sie damit fertig sind, hören Sie Marie-Thérèse zu, die das Wochenende in Rouen in der Normandie verbracht hat, wo sie unter anderem das Kunstmuseum *(le musée des Beaux-Arts)* besuchte.

Übung 22 (3/13)

Berichten Sie kurz über eine Sportveranstaltung, an der Sie selbst teilgenommen oder die Sie im Fernsehen verfolgt haben. Halten Sie Ihre Sätze möglichst einfach, vielleicht helfen auch einige Ausdrücke aus Dialog 4. Die Namen der meisten Sportarten entsprechen den englischen Bezeichnungen *(le rugby, le football, le tennis, le squash)* und sind fast alle männlich, außer dem Wort für „Rennen": *la course cycliste* (Radrennen), *la course d'automobiles* (Autorennen) usw. Mit *les courses* sind Pferderennen gemeint. Auf der CD erzählt Yves von dem Rugby-Spiel, das er in Saint-Etienne gesehen hat. Wer hat wohl gewonnen *(qui a gagné)*?

122

7 Vivement le week-end!

8   Que faire ce soir?

Sie lernen in dieser Unité:

- wie es in einem *café-théâtre* zugeht
- sich über Ausgehmöglichkeiten zu informieren
- von guten und schlechten Restaurant-erfahrungen zu erzählen

... und was man in Paris die ganze Nacht lang tun kann.

Wegweiser

Dialoge: Hören Sie zunächst dem Dialog 1 bei geschlossenem Buch zu; anschließend hören Sie ihn sich bei geöffnetem Buch an (wenn nötig, mehrmals). Studieren Sie ihn dabei sorgfältig Zeile für Zeile unter Zuhilfenahme des angegebenen Vokabulars und der Erklärungen. Bearbeiten Sie dann die zum Dialog gehörenden Übungen.

Anschließend verfahren Sie mit den Dialogen 2, 3 und 4 ebenso.

Prägen Sie sich die *Wichtigen Wörter und Ausdrücke* (S. 133) gut ein.

Arbeiten Sie die *Grammatik* einschließlich der Übungen (S. 134–135) durch.

Nun sind die *Leseübungen* (S. 136–137) an der Reihe.

Hören Sie sich die beiden *Radioauszüge* an und bearbeiten Sie die entsprechenden Übungen (S. 138). (Hören Sie sich die Radioauszüge an, sooft Sie wollen, versuchen Sie aber, nicht auf die Texte im Begleitheft zu sehen. Im Buch finden Sie Vokabeln und Erklärungen abgedruckt, die Ihnen das Verständnis erleichtern.)

Machen Sie die offenen Sprechübungen im Abschnitt *Sprechen Sie selbst* (S. 138). Hören Sie sich dann zum Vergleich die Beispielversionen auf der CD an.

Hören Sie sich alle Dialoge und Radiotexte noch einmal ohne Buch an.

123

Dialoge mit Übungen

1 (3/14)

Tu connais un bon spectacle?

(J = Jean-Pierre, H = Hélène)

J: Tiens, je suis allé au café-théâtre hier soir – il y avait très longtemps que je n'y étais pas allé.

H: Eh bien moi, j'y suis jamais allée – et je pense que je dois être la seule Parisienne dans ce cas!

J: Je pense, oui. Tu devrais – c'est amusant, de temps en temps.

H: Mais comment ça se passe?

J: Ah, d'abord ce sont toujours des spectacles humoristiques – ça dure une heure, une heure et demie – puis on s'assied comme dans un café, on boit, on fume pendant le spectacle, et ce qui est très fascinant, c'est qu'on a les acteurs tout près de soi: ils jouent à cinquante centimètres devant vous.

H: Il y a beaucoup de monde? C'est grand?

J: Une trentaine de personnes, cinquante personnes dans la salle – c'est une atmosphère de café.

H: J'ai pas besoin de réserver?

J: Non, en général on entre comme ça, sauf quand il y a un spectacle qui a un très grand succès.

H: Alors, tu paies ton billet ...

J: Tu paies en deux fois: tu paies d'abord à l'entrée et ensuite, à la fin du spectacle, les acteurs font la quête.

H: Et tu connais un bon spectacle en ce moment à Paris?

J: Celui que j'ai vu hier, mais je pense qu'il y en a d'autres. On pourra y aller, si tu veux!

H: Ah, mais ça me fera très plaisir!

hier soir	gestern Abend
de temps en temps	ab und zu
se passer	vor sich gehen
spectacle *(m.)* humoristique	humoristisches Stück
durer	dauern
fumer	rauchen
succès *(m.)*	Erfolg
billet *(m.)*	Eintrittskarte
en deux fois	(auf) zweimal

Tiens entspricht in etwa „ach" oder „du".

▶ **café-théâtre** ein winziges Theater mit meist satirischem Unterhaltungsprogramm, wo die Zuschauer an Café-Tischen sitzen und in der Pause manchmal sogar Suppe verteilt wird.

il y avait très longtemps que je n'y étais pas allé ich war schon ewig nicht mehr dort. Im Grammatikteil auf S. 134 wird der Gebrauch von **il y a** erklärt.

▶ **on s'assied** man setzt sich, von **s'asseoir**, das in der Grammatik (S. 135) behandelt wird

ce qui est très fascinant, c'est qu'on a les acteurs tout près de soi das Faszinierende ist, dass man die Schauspieler ganz nah vor sich hat. (Für **soi** siehe S. 134).

▶ **Il y a beaucoup de monde?** Sind sehr viele Leute da? Oder auch nur: **il y a du monde?** Sind viele Leute da? Der Ausdruck **tout le monde**, jedermann/alle, ist Ihnen bereits bekannt.

124   *8 Que faire ce soir?*

J'ai pas (je n'ai pas) besoin de réserver? Brauche ich nicht zu buchen? Merken Sie sich auch **j'ai besoin d'argent**, ich brauche Geld.

on entre comme ça man kommt (auch) so hinein

les acteurs font la quête die Schauspieler sammeln Geld ein

▶ **il y en a d'autres** es gibt noch andere (davon)

▶ **ça me fera très plaisir** das würde mir viel Spaß machen (*wörtlich:* das wird mir viel Vergnügen bereiten)

Übung 1

Was unterscheidet ein *café-théâtre* von einem konventionellen Theater? Geben Sie anhand der Aufnahme die erwünschte Auskunft. In manchen Fällen sind mehrere Antworten richtig.

a. Genre de spectacle? _____

b. Ça dure combien de temps?
☐ D'une demi-heure à une heure.
☐ Une heure et demie.
☐ D'une heure à une heure et demie.

c. Les spectateurs peuvent
☐ fumer.
☐ boire.

d. Le théâtre est
☐ petit.
☐ grand.

e. Combien de spectateurs y a-t-il?
☐ De 20 à 30.
☐ De 30 à 40.
☐ De 40 à 50.

f. Il y a une ambiance
☐ de cinéma.
☐ de café.
☐ de théâtre.

g. Faut-il réserver?
☐ Jamais.
☐ Toujours.
☐ Pour certains spectacles.

h. On paie
☐ en arrivant.
☐ pendant le spectacle.
☐ après le spectacle.

genre *(m.)* · Art
spectateur *(m.)* · Zuschauer

Dialoge mit Übungen

Übung 2

Vous connaissez un bon spectacle? Fassen Sie jedes dieser Stücke auf Deutsch in einem Satz zusammen

---

AU CAFE D'EDGAR, 01-43-22-11-02 – 01-43-20-85-11 M° Edgar-Quinet. Réservation uniquement par téléphone, 14h30 à 19h30. Relâche dimanche.
A 21h30: «Le chromosome chatouilleux», de C. Dob avec Th. Benoit et Ch. Dob (après la bombe, que faire dans un abri antiatomique, si l'on ne veut pas mourir d'ennui ? A défaut de mourir irradié, on pourra toujours venir mourir de rire).

LE BEAUBOURGEOIS, 19, rue Sainte-Croix-de-la-Bretonnerie, 01-42-72-08-51 . M° Hôtel-de-Ville. Prix: 19 € (avec 1 consommation maison).
Soir 19h (sauf dimanche). «Service non compris», apéritif comédie de M. Barrier, J.-M. Proslier et J.-F. Guillet. (Un client de restaurant, trop servile pour être bien servi, provoque des catastrophes tragicomiques).

SPLENDID SAINT-MARTIN, 48, r. du Fg-St-Martin, 01-42-08-21-93. M° Strasbourg-St-Denis. Loc. par tél uniquement de 15h à 19h30.
Jusqu'au 24 septembre à 20h30: Jean-Marie Cornille dans «Aïe ... Love You». Tous les soirs sauf dimanche et lundi. Pl.: 30 €. Etud.: 15 € (sauf samedi). «Après la nouvelle cuisine, les nouveaux philosophes, le vin nouveau, voici le «nouvel amour» et c'est pas triste. C'est un «nouvel homme» qui nous le dit.»

DIX-HEURES, 36, bd de Clichy, 01-46-06-07-48. Relâche dimanche. Loc. à partir de 14h.
A 20h30: «Le gîte et le couvert» de et par A. Vuillemeier. (C'est pas facile de naître de mère italienne, de père égyptien, d'être accueilli par une famille suisse, de vivre au Québec et d'être français! Une autobiographie délirante.)

---

a. «Le chromosome chatouilleux» ⸺

⸺

b. «Service non compris» ⸺

⸺

c. «Aïe ... Love You» ⸺

⸺

d. «Le gîte et le couvert» ⸺

⸺

chatouilleux, se · kitzlig
abri *(m.)* · Bunker
irradié · radioaktiv bestrahlt
aïe! · aua!

Übung 3 (3/15)

Erzählen Sie Marie-Thérèse von Ihrem Abend im *Café de la Gare* (einem *café-théâtre* in Paris). Beantworten Sie ihre Fragen mit Hilfe von Andreas.

2 (3/16)

C'est toi qui nous invites?
(H = Hélène, F = François)

H: François, j'ai des amis allemands qui viennent dîner ce soir à la maison. Où est-ce que je pourrais les emmener prendre un verre vers onze heures et demie?

F: Oh, il y a plusieurs points intéressants dans Paris. Tu as les lieux traditionnels: *Folies-Bergère ...*

H: Non, ça c'est trop cher ...

F: *Lido ...*

H: C'est moi qui paie!

F: *Régine, Castel,* des endroits ultra-snobs où il faut des cartes ...

H: Non.

F: Qu'est-ce que tu veux comme endroit?

H: Non, quelque chose de plus ...

126

8 Que faire ce soir?

Dialoge mit Übungen

F: Chaleureux? Sympathique?

H: Oui.

F: Plus intime?

H: Oui.

F: Ça c'est ... ça devient plus compliqué, alors, à ce moment-là ... Ou alors, ou alors, tu as *La Lumière*, tu as, tu as également *Le Mouvement*, et puis – c'est très parisien – les Champs-Elysées.

H: Ah ben, écoute, ça c'est une bonne idée – ils sont jamais venus à Paris.

F: Parce que ... écoute ... alors de toute façon, à ce moment-là, on peut très bien sortir ensemble, et puis sur les Champs, on va trouver un très joli bistro.

H: Ah, c'est toi qui nous invites?

F: Absolument!

à la maison	zu mir (nach Hause)
emmener	ausführen
vers	gegen
point *(m.)*	Punkt, Ort
lieu *(m.)*	Ort; *hier:* Lokal
endroit *(m.)*	
trop cher	zu teuer
carte *(f.)*	Club-, Mitgliedskarte
compliqué	schwierig
de toute façon	wie dem auch sei, überhaupt
à ce moment-là	in dem Fall, dann

um Staatsangehörige, so schreibt man groß: **un Allemand**, ein Deutscher; **les Français**, die Franzosen.

▶ **prendre un verre** einen trinken gehen (*wörtlich:* ein Glas nehmen). Umgangssprachlich heißt es oft auch **prendre un pot**.

Lido ... Régine, Castel ... La Lumière ... Le Mouvement sind Namen berühmter Pariser Nachtclubs.

▶ **quelque chose de plus ... chaleureux** etwas ... Wärmeres/Gemütlicheres. Beachten Sie das *de:* **quelque chose de bien** etwas Gutes.

sur les Champs auf den Champs(-Elysées). Merken Sie sich, dass es in diesem Fall sowie bei *boulevard* **sur** heißt, während man **dans** *la rue* sagt.

▶ **C'est toi qui nous invites?** Lädst *du* uns etwa ein (*wörtlich:* Bist du es, der ...)? **C'est ... qui** wird zur besonderen Betonung verwendet. Das Verb richtet sich in dieser Konstruktion immer nach dem Pronomen, nicht nach **qui: c'est moi qui paie, c'est vous qui payez** usw.

▶ **allemands** deutsche. Wenn **allemand, français, anglais, américain, espagnol** usw. die Funktion eines Adjektivs haben oder sich auf eine Sprache beziehen, werden sie klein geschrieben. Handelt es sich jedoch

Übung 4

Da Sie sich mittlerweile im Pariser Nachtleben ein wenig auskennen, dürfte es Ihnen nicht schwer fallen, für jeden Club bzw. Ort die richtige Beschreibung zu finden. Hören Sie sich den Dialog an und schreiben Sie die entsprechenden Buchstaben in die Kästchen.

8 Que faire ce soir?

Dialoge mit Übungen

1. □ endroit ultra-snob
2. □ lieu traditionnel
3. □ il faut des cartes
4. □ intime, sympa-
thique
5. □ très parisien
6. □ trop cher

a. La Lumière, Le
Mouvement
b. Castel, Régine
c. les Champs-Ely-
sées
d. Folies-Bergère,
Lido

Übung 5

Spielen Sie jetzt die Aufnahme noch einmal durch, suchen Sie die französische Version der folgenden Ausdrücke und schreiben Sie sie darunter.

a. Gegen halb zwölf einen trinken gehen . . .

_____

_____

b. Das ist zu teuer. _____

c. Ich bin diejenige, die zahlt. _____

_____

d. Etwas Gemütlicheres . . . _____

_____

e. Das wird schon schwieriger. _____

_____

f. Das ist eine gute Idee. _____

_____

g. Lädst *du* uns etwa ein? _____

_____

Übung 6 (3/17)

Sie sind auf Geschäftsreise in Paris und möchten heute Abend einige Ihrer deutschen Kollegen zu einem Drink ausführen, wissen aber nicht, wohin. Fragen Sie Yves um Rat. Andreas hilft Ihnen dabei.

3 (3/18)

Le soir à Caen
(B = Bernadette, H = hôtesse)

B: Bonjour, Madame . . .

H: Bonjour.

B: euh, je viens vous voir pour savoir ce qu'il est possible de faire le soir à Caen et dans les environs.

H: Oui, bien sûr. Je vais vous donner une petite documentation sur la ville – je vais d'abord vous donner un plan de Caen avec les rues piétonnes – principalement vous avez des restaurants . . .

B: Oui.

H: . . . des bars d'ambiance, des soirées de jazz, piano. Et vous avez également une liste de restaurants sur ce fascicule.

B: D'accord.

H: Euh voici. Euh, sur le dépliant, également, vous avez tous les monuments qu'on peut visiter, si vous êtes intéressée par une visite l'après-midi, si vous avez du temps devant vous . . .

B: Oui.

H: Et puis ce petit dépliant donc qu'on appelle le Quatorze-Poche, où vous avez le programme des cinémas – vous avez plusieurs cinémas à Caen, dont le grand cinéma le Gaumont, qui a sept salles, donc là vous avez tout un programme, hein, c'est assez varié, hein . . .

B: D'accord.

H: Les loisirs, les manifestations, donc le programme du théâtre . . . les discothèques sont indiquées également et puis de la publicité pour toute . . . les restaurants, les crêperies, etc.

B: D'accord. Je vous remercie beaucoup.

8 Que faire ce soir?

Dialoge mit Übungen

environs *(m. pl.)*	Umgebung
rues *(f. pl.)* piétonnes	Fußgängerzone *(wört-lich:* -straßen)
ambiance *(f.)*	Stimmung
soirée *(f.)*	Abend
également	auch, außerdem
fascicule *(m.)*	*hier:* Broschüre, Pro-spekt
dépliant *(m.)*	Faltblatt
dont	*hier:* darunter
varié	vielseitig, reichhaltig
manifestation *(f.)*	Veranstaltung
publicité *(f.)*	Reklame, Anzeigen
loisirs *(m. pl.)*	Freizeitbeschäftigungen, Freizeitgestaltung

le Quatorze-Poche ist der Name eines Veranstaltungskalenders im Taschen-format **(poche)**, der im Département Calvados erscheint. 14 **(quatorze)** ist die Nummer des Départements.

Übung 7

Aufgeschnappt! Hier geht es um verschie-dene Attraktionen der Stadt Caen, die von der *hôtesse* erwähnt wurden. Worauf bezieht sich jede dieser Unterhaltungen? Entschei-den Sie mit Hilfe der Aufnahme.

Nous avons vu «Diva».
C'est un film extra! Mais
les salles sont très petites
depuis qu'il y en a sept.

a. _____

Tu viens prendre un
verre? Il y a une bonne
ambiance et les cocktails
au calvados sont fameux!

b. _____

J'ai mangé un poulet
Vallée d'Auge qui était
excellent!

c. _____

Nous sommes sortis
samedi soir et nous avons
dansé toute la nuit.

d. _____

Il y avait le pianiste Joe
Turner. C'était une soirée
fantastique!

e. _____

Tiens, j'ai des billets pour
leur nouveau spectacle.
Tu as envie d'y aller?

f. _____

Übung 8

Das Stadttheater von Caen bietet seinen Abonnenten eine ganze Reihe von Vorteilen, und für Schüler *(scolaires)*, Arbeitslose *(chô-meurs)* und Besitzer eines Seniorenpasses *(carte vermeil)* gibt es reduzierte Eintritts-preise. Lesen Sie die Bedingungen auf Seite 130 genau durch und beantworten Sie die Fragen.

8 Que faire ce soir?

Dialoge mit Übungen

Les avantages de l'abonnement	Abonnés	Abonnement minimum	Par spectacle supplémentaire
L'abonnement de la Comédie de Caen vous donne droit à:	Individuels	100 €	20 €
Une réduction importante sur tous les spectacles (voir tarif).	Etudiants, – de 20 ans	80 €	17 €
La priorité de réservation. Vous pouvez réserver dans le mois qui précède le spectacle (une semaine seulement pour les non-abonnés).	Scolaires	70 €	15 €
	Non-abonnés par spectacle		30 €
Des réductions au cinéma Lux.	**Non-abonnés** scolaires, étudiants, chômeurs, carte vermeil		25 €
Spectacle(s) gratuit(s): si vous choisissez au moins 6 spectacles dans votre abonnement, vous bénéficiez d'1 spectacle gratuit.			

a. Wie lange im Voraus können Abonnenten buchen? _____
b. Wo bezahlen Theaterabonnenten ebenfalls weniger Eintritt? _____
c. Welcher Vorteil ist mit dem Abonnieren von mindestens sechs Vorstellungen verbunden? _____
d. Wie hoch ist der Preisunterschied pro Vorstellung für einen Schüler mit oder ohne Abonnement? _____
e. Für welche Besuchergruppe kostet das Abonnement 80 €? _____

Übung 9

Sie befinden sich im Informationsbüro der Stadt Nizza *(Nice)* und fragen Marie-Thérèse, was man abends unternehmen kann. Wie immer hilft Ihnen Andreas.

4

Une mauvaise expérience …?

Haben Sie je eine schlechte Erfahrung in einem Restaurant gemacht?

Caroline:
Euh non, j'ai pas trop de mauvais souvenirs, non, non – peut-être parce que je sais les choisir, je sais pas.

M. Hélie:
Euh, comme je vais assez rarement au restaurant, disons que cela m'arrive presque jamais.

Brigitte:
La plus mauvaise expérience ç'a été une tranche de foie de veau parfaitement saignante.

130   *8 Que faire ce soir?*

Dialoge mit Übungen

Mme Coste:
Oh oui, un jour nous étions dans une auberge en province, nous avions fait un très bon déjeuner, mais après je suis allée aux toilettes et j'ai vu deux cadavres de rats.

Alain:
Un soir en allant dîner au restaurant avec un ami, nous avons vu un serveur qui mangeait dans les plats qu'il allait nous servir.

Claude:
J'avais commandé une fois un truc terrible, des escargots avec des champignons très, très spéciaux, et il y avait pas de champignons spéciaux du tout, il y avait des champignons de conserve – c'était très mauvais et très, très cher.

souvenir *(m.)*	Erinnerung
tranche *(f.)*	Scheibe
veau *(m.)*	Kalb
parfaitement	völlig
auberge *(f.)*	Gasthof *(wörtlich: Herberge)*
serveur *(m.)*	Kellner, Bedienung
commander	bestellen
une fois	einmal
truc *(m.)*	Dings, Zeug *(umgangssprachlich)*
escargot *(m.)*	Schnecke
spécial; *m. pl.:* spéciaux	besonders
de conserve	aus der Dose

▶ **je sais les choisir** ich weiß sie zu wählen

▶ **cela (ne) m'arrive presque jamais** das (ein Reinfall) passiert mir fast nie. Merken Sie sich auch: **cela m'arrive d'aller à Paris** ich fahre manchmal nach Paris (= es kommt vor …).

▶ **la plus mauvaise** die schlimmste. Das Gegenteil ist **la meilleure**, die beste.

foie Leber. Dieses Wort ist männlich und sollte nicht mit den beiden weiblichen Wörtern **fois** (z. B. **la première fois** das erste Mal) und **foi** (Glauben) verwechselt werden. In der Aussprache unterscheiden sie sich nicht.

saignante bedeutet bei Fleisch normalerweise „rot", „nicht durch". Hier ist jedoch „roh" gemeint. **Saignante** bezieht sich auf **tranche** und ist daher weiblich.

aux toilettes, zur Toilette, wird in diesem Zusammenhang nur in der Mehrzahl verwendet, auch wenn es nur ein WC gibt!

qui mangeait dans les plats der von den Speisen/aus den Schüsseln aß. (**Le plat** hat beide Bedeutungen.) Beachten Sie, dass es hier **dans** heißt. Das Gleiche gilt für **dans mon assiette** von/auf meinem Teller

▶ **terrible** *hier:* furchtbar, schlimm. In der Umgangssprache bedeutet es jedoch oft das Gegenteil: **un film terrible**! ein toller Film!

8 Que faire ce soir?

Dialoge mit Übungen

Übung 10

Hören Sie sich jede der interviewten Personen noch einmal getrennt an und entscheiden Sie dann, welche Feststellung den Tatsachen entspricht.

a. *Caroline*
- ☐ Je ne me souviens pas.
- ☐ Je sais où il faut aller.

b. *M. Hélie*
- ☐ Cela m'arrive d'aller au restaurant.
- ☐ Je ne mange jamais au restaurant.

c. *Brigitte*
- ☐ Le foie de veau n'était pas assez cuit.
- ☐ Le foie de veau était parfaitement cuit.

d. *Mme Coste*
- ☐ Aux toilettes, j'ai vu deux rats.
- ☐ Après le dîner, j'ai vu deux rats.

e. *Alain*
- ☐ Le serveur mangeait dans les assiettes avant de servir.
- ☐ Le serveur mangeait ce que les clients avaient laissé.

f. *Claude*
- ☐ Les champignons étaient très ordinaires.
- ☐ Il n'y avait pas de champignons du tout.

Übung 11

Sie haben in einem Restaurant einen Reinfall erlebt und schreiben nun an die Redaktion eines Restaurantführers, der das Lokal empfohlen hat. Übersetzen Sie diesen Briefentwurf.

pas du tout · überhaupt nicht
aimable · freundlich, liebenswürdig

Sehr geehrte Damen und Herren,

normalerweise kenne ich mich mit Restaurants gut aus, aber gestern Abend habe ich sehr schlechte Erfahrungen in "La Boule d'Or" in Lyon gemacht: Die Bedienung war überhaupt nicht freundlich, und wir beobachteten einen Kellner, als er von den Speisen aß, die er uns dann servierte. Das Essen war sehr schlecht und sehr teuer.

Mit freundlichen Grüßen

---

8 Que faire ce soir?

Dialoge mit Übungen

Übung 12

Sie sind mit Ihrer Mahlzeit in einem Restaurant unzufrieden und verlangen nach dem *patron*. Folgen Sie den Anweisungen von Andreas.

Wichtige Wörter und Ausdrücke

hier soir	gestern Abend
je suis allé(e) au café-théâtre	bin ich ins *café-théâtre* gegangen
j'y vais de temps en temps	ich gehe dort ab und zu hin
ça me fait plaisir	das macht mir Spaß
Comment ça se passe?	Wie geht das vor sich?
Il y a du monde?	Sind viele Leute da?
on s'assied	man setzt sich hin
fume	raucht
boit	trinkt
c'est trop cher	das ist zu teuer
dc toute façon	wie dem auch sei,
c'est moi qui paie	ich bin es, der/die zahlt
le spectacle dure une heure	das Stück/die Vorstellung dauert eine Stunde
il y en a d'autres …	es gibt noch andere …
Où est-ce que je pourrais emmener des amis allemands prendre un verre?	Wo könnte ich deutsche Freunde auf einen Drink ausführen?
quelque chose de plus chaleureux	etwas Wärmeres/Gemütlicheres
vous avez une liste	sie finden eine Liste
d'endroits sur ce dépliant	von Orten/Lokalen auf diesem Faltblatt

8 Que faire ce soir?

Grammatik mit Übungen

il y a

Wie Sie bereits wissen, bedeutet *il y a* so viel wie „es gibt/ist/sind":
Il y a un théâtre. Es gibt (dort) ein Theater.
Il y a des restaurants. Es gibt Restaurants.
Il n'y a pas beaucoup de monde. Es sind nicht viele Leute da.

Merken Sie sich auch:
Il y en a cinq. Es gibt fünf (davon).
Il y en a d'autres. Es gibt noch andere.
und die Frage:
Qu'est-ce qu'il y a? Was gibt's/Was ist los?

Il y a wird jedoch auch in einem ganz anderen Zusammenhang gebraucht, nämlich als Zeitangabe, und dann entspricht es „vor":
Il y a dix ans. Vor zehn Jahren.
Il y a un mois, je suis allé à Caen. Vor einem Monat bin ich nach Caen gefahren.

Wenn Sie „es gab/war/waren" sagen möchten, benutzen Sie *il y avait*:
Il y avait beaucoup de gens dans le train. Es waren viele Leute im Zug.

Übung 13

Übersetzen Sie die folgenden Sätze mit *il y a*:

a. Es gibt *cafés-théâtres* in *(à)* Paris. _____

b. Mir gefällt das *Café de la Gare*, aber es gibt noch andere. _____

c. Wir haben die Eintrittskarten vor drei Wochen bezahlt. _____

d. Ich bin vor fünfzehn Jahren nach Paris gegangen. _____

e. Sie *(vous)* haben nichts gegessen! Was ist (denn) los? _____

f. Es waren sehr viele Leute am Strand. _____

on und soi

On entspricht dem deutschen „man":
On boit, on fume. Man trinkt, man raucht.
On entre comme ça. Man kommt (auch) so hinein.

In Verbindung mit *on* ist das Wort für „sich" *soi*:
On travaille pour soi. Man arbeitet für sich.
On a les acteurs tout près de soi. Man hat die Schauspieler ganz nah vor sich.

Sicher wird Ihnen auch der Ausdruck *chacun pour soi* (jeder für sich selbst) begegnen.

Grammatik mit Übungen

s'asseoir und être assis

Wie im Deutschen unterscheidet man auch im Französischen zwischen

s'asseoir   sich setzen

je m'assieds/je m'assois   ich setze mich

être assis   sitzen

je suis assis(e)   ich sitze

Und so sieht das Präsens von *s'asseoir* aus:
je m'assieds/m'assois
tu t'assieds/t'assois
il/elle s'assied/s'assoit
nous nous asseyons/nous assoyons
vous vous asseyez/vous assoyez
ils/elles s'asseyent/s'assoient

Weitere Beispiele:
Assieds-toi. Setz dich.
Asseyez-vous. Setzen Sie sich.
Ils ne s'assoient pas. Sie setzen sich nicht.
Nous allons nous asseoir. Wir werden uns setzen.

Die Perfektform von *je m'assieds* ist *je me suis assis(e)*, ich habe mich gesetzt. Die Vergangenheitsform von *je suis assis(e)* lautet *j'étais assis(e)*, ich saß.

Übung 14

Übersetzen Sie die folgenden Sätze.

a. Setz dich neben deine Schwester. _____

b. Er wird sich setzen. _____

c. Sie sitzt vor Ihnen/dir. _____

d. Sie *(ils)* setzen sich nicht an unseren Tisch.

e. Möchten (wollen) Sie sich setzen? _____

8 Que faire ce soir?

Leseübungen

L'embarras du choix! Sie möchten in Paris essen gehen und wissen nicht wohin. Vielleicht ist hier etwas für Ihren Geschmack und Geldbeutel dabei.

★ RESTAURANTS ★

★ **LA CASITA,** 9, rue Washington. 01-45-61-00-38. Fermé samedi et dimanche.

★ **AU COCHON DE LAIT,** 7, rue Corneille (6ᵉ). 01-43-26-03-65. Tous les jours déjeuner, dîner jusqu'à 23 h 30. Crotin chaud, magret au cassis, mousse au chocolat blanc. P.m.r. 35 €.
Fermeture annuelle jusqu'au 21 septembre.

AUX 5 PAINS D'ORGE
29. rue Surcouf – 01-47-05-86-31
MENUS à 15 € et 30 €
Vin et service en sus
Salade fantaisie avec foie gras : 8 €
Homard, langoustes, grillades,
soupe de fruits flambés, etc.
On sert jusq. 24 h. F. mercredi

★ LA BELLE FRANCE
★ Restaurant au 1ᵉʳ étage de la Tour Eiffel. Réservation : 01-45-55-20-04. Vue panoramique, parking gratuit sous la Tour. (Prix moyen 30 € T.T.C.).

★ **LA BELLE EPOQUE,** 36, rue des Petits-Champs. 01-42-96-33-33. Tous les soirs dîner-spectacle dansant.

★ **BERKELEY,** 7, av. Matignon (8ᵉ). 01-42-25-47-79. Ouvert t.l.J. jusq. 2 h mat Ambiance musicale.

★ **LE B'ŒUF,** 96, rue La Boétie. 01-42-25-37-19. L'œuf et le bœuf bien traités. P.M.R. 25 €. Fermé dimanche.

★ **LA BONNE FOURCHETTE,** 320, rue Saint-Honoré. 01-42-60-45-27. F. samedi et dimanche midi.

★ LE DAUPHIN
44, rue du Bac
(7ᵉ) 01-45-48-21-30
(Bistrot). Ambience musicale. Menu : 25 € service compris. Ouvert tous les jours jusqu'à 2 h du matin. Cuisine traditionnelle. Foie gras. Spécialités de Magret de canard.

𝕷𝖆 𝕮𝖆𝖑𝖆𝖛𝖆𝖉𝖔𝖘
40, av. Pierre-1ᵉʳ-de-Serbie
Corner avenue George V
01-47-720-21-16 – 01-47-720-31-39
Joe Turner, Los Latinos, Song and guitar
OUVERT TOUS LES JOURS – JOUR ET NUIT – AIR CONDITIONNE
En cuisine : le Chef Jean BOUDSOCQ

T.T.C. · toutes taxes comprises
t.l.j. · tous les jours
mat. · matin
P.M.R. · prix moyen du repas

Übung 15

a. In welchen Restaurants kann man nach Mitternacht essen? _____

b. Wo können Sie sonntags zu Abend, aber nicht zu Mittag essen? _____

c. Auf welche beiden Hausspezialitäten spielt der Name LE B'ŒUF an? _____

d. Welches Restaurant bietet kostenloses Parken und eine fantastische Aussicht? _____

e. Wo kann man essen, tanzen und eine Show sehen? _____

f. Wo bekommt man als Dessert weiße Schokoladen-Creme? _____

g. Welches Restaurant ist besonders stolz auf seinen Küchenchef? _____

Brauchen Sie saure Gurken um Mitternacht, Aspirin um zwei Uhr morgens oder einen Bus um vier Uhr früh? – In Paris ist nichts unmöglich, wie der folgende Auszug aus *Paris mon amour* beweist:

136   *8 Que faire ce soir?*

Courses de Nuit

SUPERMARCHES

AS ECO, 11, rue Brantôme, 3ᵉ (01-42-74-30-19). Non stop, du lundi 9 h au samedi 21 h, parking gratuit. Depuis deux ans, As Eco tente au cœur de Paris l'expérience d'un supermarché ouvert jour et nuit. Le jour, pas de problème. Mais après 22 h, loubards et clochards envahissent les lieux. La direction paie donc neuf vigiles (cinq à l'entrée et quatre dans les rayons) et interdit l'accès aux personnes non-titulaires d'une «carte de fidélité» (sic), avec photo d'identité, entre 22 h et 7 h. Pour avoir la carte, il faut venir dans la journée avec une pièce d'identité. Et en fait, la nuit, l'entrée se fait «à la tête du client», selon l'humeur des vigiles, comme dans les boîtes de nuit. Charmant. De plus, par arrêté préfectoral, la vente d'alcool (bière comprise) est interdite après minuit.

VINIPRIX: 102–104, av. du Général-Leclerc, 14ᵉ (01-45-41-78-54). Jusqu' à 22 h, sauf dim.

EPICERIES

A L'AN 2000, 82, bd des Batignolles, 17ᵉ (01-43-87-24-67).
De tout, t.l.j. de 17 h à 1 h.
LIBRE SERVICE: 33, bd de Clichy, 9ᵉ (01-42-85-16-38).
De tout, de 14 h à 5 h sauf mercredi. Sans oublier les
DRUGSTORES, ouverts jusqu' à 2 heures. On y trouve journaux, livres, cadeaux, vidéo, hi-fi, parfums, pharmacies, comestibles, etc.
CHAMPS-ELYSEES: 133, Champs-Elysées, 8ᵉ (01-47-20-94-40).
OPERA: 6, bd des Capucines, 9ᵉ (01-42-66-90-27).
ST-GERMAIN: 149, bd St-Germain, 6ᵉ (01-42-22-92-50).

PHARMACIES

PHARMACIE DHERY:
Galerie des Champs-Elysées, 84, Champs-Elysées, 8ᵉ (01-45-42-02-41). La seule ouverte 24 h sur 24, 365 jours par an. Ils vendent forcément des somnifères.
Et les **DRUGSTORES:** jusqu' à 2 h.

Omnuit-bus

Il fait nuit noire à Paris. Trop tard pour le métro. Le taxi? Trop cher. Une solution: les bus de nuit.
A force de retrouver les mêmes têtes, le bus fait salon: on y parle sport, tiercé, politique et revendications ... Dix lignes assurent la liaison entre Châtelet et les principales portes de Paris. Ils se rangent en «L», toutes les demies des heures (de 1 h 30 à 5 h 30), à l'angle de l'avenue Victoria et de la rue de la Tacherie et dans l'autre sens toutes les heures aux principales portes de Paris. Les bus de nuit circulent depuis décembre 1955 et pourtant ils sont méconnus: 800 à 1000 personnes les empruntent chaque nuit ... contre 1,5 million dans la journée!

---

courses *(f. pl.)* de nuit · Einkaufen bei Nacht
loubard *(m.)* · Rowdy
clochard *(m.)* · Vagabund
vigile *(m.)* · Wachmann
rayon *(m.)* · hier: Abteilung, Regal (Supermarkt, Kaufhaus)
titulaire · Inhaber
pièce *(f.)* d'identité · Ausweis
«à la tête du client» · nach Aussehen des Kunden
boîte *(f.)* de nuit · Nachtclub
comestibles *(m. pl.)* · Lebensmittel
omnuit-bus = omnibus + nuit
à force de · dadurch, dass (man)
revendication *(f.)* · (Lohn-)Forderung
méconnu · verkannt

Übung 16

a. Wann ist der Supermarkt As Eco geschlossen? _____
b. Welche Probleme sind mit Nachtöffnungszeiten verbunden? _____
c. Wie bekommt man eine Mitgliedskarte? _____
d. Was kann man nach Mitternacht nicht mehr kaufen? _____
e. Was finden Nachtbummler in einem „drugstore"? _____
f. Warum ist die Atmosphäre auf Nachtbussen freundlich? _____
g. Wieviele Busse fahren jede halbe Stunde vom Châtelet ab? _____

Radioübungen

Sprechen Sie selbst

In beiden Rundfunkbeiträgen geht es um Restaurants: Gourmet und Kritiker Philippe Couderc stellt zunächst ein Restaurant im amerikanischen Stil *(para-américain)* vor, *Le Hollywood Canteen*. Dann bespricht er ein neues Pariser Restaurant mit guter französischer Hausmannskost: *La Gitane*.

resignaler · nochmals darauf hinweisen
la une · die Nummer Eins
si j'ose dire · wenn ich so sagen darf
quasiment · quasi, fast
propriétaire *(m., f.)* · Besitzer(in)
monter une affaire · ein Geschäft gründen
prendre la peine · sich die Mühe machen

Übung 17 (3/22) – (3/23)

Entscheiden Sie, welches Restaurant mit den folgenden Bemerkungen gemeint ist, und schreiben Sie H für *Hollywood Canteen* bzw. G für *La Gitane* in die entsprechenden Kästchen. Beantworten Sie dann die Fragen.

a. ☐ nouveau à Deauville
☐ cuisine comme à la maison
☐ adresse: avenue de la Motte-Picquet
☐ décoré avec des photos de films
☐ coûte environ cent francs
☐ ambiance franco-américaine
☐ mêmes propriétaires que *La Gauloise*
☐ cuisine faite avec des produits frais
☐ comme un bistro à New York

b. Was kann Philippe Couderc nur schwer verstehen? _____

_____

c. Warum sollten Restaurants ihren Ruhetag nicht auf einen Sonntag legen? _____

Übung 18 (3/24)

Erzählen Sie französischen Freunden so ausführlich wie möglich über das Nachtleben in Ihrer Stadt oder Gegend. Hören Sie dann, was Yves' Heimatort in dieser Hinsicht zu bieten hat.

Übung 19 (3/25)

Beschreiben Sie Ihren Freunden jetzt Ihr Lieblingsrestaurant (oder schimpfen Sie über einen Reinfall). Marie-Thérèse schwärmt anschließend vom *L'Hysope* in Paris, wo mit Erfolg neue Gerichte kreiert werden.

8 Que faire ce soir?

9 A votre santé!

Sie lernen in dieser Unité:

- zu beschreiben, was Ihnen fehlt
- etwas über Apotheken, Medikamente und die Aufgaben von *pompiers*
- zu erzählen, wie Sie sich fit halten

... und was Franzosen vom Trinken und Rauchen halten.

Wegweiser

Dialoge: Hören Sie zunächst dem Dialog 1 bei geschlossenem Buch zu; anschließend hören Sie ihn sich bei geöffnetem Buch an (wenn nötig, mehrmals). Studieren Sie ihn dabei sorgfältig Zeile für Zeile unter Zuhilfenahme des angegebenen Vokabulars und der Erklärungen. Bearbeiten Sie dann die zum Dialog gehörenden Übungen.

Anschließend verfahren Sie mit den Dialogen 2, 3 und 4 ebenso.

Prägen Sie sich die *Wichtigen Wörter und Ausdrücke* (S. 148) gut ein.

Arbeiten Sie die *Grammatik* einschließlich der Übungen (S. 149–150) durch.

Nun sind die *Leseübungen* (S. 151–152) an der Reihe.

Hören Sie sich die beiden *Radioauszüge* an und bearbeiten Sie die entsprechenden Übungen (S. 153). (Hören Sie sich die Radioauszüge an, sooft Sie wollen, versuchen Sie aber, nicht auf die Texte im Begleitheft zu sehen. Im Buch finden Sie Vokabeln und Erklärungen abgedruckt, die Ihnen das Verständnis erleichtern.)

Machen Sie die offenen Sprechübungen im Abschnitt *Sprechen Sie selbst* (S. 154). Hören Sie sich dann zum Vergleich die Beispielversionen auf der CD an.

Hören Sie sich alle Dialoge und Radiotexte noch einmal ohne Buch an.

Dialoge mit Übungen

1 (3/26)

Des douleurs un peu partout
(P = pharmacienne, C = Mme Coste)

P: Bonjour, Madame.

C: Bonjour, Madame. Madame, je viens vous voir, car mon mari est souffrant. Il a des douleurs un peu partout et il a très mal au ventre, il a un peu de diarrhée. Alors, que pourriez-vous me conseiller comme médicament?

P: A-t-il de la température?

C: Il a un peu de température – il fait 37,8.

P: Oh, je pense que c'est un petit peu de grippe intestinale. Je vais vous donner un antiseptique pour l'intestin, sous forme de gélules – deux à trois par jour – et de *l'Aspégic* pour lui calmer ses, ses douleurs réparties un petit peu partout et le début de température.

souffrant	krank, unwohl; *wörtlich:* leidend
douleur *(f.)*	Schmerz
un peu partout	so ziemlich überall
diarrhée *(f.)*	Durchfall
répartir	verbreiten

▶ **il a très mal au ventre** er hat starke Bauchschmerzen. Ebenso: **j'ai mal à la gorge/tête**, ich habe Hals-/Kopfschmerzen. „Kopfschmerzen" sind **des maux** *(m. pl.)* **de tête**. Anders verhält es sich mit **j'ai mal au cœur**: hier geht es nicht etwa um's Herz, sondern es bedeutet „mir ist schlecht".

il fait 37,8 er hat 37,8 (Fieber)

▶ **Que pourriez-vous me conseiller comme médicament?** Was könnten Sie mir als Medikament empfehlen? Das Wort für „Arzt" ist **un médecin**.

▶ **sous forme de gélules** in Form von Kapseln. „In Tablettenform" heißt **sous forme de comprimés** und „in Form von Zäpfchen" **sous forme de suppositoires**. Merken Sie sich auch das Wort **posologie** *(f.)* Dosierung.

Aspégic Handelsname eines aspirinhaltigen Medikaments

Übung 1

Hören Sie sich das Gespräch noch einmal an und füllen Sie dann Monsieur Costes Krankenbericht aus.

Patient klagt über:

a. allgemeine Schmerzen
- ☐ ja
- ☐ nein

b. konzentrierten Schmerz
- ☐ Kopf
- ☐ Bauchgegend

c. Nebenerscheinungen
- ☐ Durchfall
- ☐ Übelkeit

d. Temperatur _____

e. Diagnose _____

140

9 A votre santé!

Dialoge mit Übungen

f. Behandlung

für den Darm _____

in Form von _____

Dosierung _____

gegen Schmerzen und Temperatur _____

_____

Übung 2

Lesen Sie jetzt die folgende Reklame für ein Grippemittel genau durch und übersetzen Sie dann das Gespräch zwischen einem Apotheker und einer Kundin. Benutzen Sie dazu Ausdrücke des Werbetexts.

Bien passer l'hiver

Vous pensez avoir pris froid. Vous vous sentez fatigué. Peut-être avez-vous mal à la tête, des frissons, des courbatures ...? Vous couvez quelque chose. Vous avez peur d'attraper la grippe.

La réponse Oscillococcinum®

Il est conseillé de prendre 1 dose, matin et soir, pendant 1 à 3 jours (laisser fondre le contenu de la dose entière dans la bouche).

---

frissons *(m. pl.)* · Schüttelfrost

courbatures *(f. pl.)* · Muskelschmerzen

couver · *wörtlich:* etwas ausbrüten (Krankheit)

attraper · sich anstecken, bekommen

fondre · zergehen, schmelzen

Kunde: Mir steckt etwas in den Gliedern: Ich fühle mich sehr müde, und mir tut alles weh.

Apotheker: Haben Sie Kopfschmerzen und Schüttelfrost?

Kunde: Ja – ich habe Angst, die Grippe zu bekommen.

Apotheker: Sie haben sich einfach erkältet. Nehmen Sie dieses Medikament morgens und abends, während einer Woche.

Übung 3 3/27

Beschreiben Sie Marie-Thérèse (in der Rolle der Apothekerin) Ihre hoffentlich erfundenen Symptome. Folgen Sie wieder Andreas.

9 A votre santé!

141

Dialoge mit Übungen

2 (3/28)

L'aspirine sans contrôle médical?
(SM = Sœur Marie, M = Michel)

SM: Le médicament que l'on rencontre le plus souvent lorsque les personnes arrivent, c'est l'aspirine, parce que les personnes âgées ont ... des rhumatismes, des épisodes douloureux, et elles ont l'habitude de prendre de l'aspirine sans contrôle médical, sans surveillance. Et on les met en garde: l'aspirine est un très bon médicament, mais ... il faut une surveillance médicale. Prise à grosses doses, elle risque de donner des ulcères gastriques ou des hémorragies. Alors, c'est comme tout médicament – il ne faut pas le prendre de façon habituelle sans contrôle médical.

M: Et on peut le prendre à n'importe quel moment?

SM: Alors, je crois qu'il est préférable de le prendre au cours du repas, de façon à ce que le médicament se trouve mélangé aux aliments. Ainsi la paroi gastrique n'est pas, est moins atteinte. De même il est recommandé de ne pas prendre d'alcool, enfin, tout au moins de ne pas en abuser, à cause, justement, des effets sur la paroi gastrique.

rencontrer	begegnen, antreffen
épisode *(m.)*	Anfall, Zustand
contrôle *(m.)*	Aufsicht,
surveillance *(f.)*	Überwachung
ulcère *(m.)* gastrique	Magengeschwür
hémorragie *(f.)*	Blutung
au cours de	während, im Verlauf
mélanger	vermischen
aliment *(m.)*	Nahrung
paroi *(f.)* gastrique	Magenwand
atteindre	*hier:* angreifen
justement	eben, gerade
effet *(m.)*	Auswirkung

▶ **elles ont l'habitude de** sie haben die Gewohnheit/sind es gewöhnt zu. **Elles** bezieht sich auf **personnes** *(f. pl.)* **âgées**. Das Krankenhaus, in dem Sœur Marie arbeitet, ist hauptsächlich Altenpflegeheim.

▶ **on les met en garde** wir warnen sie

à n'importe quel moment jederzeit. Im Grammatikteil auf S. 149 finden Sie verschiedene Ausdrücke mit **n'importe**.

de façon à ce que so dass

il est recommandé es empfiehlt sich

▶ **tout au moins de ne pas en abuser** wenigstens nicht im Übermaß

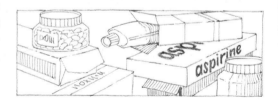

Übung 4

Die Antworten zu folgendem Kreuzworträtsel sind alle im Dialog enthalten. Das Lösungswort in den fett gedruckten Kästchen ist ein bekanntes Schmerzmittel.

Dialoge mit Übungen

a. Ça soulage vos douleurs.
b. Posologie.
c. La ... gastrique.
d. Les personnes âgées en souffrent.
e. Maladie gastrique.
f. Nourriture.
g. Surveillance.
h. Les rhumatismes sont ...

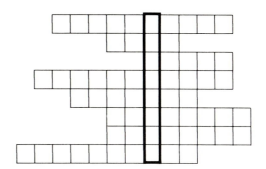

Übung 5

Stellen Sie sich vor, Sie seien in Frankreich auf Urlaub und brauchen für einen Mitreisenden ein Medikament. Die Packung enthält die folgende Beschreibung, und man bittet Sie, diese zu übersetzen. Es geht nicht um eine genaue Wiedergabe des Wortlauts, sondern um die für den Patienten wichtigen Informationen.

Posologie
Se conformer strictement à la prescription du médecin.
Posologie usuelle: un comprimé deux fois par jour, matin et soir.

Effets indésirables
Très rares troubles digestifs, maux de tête.

Précautions d'emploi
L'attention est appelée, notamment chez les conducteurs de véhicules et les utilisateurs de machines, sur les risques de somnolence attachés à l'emploi de ce médicament.

L'absorption simultanée d'alcool est formellement déconseillée.

Übung 6

Yves stellt Ihnen jetzt ein paar Fragen über die Nebenwirkungen von Aspirin. Halten Sie die CD nach jeder seiner Fragen an und halten Sie sich an die rechts aufgeführten Fakten.
Wiederholen Sie die Übung zwei oder drei Mal, bis Sie ohne Unterbrechung antworten können.

– Wird Aspirin in großen Mengen eingenommen, so kann es Magengeschwüre und Blutungen verursachen.
– Am besten nimmt man es zu den Mahlzeiten ein.
– Die Magenwand wird (in diesem Fall) weniger angegriffen.
– Man sollte keinen Alkohol zu sich nehmen, wenn man Aspirin einnimmt.

9 A votre santé!   143

Dialoge mit Übungen

3 (3/30)

Pas trop de frites ...
(D = Danielle, C = Chantal)

D: Ah! je suis fatiguée! Toi, tu as toujours bonne mine, tu es en forme, tu es pleine d'énergie – comment tu fais?

C: Ben, j'ai tout un programme. Je fais des exercices, par exemple. Trois fois par semaine, je fais de la gymnastique. Ma sœur m'a donné un disque d'aérobic et trois fois par semaine j'écoute le disque et je fais les exercices.

D: Toute seule?

C: Oh non, non, je suis pas toute seule – c'est difficile toute seule – mais j'ai des copines qui viennent à la maison, et puis on fait ça ensemble. Et je t'assure, à la fin de la semaine, on est vraiment en forme, on se sent vraiment mieux.

D: Et tu suis un régime?

C: Pas vraiment un régime, m'enfin ... je fais attention à ce qu'on mange. Euh, je fais attention à pas manger des, trop de graisse, et puis pas trop de gâteaux, de choses comme ça. Euh, puis je fais attention à ce que les enfants mangent aussi. Je leur donne pas trop de frites, par exemple – ils rouspètent, ils en voudraient davantage, mais enfin, je sais bien que c'est bon pour eux!

disque *(m.)*	Schallplatte
copain *(m.)*/ copine *(f.)*	*umgangssprachlich:* Freund/ Freundin
assurer	versichern
graisse *(f.)*	Fett
rouspéter	meckern, aufmucken

▶ **tu as toujours bonne mine** du siehst immer blendend aus

▶ **tu es en forme, tu es pleine d'énergie** du bist in Form, du bist voller Energie

▶ **comment tu fais?** wie machst du das (bloß)?

▶ **on se sent vraiment mieux** man fühlt sich wirklich besser

▶ **Tu suis un régime?** Machst du eine Diät? Das Verb ist **suivre**, folgen.

m'enfin Kurzform von **mais enfin,** aber immerhin

▶ **je fais attention** ich passe auf

pas trop de gâteaux, de choses comme ça nicht zuviel(e) Kuchen (Kekse) und sowas. Beachten Sie den Gebrauch von **de** anstatt **des** nach der Verneinung **(ne) ... pas** (Grammatik S. 149).

Merken Sie sich auch **quelque chose comme ça** sowas (Ähnliches) für den Fall, dass Ihnen ein bestimmtes Wort nicht einfällt.

ils en voudraient davantage sie hätten gern mehr davon

je sais bien que c'est bon pour eux ich weiß wohl, dass es gut für sie ist (d. h. nicht zu viele Pommes frites zu essen)

Dialoge mit Übungen

Übung 7

Im Anschluss an das Gespräch mit Danielle schrieb Chantal an ihre Schwester. Falls nötig, hören Sie sich den Dialog noch einmal an, aber lesen Sie nicht den Text. Setzen Sie das passende Wort in jede Lücke. *Je t'embrasse* entspricht in etwa „alles Liebe" (*wörtlich:* ich umarme dich).

exercices	disque	bonne mine
se sent	maison	en forme
par semaine	comment	copines

... D'ailleurs, tu te souviens de Danielle? Elle m'a dit aujourd'hui que j'avais toujours _____ _____ et que j'étais toujours _____ _____. Elle m'a demandé _____ je faisais. Je lui ai dit que c'était à cause du _____ que tu m'as donné. Trois fois _____ _____, je l'écoute et je fais les _____. J'ai des _____ qui viennent à la _____ et on fait ça ensemble. A la fin de la semaine, on _____ _____ vraiment mieux. Alors, encore une fois, merci pour le disque! Je t'embrasse. Chantal

Übung 8

Que faire pour être en forme? Vervollständigen Sie jeden Ratschlag mit *un, de, de la, du* oder *des*.

Pour être en forme, il faut ...

a. faire ____ sport
b. faire ____ gymnastique
c. suivre ____ régime
d. faire ____ exercices
   et il ne faut pas manger ...
e. beaucoup ____ gâteaux
f. trop ____ graisse
g. trop ____ frites

Übung 9 (3/31)

Ein Freund (Yves), den Sie lange nicht gesehen haben, ist von Ihrem blendenden Aussehen beeindruckt. Erzählen Sie ihm mit Hilfe von Andreas, warum. Denken Sie an die Adjektivendungen (*je suis plein* bzw. *pleine d'énergie*)!

9 A votre santé! 145

Dialoge mit Übungen

4 (3/32)

Les pompiers au bout du fil
(B = Brigitte, R = Lieutenant Richepain)

B: Lieutenant, que doit-on faire en France pour obtenir des secours en cas d'accident?

R: Bien, alors, écoutez: pour ce qui concerne la ville de Paris et la proche banlieue, il vous suffit d'entrer dans une cabine téléphonique, de chiffrer le 18, et vous avez immédiatement les pompiers au bout du fil. Vous expliquez donc ce qu'il vous arrive et dans la minute qui suit vous avez des pompiers sur place qui sont à même de traiter tous les problèmes concernant les accidentés.

B: Quelles sortes d'accidents avez-vous en général?

R: Bien écoutez, le ... c'est un éventail assez vaste, mais il y a les accidents de circulation, les asphyxiés, les tentatives de suicide de toutes sortes: les noyés, les asphyxiés, les électrisés, électrocutés; ça représente 25 à 30 pour-cent de nos interventions, alors que le feu, lui, ne représente que 10 à 12 pour-cent.

obtenir	bekommen
secours *(m.)*	Hilfe
proche banlieue *(f.)*	naher Vorort
traiter	behandeln
accidenté *(m.)*	Unfallopfer, Verunglückter
éventail *(m.)*	Spanne (*wörtlich:* Fächer)
accident *(m.)* de circulation	Verkehrsunfall

asphyxié *(m.)*	Erstickter
tentative *(f.)* de suicide	Selbstmordversuch
noyé *(m.)*	Ertrunkener
intervention *(f.)*	Einsatz

▶ **il vous suffit de ...** Sie brauchen nur zu ... (siehe Grammatik S. 150)

chiffrer le 18 die 18 wählen. Der normalerweise gebrauchte Ausdruck für „wählen" ist **composer**.

▶ **pompiers** heißt an sich Feuerwehr (-leute), doch wie aus dem Gespräch mit Lieutenant Richepain hervorgeht, macht die Feuerbekämpfung nur einen geringen Anteil ihres Aufgabenbereichs aus.

▶ **au bout du fil** an der Strippe (*wörtlich:* am Ende der Leitung)

▶ **ce qu'il vous arrive** was Ihnen passiert (ist). **Il arrive**, es passiert, wird hier als unpersönliche Wendung gebraucht wie auch **il suffit**, es genügt.

dans la minute qui suit innerhalb einer Minute/der nächsten Minute

qui sont à même de ... die in der Lage sind, zu ...

les électrisés, électrocutés Personen, die einen elektrischen Schlag bekommen haben (Lieutenant Richepain berichtigt sich)

146   *9 A votre santé!*

Dialoge mit Übungen

alors que le feu, lui, ne représente que ... während Feuer nur ... ausmacht. Ein anderes Wort für „Brand" ist **incendie** *(m.)*.

Übung 10

Was geschieht in einem Notfall? Entscheiden Sie mit Hilfe der Aufnahme, welche Behauptungen richtig bzw. falsch sind.

	vrai	faux
a. Dans la proche banlieue parisienne, on compose le 19 pour appeler les pompiers.	☐	☐
b. Les pompiers arrivent dans la minute qui suit un appel.	☐	☐
c. On appelle les pompiers quand il y a un accident de voiture.	☐	☐
d. On ne doit pas appeler les pompiers quand il y a une tentative de suicide.	☐	☐
e. Les pompiers s'occupent de toutes sortes d'accidents.	☐	☐
f. Le feu représente 25 à 30 % des interventions des pompiers.	☐	☐

Übung 11

Im weiteren Verlauf des Gesprächs erzählte Lieutenant Richepain noch mehr über die *pompiers de Paris* ganz allgemein und über seine eigene Feuerwache, le *Centre de secours de Colombier.* Notieren Sie dazu auf Deutsch je drei Tatsachen, die aus seinem Bericht hervorgehen.

Les pompiers de Paris sont les seuls pompiers militaires du monde (sauf les pompiers marins de Marseille). Nous n'avons pas le droit de grève. La moyenne d'âge des pompiers de Paris est de 20 à 22 ans – partout ailleurs c'est de 40 à 45. Il faut avoir la foi pour faire ce métier. Ici, au Centre de secours de Colombier, il y a deux lieutenants. Nous sommes les seuls officiers du Centre, et l'un ou l'autre de nous doit être là tout le temps. Alors, pendant les vacances de l'un, l'autre doit être là, 24 heures sur 24, pendant un mois entier.

Pompiers de Paris	Centre de secours de Colombier
a. _____	**a.** _____
_____	_____
_____	_____
b. _____	**b.** _____
_____	_____
_____	_____
c. _____	**c.** _____
_____	_____
_____	

Übung 12 (3/33)

Marie-Thérèse möchte wissen, was man in Paris in einem Notfall tut. Holen Sie sich Ihre Antworten aus dem Dialog und schreiben Sie die Einzelheiten zur Gedächtnisstütze auf. Wiederholen Sie diese Übung, beim zweiten Durchgang möglichst ohne Pausen.

9 A votre santé!

Wichtige Wörter und Ausdrücke

j'ai mal au ventre/à la tête — ich habe Bauch-/Kopfschmerzen

j'ai des douleurs un peu partout — mir tut alles weh

j'ai la diarrhée — ich habe Durchfall

   des maux de tête — Kopfschmerzen

Que pourriez-vous me conseiller — Welches Medikament könnten Sie

   comme médicament? — mir empfehlen?

c'est sous forme de gélules/ — es ist in Kapsel-/

   comprimés/suppositoires — Tabletten-/Zäpfchenform

voilà la posologie — hier ist die Dosierung

c'est une grippe — es ist eine Grippe

il faut prendre le médicament — das Medikament muss während der

   au cours du repas — Mahlzeit eingenommen werden

tu as toujours bonne mine — du siehst immer blendend aus

tu es en forme — du bist in Form

tu es plein(e) d'énergie — du bist voller Energie

Comment tu fais? — Wie machst du das (bloß)?

Tu suis un régime? — Machst du eine Diät?

je fais attention — ich passe auf

je me sens mieux — ich fühle mich besser

quelque chose comme ça — so 'was (Ähnliches)

vous avez les pompiers — Sie haben die Feuerwehr

   au bout du fil — an der Strippe

Grammatik mit Übungen

n'importe

Dieser Ausdruck wird häufig und in unterschiedlichen Zusammenhängen gebraucht und kann z. B. mit „jede(r) beliebige" oder mit „macht nichts" übersetzt werden.

J'ai oublié de poster cette lettre. –
Oh, n'importe.
Ich habe vergessen, den Brief aufzugeben. – Ach, macht nichts.

Vous trouverez ce médicament dans n'importe quelle pharmacie.
Sie finden dieses Medikament in jeder beliebigen Apotheke.

On peut le prendre à n'importe quel moment?
Kann man es zu jeder beliebigen Zeit einnehmen?

Bezieht es sich auf Personen und Sachen, so wird es mit *qui* und *quoi* verwendet:
Ça peut arriver à n'importe qui.
Das kann jedem (wörtlich: irgend jemandem) passieren.
Il dit n'importe quoi.
Er redet dummes Zeug (wörtlich: irgendetwas).

Beschreibt es Art und Weise, Zeit und Ort, so wird es von *comment*, *quand* und *où* gefolgt und bedeutet „irgendwie", „irgendwann" und „irgendwo":
Elle s'habille n'importe comment.
Sie zieht sich unmöglich (wörtlich: irgendwie) an.
Vous pouvez m'appeler n'importe quand.
Sie können mich jederzeit (wörtlich: irgendwann) anrufen.
Est-ce que les places sont numérotées? –
Non, vous pouvez vous asseoir n'importe où.
Sind die Plätze nummeriert? – Nein, Sie kön-nen sich hinsetzen, wo Sie wollen (wörtlich: irgendwo).

„de" nach einer Verneinung

Als Faustregel gilt, dass *du, de la, des, un* und *une* im Anschluss an eine Verneinung zu *de* werden. (Die Regel trifft allerdings nicht zu, wenn es sich bei *du, de la* und *des* um Genitive handelt.)
... ne pas prendre d'alcool.
... keinen Alkohol zu sich nehmen.
... pas trop de graisse, et puis pas trop de gâteaux, de choses comme ça.
... nicht zu viel Fett und nicht zu viel Kuchen und solche Sachen.

Wenn Sie sich die folgenden Beispiele in Ruhe ansehen, wird Ihnen das System sicher klar. Versuchen Sie, die Regel beim Sprechen und Schreiben zu beherzigen, aber machen Sie sich nichts daraus, wenn Sie sie vergessen – das passiert selbst den Franzosen.
Avez-vous pris du fromage?
Non, je n'ai pas pris de fromage.
As-tu bu de la bière?
Non, je n'ai pas bu de bière.
As-tu acheté des comprimés?
Non, je n'ai pas acheté de comprimés.
Tu as un verre?
Non, je n'ai pas de verre.

Anders verhält es sich, wenn *du* „von dem" und *un* „ein (bestimmtes)" bedeuten:
Avez-vous parlé du problème?
Non, je n'ai pas parlé du problème.
Tu suis un régime?
Pas vraiment un régime ...
In diesem Fall bleiben *du* und *un* unverändert.

9 A votre santé!

149

Grammatik mit Übungen

Übung 13

Welches Wort in welche Lücke?

quoi   où   quand   quelle

a. Tu préfères aller au cinéma ou au restaurant? – Oh, n'importe _____ .

b. C'est ridicule! Tu racontes n'importe _____ !

c. Vous pouvez me téléphoner à n'importe _____ heure.

d. Cette lettre n'est pas urgente, tu peux la poster n'importe _____ .

Und wie würden Sie es auf Französisch sagen?

e. Diese Speisen sind ohne Sorgfalt (irgendwie) zubereitet worden.

f. Die Kinder essen einfach alles (irgendetwas)!

g. Sie können Aspirin in jeder beliebigen Apotheke kaufen.

Unpersönliche Verben

Hier eine Liste der unpersönlichen Ausdrücke, die Sie bereits gelernt haben:

il faut (+ Substantiv oder Infinitiv) es ist nötig/man muss
il suffit de es genügt/man braucht nur zu
il arrive (que) es passiert/kommt vor, (dass)
il paraît (que) es scheint, (dass)
il reste es ist/sind übrig

Übung 14

Übersetzen Sie die folgenden Sätze mit Hilfe der fünf unpersönlichen Verben.

a. Die Apotheke scheint geschlossen zu sein.

b. Es sind zwei Kapseln übrig.

c. Es genügt, wenn Sie einen Arzt konsultieren.

d. Sie müssen jetzt Ihr Medikament einnehmen.

e. Es kommt oft vor, dass ich vergesse, mein Medikament einzunehmen.

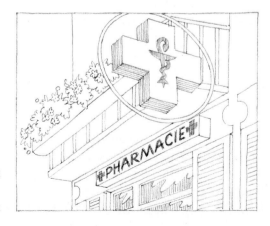

Leseübungen

Da eine neue Grippewelle im Anmarsch ist, wird die Bevölkerung aufgefordert, sich rechtzeitig impfen zu lassen. Bei dem Impf- stoff handelt es sich um eine neue Zusammensetzung, die speziell für den jüngsten Virus entwickelt wurde.

Grippe: Nouveaux vaccins contre nouveaux virus

L'automne approche, et le nouveau vaccin contre la grippe est arrivé. Suivant les conseils de l'Organisation mondiale de la santé, les Instituts Mérieux, Pasteur et Ronchèse, c'est-à-dire les trois fabricants français de vaccin antigrippal, ont modifié le «cocktail» de virus qu'ils proposent pour l'hiver prochain.

PAR LE Dr MONIQUE VIGY

Durant l'épidémie observée en France l'hiver dernier un fait nouveau est intervenu: l'apparition d'un virus grippal différent de ceux qui sévissaient depuis plusieurs années. L'an dernier, un de ces variants est apparu sur notre territoire.

Fumeurs, attention!

C'est aux Philippines qu'il avait été isolé pour la première fois. On l'a retrouvé quelques mois plus tard dans plusieurs autres pays, aux Etats-Unis et en Grande-Bretagne notamment.

L'O.M.S. a donc décidé de demander son introduction dans les vaccins.

Autre «nouveauté»: l'accent mis sur la plus grande sensibilité des fumeurs au virus grippal. Plusieurs études menées aux Etats-Unis, en Israël, en Finlande, en Australie ont montré que le fait de fumer représente un facteur d'accroissement du risque de grippe – les fumeurs l'«attrapent» plus facilement que les autres – et du risque de complications sévères.

Du point de vue biologique, cependant, les fumeurs s'immunisent bien, et ils peuvent donc bénéficier de la vaccination mais chez eux l'immunité persiste moins longtemps que chez les non-fumeurs.

Rappelons que la vaccination contre la grippe est particulièrement recommandée aux malades chroniques – cardiaques et pulmonaires en particulier – et aux personnes âgées. Or, un tiers seulement de la population à risque s'est fait vacciner l'an passé, ce qui est largement insuffisant.

Organisation mondiale de la santé (O.M.S.) · Weltgesundheitsorganisation (W.H.O.)
vaccin *(m.)* antigrippal · Grippe-Impfung
durant · während
intervenir · *hier:* sich ergeben, herausstellen
sévir · auftreten, grassieren
fumeur *(m.)* · Raucher
étude *(f.)* · Studie
mener · *hier:* durchführen
accroissement *(m.)* · Zunahme
attraper · bekommen, sich anstecken
persister · anhalten, andauern
malade *(m., f.)* · Kranker, Kranke
or · nun ... aber
tiers *(m.)* · Drittel
largement insuffisant · völlig unzulänglich

Übung 15

Welche Behauptungen zum Thema Grippe-Impfung entsprechen den Tatsachen?

a. ☐ Cet automne, les trois fabricants ont pris un cocktail ensemble.

b. ☐ L'hiver dernier, un nouveau virus grippal est apparu den France.

c. ☐ Les non-fumeurs attrapent la grippe plus facilement que les fumeurs.

d. ☐ L'immunité des non-fumeurs persiste plus longtemps que celle des fumeurs.

e. ☐ Il est dangereux pour les malades chroniques de se faire vacciner.

f. ☐ Deux tiers de la population à risque ne se sont pas fait vacciner.

9 A votre santé!

Leseübungen

In dem folgenden Auszug aus einem Artikel über Migräne berichtet die Journalistin, wie sie durch Zufall auf ein Heilmittel gestoßen ist.

Migraine: causes et remèdes

Je suis une migraineuse guérie, ou presque. Mais depuis cinq ans seulement. Pas de quoi se vanter, pour une journaliste qui navigue depuis vingt ans dans les milieux médicaux! Je croyais que c'était une fatalité, ces crises qui, périodiquement, me jetaient sur mon lit pour trois jours, tête enfouie dans l'oreiller.

Le hasard seul est venu à mon secours. Le hasard, c'est le fait de m'être excusée pour un dîner chez un ami rhumatologue. *«Je suis alitée ... migraine.»* Quand je le revois,

il questionne: *«Vos migraines ... à ce point? J'ai entendu dire qu'un produit normalement prescrit pour tout autre chose est parfois efficace en traitement de fond.»* Ordonnance. Je m'exécute. Les migraines ont cessé.

Au bout d'un an, j'ai osé stopper le traitement. Je n'ai plus de crises qu'exceptionnelles. Le produit: un antiépileptique. Non, je ne suis pas épileptique. Il n'est pas rare qu'un médicament prévu pour une affection se révèle par hasard efficace dans un autre domaine...

---

guérir · heilen
se vanter · sich brüsten, angeben
enfouir · vergraben
hasard *(m.)* · Zufall
rhumatologue *(m., f.)* · Rheumatologe
être alité · bettlägerig sein
à ce point · so schlimm
prescrit · verschrieben
traitement *(m.)* de fond · Tiefentherapie
   (d. h. Behandlung der Ursache, nicht der Symptome)
ordonnance *(f.)* · Rezept
s'exécuter · sich an etwas halten, befolgen
cesser, stopper · aufhören
oser · wagen
affection *(f.)* · Leiden
se révéler · sich erweisen, herausstellen
efficace · wirksam

Übung 16

a. Depuis combien de temps est-ce que la journaliste est (presque) guérie? _____
_____

b. Quand elle avait une migraine, pendant combien de temps était-elle alitée? _____
_____

c. Chez qui est-ce que la journaliste devait dîner? _____

d. Quel genre de produit lui a-t-il prescrit? _____

e. Qu'est-ce qui se révèle parfois par hasard? _____
_____

152
9 A votre santé!

Radioübungen

Viele Franzosen verstehen unter *l'alcool* (Alkohol) Spirituosen – aber nicht unbedingt Wein, Bier etc. Radio France startete daher eine Kampagne gegen Trunkenheit am Steuer, in der es galt, den Leuten „reinen Wein einzuschenken"! Hören Sie Denis Poirier zu.

ayez donc la curiosité · seien Sie doch einmal so neugierig
verre *(m.)* · Glas
s'additionner · sich summieren

Übung 17 3/34

Welche alkoholischen Getränke hat Denis Poirier erwähnt?

a. _____ b. _____
c. _____ d. _____

Auch der nächste Rundfunkbeitrag ist Teil der Kampagne: diesmal wird besonders auf die Gefahren von Trunkenheit am Steuer hingewiesen. Der einzig sichere Alkoholspiegel *(alcoolémie)* ist Null.

volant *(m.)* · Steuer
fausser · täuschen (*wörtlich:* fälschen)
être votre propre juge *(m.)* · selbst beurteilen
amende *(f.)* · Bußgeld
automobiliste *(m., f.)* · Autofahrer/in

Übung 18 3/35

Hören Sie sich an, was Denis Poirier zu sagen hat, und vervollständigen Sie dann die folgenden Sätze.

a. Il est dangereux de prendre le volant après avoir absorbé _____ .
b. L'alcool fausse votre _____ .
c. La sensibilité à l'alcool varie selon _____ , _____ , la boisson absorbée.
d. L'automobiliste qui a trop bu risque de passer _____ en prison.
e. Il risque également une peine d'_____ .
f. Les automobilistes qui ont trop bu risquent leur _____ et celle _____ .

Im letzten Programmausschnitt geht es um das Rauchen bei Schulkindern.

désormais · von jetzt ab
dégueulasse · widerlich
s'habituer à · sich gewöhnen an
pour faire bien · um anzugeben

Übung 19 3/36

a. A quel âge est-ce qu'on commençait à fumer il y a quinze ans? _____ .
b. Quel pourcentage des enfants de 12 à 14 ans sont aujourd'hui des consommateurs de tabac? _____ .
c. Pourquoi est-ce qu'ils commencent à fumer? _____ .
d. A quel âge est-ce que la jeune fille a fumé sa première cigarette? _____ .

9 A votre santé!

Sprechen Sie selbst

Übung 20

Stellen Sie sich vor, dass Sie auf einem Urlaub in Frankreich waren, und einer Ihrer Mitreisenden wurde krank oder war in einen Unfall verwickelt. Wie haben Sie reagiert? Beschreiben Sie so ausführlich wie möglich, was geschah, wen Sie kontaktiert haben, die Symptome, Behandlung usw. Hören Sie dann, was Marie-Thérèse auf einer Reise erlebt hat.

Übung 21

Diesmal sollten Sie einem Kollegen in allen Einzelheiten erzählen, wie gesund Sie sich fühlen *(Je me sens en pleine forme)* und wie Sie sich fit halten. Anschließend berichtet Yves von seinem eigenen Fitnessprogramm.

10 Au courant de la technologie

Sie lernen in dieser Unité:

● wie Technologie unser Privat- und Berufsleben verändert

● wie sich die Arbeitsbedingungen von Pariser Kanalarbeitern verbessert haben

● dass ein Knopfdruck genügt, um sich durch Télétel Informationen einzuholen

... und wie ein Heimcomputer einen Atomkrieg auslösen könnte.

Wegweiser

Dialoge: Hören Sie zunächst dem Dialog 1 bei geschlossenem Buch zu; anschließend hören Sie ihn sich bei geöffnetem Buch an (wenn nötig, mehrmals). Studieren Sie ihn dabei sorgfältig Zeile für Zeile unter Zuhilfenahme des angegebenen Vokabulars und der Erklärungen. Bearbeiten Sie dann die zum Dialog gehörenden Übungen.

Anschließend verfahren Sie mit den Dialogen 2, 3 und 4 ebenso.

Prägen Sie sich die *Wichtigen Wörter und Ausdrücke* (S. 164) gut ein.

Arbeiten Sie die *Grammatik* einschließlich der Übungen (S. 165–166) durch.

Nun sind die *Leseübungen* (S. 167–168) an der Reihe.

Hören Sie sich die beiden *Radioauszüge* an und bearbeiten Sie die entsprechenden Übungen (S. 169–170). (Hören Sie sich die Radioauszüge an, sooft Sie wollen, versuchen Sie aber, nicht auf die Texte im Begleitheft zu sehen. Im Buch finden Sie Vokabeln und Erklärungen abgedruckt, die Ihnen das Verständnis erleichtern.)

Machen Sie die offenen Sprechübungen im Abschnitt *Sprechen Sie selbst* (S. 170). Hören Sie sich dann zum Vergleich die Beispielversionen auf der CD an.

Hören Sie sich alle Dialoge und Radiotexte noch einmal ohne Buch an.

Dialoge mit Übungen

1 (4/1)

Produits blancs – produits bruns

M. Sélignan:

Notre société vend tous les produits qui servent à équiper un foyer, aussi bien dans la cuisine que dans le salon que dans la chambre à coucher.

Et nous vendons, d'une part des produits électroménagers, dits produits blancs – type machine à laver, lave-vaisselle, réfrigérateur ou cuisinière – et d'autre part, tout ce que nous appelons les produits bruns, c'est-à-dire les téléviseurs, la hi-fi et tous les nouveaux produits électroniques tels que le magnéto-scope, qui en général sont des produits qui vont plutôt dans le salon que dans la cuisine. Alors, les produits dans lesquels il y a la plus forte évolution technologique sont évidemment les produits bruns, parce que là nous sommes devant des familles de produits qui sont beaucoup moins mûres que celles des produits blancs.

équiper	ausstatten
foyer *(m.)*	Haushalt *(auch:* Heim)
produit *(m.)* électroménager	elektrisches Haushalts-gerät
type *(m.)*	*hier:* vom Typ, wie z. B.
machine *(f.)* à laver	Waschmaschine
lave-vaisselle *(m.)*	Geschirrspüler
réfrigérateur *(m.)*	Kühlschrank
cuisinière *(f.)*	Kochherd *(auch:* Köchin)
magnétoscope *(m.)*	Videorecorder
mûr	*hier:* entwickelt *(wört-lich:* reif)

d'une part ... et d'autre part einerseits ... und andererseits

dits produits blancs so genannte „weiße Produkte" (v. a. Küchengeräte)

les produits bruns „braune Produkte"

les téléviseurs bedeutet Fernseher/Fernsehgeräte, gebräuchlicher ist jedoch das Wort für Fernsehen allgemein: **la télévision** oder kurz **la télé**.

tels que so wie, wie z. B. (siehe Grammatik, S. 165)

dans lesquels il y a la plus forte évolution technologique die technisch am weitesten entwickelt sind (*wörtlich:* bei denen es die stärkste technische Entwicklung gibt). **Lesquels** wird im Grammatikteil auf S. 165 behandelt.

Übung 1

Was meint M. Sélignan, wenn er von weißen und braunen Produkten spricht? Hören Sie sich die Aufnahme noch einmal an und führen Sie alle von ihm erwähnten Geräte unter dem jeweiligen Sammelbegriff auf. Geben Sie außerdem an, wo sie im Haus gebraucht werden.

Dialoge mit Übungen

a. Produits blancs   Produits bruns

_____   _____
_____   _____
_____   _____

Endroit   Endroit
d'utilisation: d'utilisation:

_____   _____

b. L'évolution technologique est plus avancée

☐ pour les produits   ☐ pour les produits
    blancs.   bruns.

Übung 2

Entschlüsseln Sie die folgenden Definitionen – es handelt sich ausschließlich um Begriffe aus dem Dialog.

a. Développement.
b. Il lave les assiettes.
c. D'une technologie moderne.
d. Elle prépare les repas.
e. Un _____ couleur.
f. Il tient au froid.
g. La chambre à _____ .
h. Il enregistre des films.
i. Qui servent à _____ un foyer.
j. Pas anciens.
k. Salle de séjour.
l. Normalement: en _____ .
m. Bien sûr.
n. Choses qu'on vend.

Übung 3

Ein Freund (Yves) ist gerade umgezogen und führt Sie stolz durch seine neu ausgestattete Wohnung. Folgen Sie Andreas – und beachten Sie, dass nach einer Verneinung *de* anstelle von *un/une* verwendet wird *(pas de machine à laver)*.

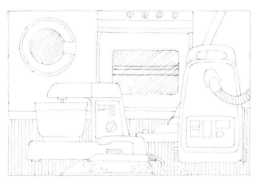

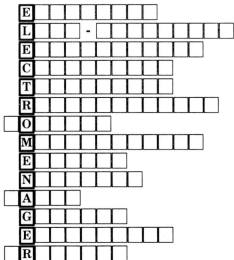

Dialoge mit Übungen

2 (4/3)

Les machines, c'est sensationnel!

(D = Danielle, C = Chantal)

D: Voilà tes photocopies, Chantal.

C: Ah merci, Danielle. Qu'est-ce qu'on ferait sans ces machines?

D: Oh oui, les machines, c'est sensationnel! Moi, ce que je préfère, remarque, c'est le magnétophone.

C: Le magnétophone? Oh, moi, ce que j'aime bien, c'est le rétroprojecteur.

D: Ah oui? Tu utilises ça souvent?

C: Oh oui, c'est vraiment formidable. J'aime bien pouvoir rester devant les élèves et pouvoir en même temps écrire ce qu'ils doivent regarder au tableau – c'est vraiment pratique.

D: Oui, oui. Et le magnétoscope – tu utilises ça de temps en temps, ou ...?

C: Ah oui, oui, oui. Pour un cours de langue c'est vraiment primordial.

D: Oui, mais enfin ça c'est quand même pour les images seulement. Il me semble que pour la voix, pour la leçon, il faut peut-être mieux un laboratoire de langues – tu aimes ça, toi, les laboratoires de langues?

C: Oui, oui, c'est ... c'est bien utile aussi.

D: Oui. Et le magnétophone, moi, alors c'est vraiment mon préféré.

C: Tu l'utilises souvent?

D: Oui, ben, tous les jours, toutes les leçons, vraiment, je crois que c'est essentiel.

C: Tu enregistres les élèves?

D: Oui, on a fait ça, on a fait des petites cassettes, et puis alors ils s'écoutent les uns les autres – ils aiment bien ça, tu vois,

ça ... arrange leur accent et des choses comme ça.

magnétophone *(m.)*	Tonbandgerät
rétroprojecteur *(m.)*	Overheadprojektor
utiliser	benutzen
élève *(m. /f.)*	Schüler/Schülerin
tableau *(m.)*	*hier:* Wandtafel
primordial	wesentlich, äußerst wichtig
image *(f.)*	Bild
leçon *(f.)*	Unterrichtsstunde, Lektion
laboratoire *(m.)* de langues	Sprachlabor
utile	nützlich, praktisch
enregistrer	aufnehmen (Ton)
arranger	verbessern

▶ **Qu'est-ce qu'on ferait sans ces machines?** Was würden wir ohne diese Geräte machen?

remarque weißt du

j'aime bien pouvoir rester devant les élèves ich behalte die Schüler gern im Auge (*wörtlich:* ich mag es, vor den Schülern bleiben zu können)

ils s'écoutent les uns les autres sie hören sich gegenseitig zu

158   *10 Au courant de la technologie*

Übung 4

Erkennen Sie alle technischen Hilfsmittel wieder, über die sich die beiden Lehrerinnen unterhalten haben? Spielen Sie den Dialog noch einmal ab und nummerieren Sie die Geräte in der Reihenfolge, wie sie erwähnt werden.

a. ☐

b. ☐

c. ☐

b. «Moi j'aime bien ça – ça me permet de regarder les élèves pendant que j'écris au tableau, et dans certaines classes, c'est bien utile!»

c. «Oui, ça aussi, c'est très utile dans un cours de langues – les élèves peuvent s'enregistrer ou faire leurs propres émissions de radio. Ils aiment bien ça, et puis ça arrange leur accent.»

Übung 5

Gesprächsfetzen aus dem Lehrerzimmer: Welches Gerät ist jeweils gemeint? Tragen Sie die Antwort auf Französisch ein.

a. «Ça leur permet de regarder la télé pendant les cours, alors, tu comprends, ils adorent ça!»

Übung 6 (4/4)

Fragen Sie Marie-Thérèse, ob sie ein Tonbandgerät besitzt und wozu sie es benutzt. Achten Sie darauf, wie Yves seine Fragen bildet: einfach durch einen fragenden Tonfall.

10 Au courant de la technologie

Dialoge mit Übungen

3 (4/5)

La technologie, ça vous fait peur?

(F = François, C = Christine)

F: Alors, de plus en plus on parle de robotique, télématique, on parle de bureautique – d'abord, ça vous fait peur?

C: Non, pas du tout, j'ai suivi un stage de trois jours justement pour me mettre au courant de cette nouvelle technologie. Ça ne me fait pas peur. Je pense que ça peut énormément changer le travail d'une secrétaire en la débarrassant de toutes les tâches fastidieuses et répétitives que l'on est obligé de faire avec une machine à écrire électrique classique.

F: Et ces machines sont impressionnantes?

C: Non, pas du tout, ça se présente sous la forme d'un écran, comme un écran d'informatique – et d'un clavier – comme une machine à écrire.

F: Donc, vous êtes contente?

C: Oui, parfaitement, j'ai trouvé que c'était très intéressant. Il y a une mémoire centrale qui permet de … de mémoriser toutes les informations que l'on rentre sur l'écran, et cela permet de corriger tout un tas de textes, d'opérer des calculs. Il y a également des imprimantes qui sont … dépendantes de cette machine et qui permettent d'imprimer un certain nombre de lettres dans un temps record.

stage *(m.)*	Lehrgang
débarrasser	entledigen, befreien
tâche *(f.)*	Aufgabe
fastidieux	langweilig, mühsam

répétitif	sich ständig wiederholend, monoton
machine *(f.)* à écrire	Schreibmaschine
impressionnant	eindrucksvoll; *hier:* überwältigend
clavier *(m.)*	Tastatur
corriger	korrigieren
tas *(m.)*	Haufen
opérer	ausführen, vornehmen
calcul *(m.)*	Rechnungsvorgang, Kalkulation
imprimante *(f.)*	Drucker *(Computerzusatzgerät)*
imprimer	(aus)drucken

robotique in etwa: Automatisation; **télématique** Datenübermittlung, -fernverarbeitung; **bureautique** Bürotechnologie/elektronische Geräte. Auch Franzosen sind sich oft der Bedeutung der vielen neuen, auf **-ique** endenden Begriffe nicht sicher. Geprägt wurden diese Bezeichnungen durch **informatique**, Computerwesen/Datenverarbeitung.

▶ **Ça vous fait peur?** Macht es Ihnen Angst?

▶ **pour me mettre au courant de** um mich über … auf dem Laufenden zu halten/zu informieren

▶ **ça se présente sous la forme d'un écran** es erscheint in Gestalt/Form eines Bildschirms. Christine bezieht sich auf einen Computer zur Textverarbei-

160   *10 Au courant de la technologie*

tung, **une machine à traitement de texte.** Computer allgemein heißt **ordinateur.**

qui permet de mémoriser toutes les informations que l'on rentre das ein Speichern aller Informationen ermöglicht, die man eingibt

▶ **dans un temps record** in Rekordzeit

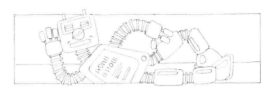

Übung 7

Beschriften Sie die hier abgebildeten Computerteile auf Französisch.

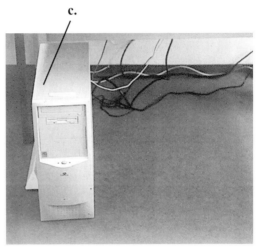

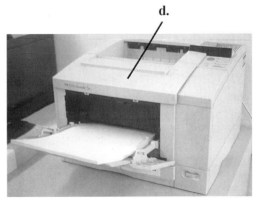

a. _____
b. _____
c. _____
d. _____

Dialoge mit Übungen

Übung 8

Christine erwähnt den Computerlehrgang in einem Brief an eine Freundin. Übersetzen Sie den folgenden Ausschnitt.

. . . Im April habe ich einen dreitägigen Lehrgang mitgemacht, um mich über Bürotechnologie zu informieren. Es war sehr interessant. Ich glaube, dass diese neue Technologie unsere Arbeit enorm verändern kann. Meine Kollegen fragen mich, ob es mir Angst macht. Überhaupt nicht! Mit einer Schreibmaschine muss man langweilige, sich ständig wiederholende Aufgaben verrichten (machen). Ein Computer zur Textverarbeitung befreit dich von diesen Aufgaben. Ich wäre sehr froh, einen (davon) zu besitzen (haben)!

Übung 9 (4/6)

Yves hält nicht viel von der neuen Technologie allgemein und von Computern im Besonderen. Es stellt sich jedoch heraus, dass sein Misstrauen auf Unkenntnis beruht. Beantworten Sie seine Fragen mit Hilfe von Andreas.

4 (4/7)

Vous êtes plus mécanisés?
(I = Interviewer, S = M. Sylvestre,
G = M. Guillot)

I: Alors, Monsieur Sylvestre, comment devient-on égoutier?

S: Euh . . . on devient égoutier souvent . . . de père en fils. Le fils apprend par son père ce qu'est le métier d'égoutier, ça l'intéresse et il y vient.

I: Et vous, Monsieur Guillot?

G: On ne venait pas en disant de . . . demain je serai égoutier, comme on peut dire demain je vais être docteur ou avocat. Moi, je m'en rappelle, quand j'ai dit à ma femme j'ai trouvé un emploi d'égoutier, elle était aux cent coups. Elle m'a dit: «Tu te rends compte, descendre là-dedans, et tout!» J'ai dit: «Bon, ben, je vais faire un essai, je vais bien voir, hein!»

I: Mais attention, attention, attention! Est-ce qu'elle pensait que c'était un métier dur, ou est-ce qu'elle pensait que c'était un métier dont elle pourrait pas dire à ses petites copines: «Mon métier, mon, mon mari est égoutier»?

G: C'est ça aussi. Voilà! Moi . . . je . . . connais des collègues qui veulent pas dire qu'ils sont égoutiers. Ça . . ., alors que moi, ça me gêne absolument pas. Il y a pas de sot métier, hein?

I: Monsieur Sylvestre, quand vous êtes rentré dans les égouts il y a vingt-cinq ans – vous êtes rentré en qualité de quoi?

S: Ben, on curait les égouts, mais avec des . . . avec des engins relativement . . . difficiles . . . alors que maintenant on a du matériel beaucoup plus sophistiqué.

I: Et vous êtes plus mécanisés, quoi?

S: Voilà. Si vous voulez.

égoutier *(m.)*	Kanalarbeiter
avocat *(m.)*	Rechtsanwalt
là-dedans	da hinein
essai *(m.)*	Versuch
dur	hart
dont	von dem
gêner	stören, genieren
curer	reinigen

162   *10 Au courant de la technologie*

Dialoge mit Übungen

égout *(m.)*	Abwasserkanal; *hier:* Kanalreinigung (als Berufszweig)
matériel *(m.)*	Geräte, Ausrüstung
sophistiqué	hochentwickelt

▶ **de père en fils** vom Vater auf den Sohn

en disant indem man (sich) sagte

aux cent coups „fuchsteufelswild", sehr wütend

▶ **Tu te rends compte?** Bist du dir darüber klar? (von **se rendre compte**)

Il (n') y a pas de sot métier, hein? Wörtlich: es gibt kein dummes Handwerk, stimmt's? Oder auch: „Kein Handwerk ist schlecht, doch viele treiben's nicht recht."

En qualité de quoi? In welcher Eigenschaft/Funktion?

des engins relativement difficiles recht umständliche (schwierig zu handhabende) Geräte

▶ **Vous êtes plus mécanisés?** Sie sind (jetzt) mechanisierter (d. h. besser mit Maschinen ausgerüstet)?

Übung 10

Sieben Mal taucht das Wort *égoutier(s)* im Dialog auf. Ergänzen Sie die folgenden Satzteile mit Hilfe der Aufnahme, ohne den Text anzusehen.

a. Comment _____-_____ égoutier?

b. on _____ égoutier _____ _____ _____ _____ _____

c. ce qu'est _____ _____ _____ égoutier

d. demain _____ _____ égoutier

e. j'ai _____ _____ _____ égoutier

f. mon _____ _____ égoutier

g. qui _____ _____ _____ _____, _____ _____ égoutiers

Übung 11

Nach mehreren Monaten Arbeitslosigkeit hat Paul Binot endlich eine Stelle gefunden. Er kommt nach Hause und erzählt seiner Frau davon. Bringen Sie das Gespräch der beiden in die richtige Reihenfolge, indem Sie die Sätze von 1 bis 7 nummerieren.

Paul □ Pas si dur que ça – il paraît que le travail est beaucoup plus mécanisé.

Paul □ Un emploi d'égoutier.

Paul □ Tu dis ça parce que tu ne veux pas dire à tes amies que ton mari est égoutier.

Yvette □ Formidable! Quelle sorte d'emploi?

Yvette □ Un emploi d'égoutier! Mais Paul, c'est trop dur comme travail!

Paul □ Bonsoir, Yvette. J'ai enfin trouvé un emploi.

Yvette □ Oui, mais tu te rends compte, descendre là-dedans!

10 Au courant de la technologie

Dialoge mit Übungen

Übung 12

Marie-Thérèse wird Sie jetzt über Ihren Beruf als Drucker *(imprimeur)* interviewen, in dem sich seit Ihren ersten Arbeitstagen vieles geändert hat. Andreas sagt Ihnen, was Sie antworten sollten.

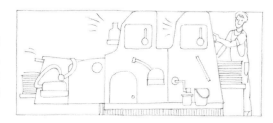

Wichtige Wörter und Ausdrücke

dans les produits électroménagers	an elektrischen Haushaltsgeräten
nous avons d'une part	haben wir einerseits
la cuisinière,	den Kochherd,
la machine à laver,	die Waschmaschine,
le lave-vaisselle,	den Geschirrspüler
et d'autre part	und andererseits
le téléviseur,	den Fernseher,
la hi-fi,	die Stereoanlage
etc.	usw.
Qu'est-ce qu'on ferait	Was würden wir ohne
sans ces machines?	diese Geräte machen?
Ça vous fait peur?	Macht es Ihnen Angst?
de père en fils	vom Vater auf den Sohn
Vous vous rendez compte?	Sind Sie sich darüber im Klaren?
ça ne me gêne pas	das stört mich nicht/macht mir nichts
notre travail est plus mécanisé	unsere Arbeit ist mechanisierter

Grammatik mit Übungen

Das Partizip Präsens

En passant par le parc on arrive plus vite à la maison.

Indem man durch den Park geht, gelangt man schneller zum Haus.

Man erkennt das Partizip Präsens an der Endung *-ant*. Häufig steht das Wort *en* vor dem Verb (Gerundium). Übersetzen lässt sich diese Wendung am besten mit „indem".

Ça peut changer le travail d'une secrétaire en la débarrassant de toutes les tâches répétitives.

Es kann die Arbeit einer Sekretärin verändern, indem es sie von allen sich ständig wiederholenden Aufgaben befreit.

Das Partizip Präsens wird durch Anhängen von *-ant* an den Verbstamm gebildet. Der Verbstamm ist der erste Teil der *nous*-Form im Präsens, d. h.:

aller	nous allons	(en) allant
dire	nous disons	(en) disant
finir	nous finissons	(en) finissant
vendre	nous vendons	(en) vendant
prendre	nous prenons	(en) prenant
venir	nous venons	(en) venant

Ausnahmen zu dieser Regel bilden – wie meistens – nur *être* (Partizip Präsens *étant*) und *avoir (ayant)*.

Tel, telle, tels, telles

Tel que bedeutet „so wie" oder „wie z. B." – beachten Sie jedoch, dass es sich in Geschlecht und Zahl nach dem Substantiv richtet, auf das es sich bezieht.

... les nouveaux produits électroniques, tels que le magnétoscope.

... neue elektronische Produkte, wie z. B. der Videorecorder.

... les nouvelles machines, telles que l'ordinateur.

... neue Maschinen, wie z. B. der Computer.

Tel wird manchmal auch ohne *que* gebraucht und heißt in diesem Fall „so ein/solch ein": *un tel homme/une telle femme* so ein Mann/ so eine Frau (d. h. wie er/sie beschrieben wurde). Daher auch die Bezeichnung *Monsieur Untel*, Herr Soundso. Und das Sprichwort „Wie der Vater, so der Sohn" lautet auf Französisch kurz *Tel père, tel fils.*

Lequel, laquelle, lesquels, lesquelles

Möchte man im Französischen „welche/r/s" ausdrücken, so gebraucht man je nach Geschlecht und Zahl *lequel, laquelle, lesquels* oder *lesquelles*. Diese Wörter sind Pronomen, d. h. sie können anstelle eines Substantivs allein stehen:

... la machine avec laquelle il travaillait ...

... die Maschine, mit der/welcher er arbeitete ...

... les produits dans lesquels il y a la plus forte évolution ...

... die Produkte, die/welche am weitesten entwickelt sind ...

Im Deutschen kann „welche/r/s" als Pronomen (wie in den Beispielen oben) oder als Adjektiv verwendet werden, d. h. es steht direkt vor einem Substantiv (welche Maschine, welche Produkte). Im Französischen dagegen unterscheidet man zwischen beiden und benutzt *lequel, laquelle, etc.* für Pronomen und *quel, quelle, etc.* für Adjektive (Beispiele S. 166).

10 Au courant de la technologie

Grammatik mit Übungen

Pronomen	Adjektive
Lequel veux-tu?	*Quel magnétophone veux-tu?*
Welches möchtest du?	Welches Tonbandgerät möchtest du?
Voici nos imprimantes. Laquelle préférez-vous?	*Quelle imprimante préférez-vous?*
Hier sind unsere Drucker. Welchen bevorzugen Sie?	Welchen Drucker bevorzugen Sie?

Übung 13

Noëlle scheint sich in Sachen Musik nicht genau festlegen zu wollen. Ergänzen Sie das Gespräch mit *tel, telle, quel, quelle, lequel* oder *laquelle*. Manche dieser Wörter können mehrmals vorkommen, andere vielleicht gar nicht.

Anne Qu'est-ce que tu veux pour ton anniversaire?

Noëlle Oh, j'aimerais bien une cassette.

Anne _____ cassette?

Noëlle Oh, je ne sais pas.

Anne Mais _____ genre de musique préfères-tu?

Noëlle Oh, les groupes anglais ou américains _____ que *Supertramp* ou les *Rolling Stones* – quelque chose comme ça.

Anne Et _____ des deux préférerais-tu?

Noëlle N'importe _____ .

166

10 Au courant de la technologie

Leseübungen

Tététel.

Les renseignements administratifs en direct.

Télétel, c'est un nouveau moyen de communication qui utilise la ligne téléphonique pour transmettre des informations clairement lisibles sur l'écran d'un terminal:
renseignements administratifs, programmes de loisirs, horaires de transports et réservations, consultations de votre compte bancaire, etc.

L'un de ces services, mis au point par les Télécommunications, est le service «annuaire électronique» qui donne le nom, l'adresse et le numéro de téléphone de tous vos correspondants.

Pour permettre l'accès à ce service, les Télécommunications proposent progressivement aux abonnés au téléphone, région par région, de disposer d'un terminal Télétel simple et pratique: le Minitel.

Télétel, chez soi, tout un monde de services en direct.

Télétel chez vous, ce sera l'écran du terminal, le clavier de commande et la ligne téléphonique. C'est simple, il suffit de savoir se servir du téléphone.

Télétel ist ein an das Telefon angeschlossenes Teletext-System, das aus einem Computerterminal und einem Bildschirm besteht, auf dem die angeforderten Informationen erscheinen.

lisible · leserlich
compte *(m.)* bancaire · Bankkonto
mettre au point · entwickeln, einrichten
annuaire *(m.)* · Telefonbuch
correspondant *(m.)* · Fernsprechteilnehmer
accès *(m.)* · Zugang

Übung 14

a. Le système Télétel, qu'est-ce que c'est?

_____

b. Où est-ce qu'on lit les informations?

_____

c. Comment s'appelle le service par lequel on peut trouver le numéro de téléphone d'un correspondant? _____

_____

d. Comment s'appelle le terminal Télétel?

_____

10 Au courant de la technologie

Leseübungen

Suchen Sie sich Ihr Lieblings„spielzeug" unter diesen Angeboten aus und beantworten Sie dann die Fragen unten.

Ordinateur portable

Processeur: PowerPC G3 à 500 MHz, mémoire vive: 128 Mo, disque dur: 15 Go, Lecteur CD-ROM 24×, écran 12,1"TFT, 5 programmes incorporés.

Crédit gratuit: Payez quatre mensualités sans intérêt.

4× 649 € = 2.596 €

Attention! Uniquement dans la limite des stocks disponibles.

Lecteur portable de CD avec casque d'écoute

Prix catalogue 219 €
Maintenant 149 €

Un design sophistiqué, une qualité sonore réellement fantastique grâce à une toute nouvelle technologie.

Réveil radio-piloté

Prix catalogue 49,90 €
Maintenant 29,90 €

Réglage automatique de l'heure exacte toute l'année, design novateur.

Übung 15

a. Welches Gerät hat ein innovatives Design?

b. Welches Angebot gilt nur so lange wie der Vorrat reicht?

168   *10 Au courant de la technologie*

Radioübungen

c. Bei welchem Gerät wird die Klangqualität hervorgehoben?
d. Was kann man in vier zinsfreien Monatsraten abzahlen?

Hören Sie jetzt eine Besprechung des Films *War Games*, in dem ein junger Computerfreak beinahe einen Atomkrieg auslöst.

surdoué · superbegabt
bricoler · basteln, fummeln
(micro-)ordinateur *(m.)* · (Mikro-)Computer
ainsi peut-il se faire attribuer · auf diese Weise kann er sich ... erteilen lassen
petite amie · Freundin
pirater · einbrechen *(in ein Computersystem)*
compagnie *(f.)* aérienne · Fluggesellschaft
se corser · sich zuspitzen
mise *(f.)* à feu · Zündung
manière de s'amuser · aus Spaß
gosse *(m./f.)* · Bengel/Göre
vidéomanie *(f.)* · Videofieber
manquer de provoquer · beinahe auslösen
pour de vrai · tatsächlich, in Wirklichkeit

Übung 16

Haben Sie die Geschichte genau verfolgt? Dann beantworten Sie anhand der Aufnahme die folgenden Fragen.

a. Comment s'appelle l'adolescent? _____
b. Qu'est-ce qu'il bricole? _____
c. Comment se fait-il attribuer de bonnes notes scolaires? _____
d. Qu'est-ce qu'il se fait réserver en connectant la machine d'une compagnie aérienne? _____
e. Quels missiles sont contrôlés par le NORAD? _____
f. Qu'est-ce que David «manque de provoquer pour de vrai»? _____

Übung 17

In welchem Detail weicht dieser Magazinausschnitt von der Filmbesprechung ab?

> **Réalisation:** John Badham.
> **Production:** Harold Schneider en association avec Sherwood Production.
> **Distribution:** C.I.C.
> **Attachés de presse:** Michèle Abitbol.
> **Durée:** 1 h 54, couleurs, 1982.
> **Interprètes:** Matthew Broderick, Dabney Coleman, John Wood, Ally Sheedy.
> **Sujet:** Un garçon de seize ans, passionné d'informatique déclenche accidentellement une alerte nucléaire.

déclencher · entfesseln, auslösen

Rosemonde Pujol ist der von Haushaltsgeräten erzeugte Lärm *(le bruit)* ein Dorn im Auge – allen voran der Staubsauger *(l'aspirateur)*, der es auf eine Lärmstufe bringt, die dem Presslufthammer *(le marteau pneumatique)* nahe kommt.

ronronner · schnurren, surren
vrombir · brummen, summen
seuil *(m.)* · Schwelle

10 Au courant de la technologie

Radioübungen — Sprechen Sie selbst

insupportable · unerträglich
oreille *(f.)* · Ohr
bien-portant *(m)* · der gesunde Mensch
déprimé · deprimiert, niedergeschlagen

Übung 18

Hören Sie sich Rosemonde Pujol noch einmal an und schreiben Sie dabei die Antworten zu diesen Fragen auf Französisch auf.

a. Was erzeugt die folgenden Dezibel-Werte?
   25 dB _____
   30 dB _____
   80–90 dB _____
   100 dB _____
b. Wie bezeichnen Fachleute einen Wert von 120 dB? _____
c. Welche Gruppe von Menschen ist lärmempfindlicher? _____

Übung 19

Welche elektrischen Geräte sind in Ihrem Haushalt vorhanden? Welche anderen hätten Sie gern – und warum? Antworten Sie laut auf Französisch und hören Sie dann Marie-Thérèses Reaktion.

Übung 20 (4/12)

Besitzen Sie einen Computer oder hätten Sie gern einen? Oder ist Ihnen die neue Technologie unheimlich? Antworten Sie so ausführlich wie möglich, ehe Sie sich anhören, was Yves zu diesem Thema zu sagen hat.

10 Au courant de la technologie

11 Tout un programme!

Sie lernen in dieser Unité:

- über Ihre Fernsehgewohnheiten zu sprechen
- etwas über französische Zeitungen und Magazine
- Programme und Filmbesprechungen zu verstehen

... und wie *Radio France* und ein unabhängiger Regionalsender organisiert sind.

Wegweiser

Dialoge: Hören Sie zunächst dem Dialog 1 bei geschlossenem Buch zu; anschließend hören Sie ihn sich bei geöffnetem Buch an (wenn nötig, mehrmals). Studieren Sie ihn dabei sorgfältig Zeile für Zeile unter Zuhilfenahme des angegebenen Vokabulars und der Erklärungen. Bearbeiten Sie dann die zum Dialog gehörenden Übungen.

Anschließend verfahren Sie mit den Dialogen 2, 3 und 4 ebenso.

Prägen Sie sich die *Wichtigen Wörter und Ausdrücke* (S. 179) gut ein.

Arbeiten Sie die *Grammatik* einschließlich der Übungen (S. 180–181) durch.

Nun sind die *Leseübungen* (S. 182–184) an der Reihe.

Hören Sie sich die beiden *Radioauszüge* an und bearbeiten Sie die entsprechenden Übungen (S. 184–185). (Hören Sie sich die Radioauszüge an, sooft Sie wollen, versuchen Sie aber, nicht auf die Texte im Begleitheft zu sehen. Im Buch finden Sie Vokabeln und Erklärungen abgedruckt, die Ihnen das Verständnis erleichtern.)

Machen Sie die offenen Sprechübungen im Abschnitt *Sprechen Sie selbst* (S. 186). Hören Sie sich dann zum Vergleich die Beispielversionen auf der CD an.

Hören Sie sich alle Dialoge und Radiotexte noch einmal ohne Buch an.

Dialoge mit Übungen

1 (4/13)

Se détendre avec un bon film
(J = Jean-François, B = Brigitte)

J: Tu regardes souvent la télévision, Brigitte?

B: Très rarement, très rarement – sauf le soir, je suis fidèle au, au journal télévisé pour les nouvelles et surtout pour la météo. Et toi?

J: Moi, j'avoue que je regarde très souvent principalement les spectacles de variétés, les compétitions sportives et puis les films. J'avoue que c'est très détendant après une journée de travail.

B: Ça, moi aussi, j'aime beaucoup regarder

---

12. Informations et météo   B J □□

12.15 Le relais de dimanche   □□

Sports et variétés.

14.25 Les aventures de Tom Sawyer   □□

Feuilleton allemand en treize épisodes. Rediffusion.
Le mystère de la grotte. Tom est retourné à l'école. Un jour qu'il participe à une excursion avec sa classe, Tom disparaît en compagnie de Becky. Toute la petite ville s'inquiète. En fait, les deux enfants sont au fond de la grotte Mac Duff dont ils ne trouvent pas la sortie . . .

15.50 Sports été   □□

Auto: l'homme le plus rapide du monde?

Art Arfons, pilote automobile, espère bien l'être prochainement, à l'occasion de la course annuelle qui se tient sur la piste parfaitement plane du lac Salé, aux Etats-Unis.

19.15 Actualités régionales   □□

---

20. Journal   B J □□

20.35 Roméo et Juliette   □□

Tragédie en cinq actes de Shakespeare, en version originale sous-titrée. Production de la TV britannique.
Précédente diffusion: 27-1-98.
Patrick Ryecart: Roméo
Rebecca Saire: Juliette
John Gielgud: Le chœur
La réalisation est remarquable de nervosité et de vie, et l'idée de sous-titrer plutôt que doubler la langue anglaise, fluide et ondulante, est excellente.

23.10 Audrey Rose   □□

Film américain de Robert Wise (1977), en version française.
L'histoire. Janice Templeton découvre avec inquiétude que sa fille, Ivy, est surveillée par un mystérieux personnage. Il se nomme Elliot Hoover, et il est persuadé qu'Ivy est la réincarnation de sa propre fille, Audrey Rose, brûlée vive dans un accident de voiture.

---

11 Tout un programme!

Dialoge mit Übungen

les films, surtout si ce sont des films étrangers, des films anglais, des films allemands, je, j'aime beaucoup me détendre moi aussi avec un bon film.

fidèle	treu
compétition *(f.)*	Wettkampf
se détendre	sich entspannen
avouer	zugeben, gestehen
détendant	entspannend
étranger, -ère	ausländisch

▶ **journal télévisé** Fernsehnachrichten. „Nachrichten" werden auch **les nouvelles** oder **les informations** genannt.

▶ **après une journée de travail** nach einem Arbeitstag

Übung 1

Brigitte und Jean-François studieren das sonntägliche Fernsehangebot. Welche der Sendungen auf S. 172 würde jeden der beiden interessieren? Kreuzen Sie die entsprechenden Kästchen an. Treffen Sie Ihre Entscheidung anhand der Aufnahme, ohne den Dialogtext zu lesen.
Sie brauchen die Programmübersicht nicht in allen Einzelheiten zu verstehen, aber die folgenden Vokabeln erleichtern die Aufgabe:

version *(f.)* originale · Originalversion
sous-titré · mit Untertiteln
doublé · synchronisiert
diffusion *(f.)* · Ausstrahlung, Sendung
feuilleton *(m.)* · Serie

Übung 2

Wenn Sie sich entschieden haben, gehen Sie das Fernsehprogramm noch einmal genau durch und beantworten Sie dann die folgenden Fragen.

a. Bei welchen Sendungen handelt es sich um Wiederholungen? _____

b. Welche sind auf Französisch synchronisiert? _____

c. Wovon ist Elliot Hoover überzeugt? _____

d. Welche Beiträge sind ausländische Fernsehproduktionen? _____

e. Warum sitzen Tom Sawyer und Becky in einer Grotte fest? _____

f. Was erhofft sich Art Arfons? _____

g. Der Titel dieses Zeichentrickfilms *(dessin animé)* ist mit seinen *U-* und *Ü-*Lauten eine echte Herausforderung. Testen Sie Ihre Zungenfertigkeit und hören Sie sich im Zweifelsfall Marie-Thérèses Version an.

15.40 Dessin animé
Woody Woodpecker: «Le coup du coucou».

Übung 3

Erzählen Sie Marie-Thérèse jetzt, welche Fernsehsendungen Sie am liebsten sehen. Andreas hilft Ihnen wieder dabei.

Dialoge mit Übungen

2 (4/15)

Ça va, Coco?

Hélène:

Ça se passait au Luxembourg, et un monsieur, qui est naturellement un complice, arrive en tenant par la main une cage avec un perroquet dedans. Et il va s'asseoir sur un des bancs à côté d'un vieux monsieur. Et puis, au bout de quelques secondes, il s'adresse au vieux monsieur et il lui demande de garder son perroquet pendant qu'il va acheter des cigarettes.

Et naturellement le vieux monsieur fait ce que fait tout le monde quand il y a un perroquet: il dit «Ça va, Coco?». Et le perroquet lui répond «Moi, ça va». Et il y a tout un dialogue qui s'engage entre le vieux monsieur et le perroquet, car le perroquet était muni d'un émetteur-récepteur, si bien qu'il a tenu pendant une dizaine de minutes une vraie conversation.

Et quand le propriétaire du perroquet revient, le vieux monsieur n'a jamais osé lui dire qu'il avait parlé pendant dix minutes avec un perroquet.

complice *(m.)*	Komplize
cage *(f.)*	Käfig
perroquet *(m.)*	Papagei
dedans	darin
banc *(m.)*	Bank
au bout de	nach
s'adresser à	ansprechen, sich an ... wenden
émetteur-récepteur *(m.)*	Funkgerät
propriétaire *(m., f.)*	Besitzer/-in
oser	wagen

en tenant par la main *wörtlich:* an der Hand (haltend). **Elle tient son enfant par la main**, sie hält ihr Kind an der Hand. Hier sollte es richtig heißen **en tenant ... à la main**, mit ... in der Hand.

au Luxembourg = im Jardin du Luxembourg, einem bekannten Pariser Park

Coco Standardname für Papageien (wie z. B. Lora)

▶ **tout un dialogue qui s'engage** ein ganzer Dialog, der sich entspinnt

muni d'un émetteur-récepteur *wörtlich:* mit einem Sender–Empfänger versehen/ausgerüstet

▶ **si bien qu'il a tenu ... une vraie conversation** so dass er ein richtiges Gespräch führte

Übung 4

Fassen Sie die Fernsehepisode in vier Sätzen zusammen, indem Sie sich die Aufnahme anhören und dabei die zutreffende Beschreibung ankreuzen.

a. ☐ Un monsieur arrive avec son complice.
☐ Le complice tient une cage avec un perroquet.
☐ Un homme arrive avec son perroquet.

b. ☐ L'homme demande une adresse au vieux monsieur.
☐ Il demande au vieux monsieur de s'occuper du perroquet.

174   *11 Tout un programme!*

Dialoge mit Übungen

☐ Il demande au vieux monsieur de lui acheter des cigarettes.

c. ☐ Tout le monde commence à parler au perroquet.

☐ L'homme et le vieux monsieur parlent pendant dix minutes.

☐ Le vieux monsieur et le perroquet tiennent une vraie conversation.

d. ☐ Le vieux monsieur ne veut pas dire qu'il a parlé au perroquet.

☐ Le propriétaire ne croit pas ce que dit le vieux monsieur.

☐ Le perroquet n'ose pas parler à son propriétaire.

Übung 5

Schreiben Sie die Ausdrücke und Satzteile aus dem Dialogtext auf, die dieser Liste entsprechen.

a. bien sûr _____

b. quelques instants plus tard _____

c. lui demande de faire attention à _____

d. n'importe qui _____

e. à peu près dix minutes _____

f. n'a jamais eu le courage _____

Übung 6　(4/16)

Fragen Sie Yves, ob er gestern Abend die Sendung *Caméra invisible* (= Vorsicht Kamera!) gesehen hat *(«Tu as vu . . .?»)*. Beantworten Sie dann seine Fragen nach dem Handlungsablauf mit Hilfe von Andreas.

3　(4/17)

Les grands quotidiens

François:

Je ne parlerai pas de la presse de province, qui est pourtant très importante. Je parlerai simplement des, de la dizaine des grands quotidiens français. Et bizarrement c'est vrai qu'il y a bipolarisation: d'un côté on voit des quotidiens de droite et de l'autre côté des quotidiens de gauche.

Alors, parmi les quotidiens de droite on peut citer *Le Figaro, L'Aurore, Le Parisien, France-Soir, Le Quotidien de Paris.* A gauche, on retrouve *Le Matin, Libération, L'Humanité* et *Le Monde* – encore que *Le Monde* ne se veuille pas politique. Les Français disent que c'est un journal sérieux, c'est un journal indépendant qui doit simplement informer.

quotidien *(m.)*	Tageszeitung
pourtant	dennoch, nichtsdestoweniger
bipolarisation *(f.)*	Zweipoligkeit, Gegensätzlichkeit
citer	nennen, aufzählen
retrouver	finden

▶ **d'un côté . . . de l'autre côté** einerseits . . . andererseits

▶ **de droite . . . de gauche** rechts orientiert . . . links orientiert

. . . encore que Le Monde ne se veuille pas politique . . . obwohl *Le Monde* den Anspruch erhebt, überparteilich

Dialoge mit Übungen

(*wörtlich:* nicht politisch) zu sein. **Veuille** ist der Konjunktiv von **veut** (**vouloir**); **encore que** erfordert diese

Verbform, aber merken Sie sich statt dessen: **Le Monde ne se veut pas politique**.

Übung 7

Welche der folgenden Aussagen über Dialog 3 treffen zu *(vrai)*, welche nicht *(faux)*?

	vrai	faux
a. La presse de province n'a pas d'importance en France.	☐	☐
b. Il n'y a pas de bipolarisation parmi les quotidiens français.	☐	☐
c. *L'aurore* est un quotidien de droite.	☐	☐
d. *Le Monde* se veut politique.	☐	☐

Übung 8

Was versteht man unter „links orientiert" und „rechts orientiert"? Ordnen Sie jede dieser Forderungen dem richtigen Begriff zu.

	droite	gauche
a. On devrait arrêter l'immigration.	☐	☐
b. Il faut nous débarrasser de tous nos missiles sans attendre les autres pays.	☐	☐
c. Je suis pour l'égalité. Les super-riches doivent payer d'énormes impôts – jusqu'à 98 % – et les pauvres doivent être aidés par l'état.	☐	☐

176   *11 Tout un programme!*

d. Ce sont les patients qui doivent payer les médecins, les médicaments et les hôpitaux. Sinon, les gens en abusent. □ □

e. La Sécurité sociale coûte trop cher – j'aimerais voir des réductions dans les services de la Sécurité sociale si on pouvait en même temps réduire les impôts. □ □

Übung 9 (4/18)

Marie-Thérèse spielt jetzt die Rolle einer Ausländerin und fragt Sie über *Le Monde* aus. Sie glaubt, dass es sich um ein Magazin handelt. Beantworten Sie ihre Fragen mit Hilfe von Andreas.

4 (4/19)

De plus en plus de magazines

François:
Depuis quelques années, on s'aperçoit que les Français lisent de plus en plus des magazines. Alors, pêle-mêle, je vais en citer plusieurs magazines, des magazines par exemple de, d'actualité politique et économique comme *L'Express* ou *Le Point*, des magazines beaucoup plus spécialisés en littérature comme *Les Nouvelles Littéraires*, ou alors des magazines franchement photographiques comme *Paris-Match*. Alors, évidemment ... maintenant chaque quotidien souhaite aussi avoir un supplément magazine. Ainsi on voit: *Le Figaro* a son supplément. On voit aussi: *Le Matin* a son supplément magazine. Ce qui fait que, avant, on n'avait pratiquement plus rien pour le week-end, et maintenant, de plus en plus, on s'aperçoit que ... on peut avoir une lecture abondante et trouver des magazines alors beaucoup plus spécialisés pour la femme, pour la voile, pour ... euh ... pour tout.

s'apercevoir	feststellen, bemerken
de plus en plus	mehr und mehr
pêle-mêle	durcheinander, x-beliebig
lecture *(f.)*	Lesestoff, Lektüre
abondant	reichhaltig, ausgiebig
voile *(f.)*	Segeln, Segelsport

11 Tout un programme!   177

Dialoge mit Übungen

▶ **des magazines ... d'actualité politique et économique** politische und wirtschaftliche Nachrichtenmagazine

▶ **spécialisés en littérature** auf Literatur spezialisiert

▶ **franchement photographiques** rein photographisch (d. h. reine Bildunterhaltung ohne viel Text). *Paris-Match* ist eine wöchentlich erscheinende Illustrierte, die in ausführlichen Photoreportagen über Weltereignisse und Klatsch informiert.

Übung 10

Versuchen Sie, die folgenden Fragen zu beantworten, ohne im Text nachzusehen. Arbeiten Sie nur mit der Aufnahme.

a. Beschreiben Sie auf Französisch, um welche Art Magazin es sich handelt:
Le Point _____

Les Nouvelles Littéraires _____

Paris-Match _____

b. Welche Ausdrücke erschienen im Dialog für:
mehr und mehr _____
x-beliebig _____
mehrere _____
selbstverständlich _____

c. Welche beiden Zeitungen haben Magazinbeilagen? _____

d. Nur eines der auf dem Foto (S. 177) erscheinenden Magazine wird im Dialog erwähnt. Welches? _____

Übung 11

Sehen Sie sich jetzt das Magazin-Angebot auf dem Bild der S. 177 genauer an und antworten Sie auf Französisch.

a. Machen Sie eine Liste aller Magazine, die sich mit neuer Technologie befassen.
_____
_____
_____
_____

b. Was ist die französische „Waffe"?
_____

c. In welcher Branche gibt es neue Arbeitsplätze? _____

d. Welcher ungewöhnliche Streik droht?
_____

e. In welchem Land gibt es eine Serie von Konflikten? _____

Übung 12

Was lesen Sie gern? Jetzt haben Sie Gelegenheit, über Ihre Lieblingsmagazine zu sprechen. Wie immer steht Ihnen Andreas zur Seite.

Wichtige Wörter und Ausdrücke

je regarde le journal télévisé/les
nouvelles/les informations
je préfère les films étrangers
doublés
sous-titrés
en version originale
en version française
il s'adresse au monsieur
un dialogue s'engage
il n'a pas osé lui dire qu'il a
tenu une conversation
Le Monde ne se veut pas
politique
des magazines d'actualité politique
et économique
spécialisés en littérature
franchement photographiques

ich sehe mir die
Fernsehnachrichten an
ich bevorzuge ausländische
synchronisierte Filme
mit Untertiteln
in der Originalfassung
in französischer Fassung
er wendet sich an den Herrn
ein Dialog entspinnt sich
er hat (es) nicht gewagt, ihm zu sagen,
dass er ein Gespräch geführt hat
Le Monde erhebt den Anspruch, über-
parteilich zu sein
politische und wirtschaftliche
Nachrichtenmagazine
auf Literatur spezialisierte
rein photographische (Magazine)

11 Tout un programme!

Grammatik mit Übungen

Indirekte oder Dativpronomen

In *Unité 3* wurde erklärt, wie man „mich", „dich", „ihn" etc. in Sätzen wie *il me voit* (er sieht mich) oder *elle le comprend* (sie versteht ihn/es) sagt. Blättern Sie, falls nötig, auf Seite 50 zurück.

Neben diesen so genannten direkten oder Akkusativpronomen werden im Deutschen wie im Französischen auch indirekte oder Dativpronomen gebraucht, wie z. B. „mir", „dir", „ihm" etc. Allerdings unterscheiden sich die französischen Pronomen nur in der dritten Person, während in allen anderen *me, te, nous, vous* für beide Arten von Pronomen verwendet werden.

Direkt	**Indirekt**
Il me comprend.	*Il me dit . . .*
Er versteht mich.	Er sagt (zu) mir . . .
Elle nous aime.	*Elle nous explique . . .*
Sie liebt uns.	Sie erklärt uns . . .

In der dritten Person muss es im Singular *lui* (ihm, ihr) und im Plural *leur* (ihnen) heißen.
Il lui dit merci. Er sagt ihm/ihr danke.
Elle leur donne la lettre. Sie gibt ihnen den Brief.

In Dialog 2 tauchten zwei Verben auf, die im Französischen einen Dativ erfordern, im Deutschen jedoch nicht:
Il lui demande de garder son perroquet. Er bittet ihn, auf seinen Papagei aufzupassen.
Il s'adresse à lui. Er wendet sich an ihn.

Achten Sie daher darauf, ob das Verb im Infinitiv mit *à* verbunden ist: *demander à quelqu'un, répondre à quelqu'un* etc., denn in diesem Fall muss immer ein indirektes Pronomen verwendet werden:

Elle téléphone à son ami. → *Elle lui téléphone.*
Il parle aux gens. → *Il leur parle.*

Wortstellung

In Sätzen mit direkten und indirekten Pronomen wie „Er gibt es ihr" oder „Sie erklären es uns" gilt folgende Faustregel für die Reihenfolge der Pronomen:

me, te, nous, vous
kommen stets vor
le, la, les,
die stets vor
lui, leur
kommen.

Das sieht dann so aus:
Le directeur me le donne. Der Chef gibt es mir.
Mon père le leur a dit. Mein Vater hat es ihnen gesagt.
Le guide nous l'a expliqué. Der Fremdenführer hat es uns erklärt.

Übung 13

Übersetzen Sie die folgenden Sätze und denken Sie dabei an die Reihenfolge der Pronomen.

a. Meine Schwester hat es mir gesagt.

_____

b. Ich habe es ihr gegeben.

_____

c. Der Fremdenführer hat es ihm erklärt.

_____

d. Er hat sie (Plural) gebeten, zu kommen.

_____

Grammatik mit Übungen

Ce qui und ce que

Beide Ausdrücke bedeuten wörtlich „das, was" und man unterscheidet zwischen ihnen genau wie zwischen *qui* und *que*.

● *Ce qui* bezieht sich auf einen ganzen Satzteil oder einen Gedanken, der Subjekt eines Verbs ist:
On appelle ça la raffinerie de pétrole, ce qui est parfaitement injuste.
Man nennt es die Ölraffinerie, was völlig ungerecht ist.
Ce qui est intéressant, c'est que chaque journal a son supplément.
Interessant ist, dass jede Zeitung ihre Beilage hat.

● *Ce que* bezieht sich auf das Objekt eines Verbs:
Je ne comprends pas ce que vous dites.
Ich verstehe nicht, was Sie sagen (was – das Objekt von *dire*).

Merken Sie sich, dass *ce que* (genau wie *que*) vor einem Vokal zu *ce qu'* wird.
Il ne sait pas ce qu'il faut faire.
Er weiß nicht, was er machen soll.

Übung 14

Vervollständigen Sie die Sätze mit *ce qui*, *ce que* oder *ce qu'*.

a. Dites-moi _____ vous voulez.
b. On fait du feu dans la cheminée, _____ est agréable.
c. Il ne sait pas _____ elle pense.
d. _____ est bien, c'est qu'il y a de plus en plus de magazines.
e. C'est _____ j'ai toujours dit!
f. On ne sait pas _____ on va faire.

11 Tout un programme!

Leseübungen

Lieben Sie Film? Sehen Sie sich an, was die Kritiker des Magazins *Télérama* von den folgenden Leinwandproduktionen halten.

Faute de mieux heißt so viel wie „wenn es nichts Besseres gibt" und *heurter* „schockieren" oder „Anstoß erregen".

Télérama a vu pour vous	Bravo	Bien	Pas si mal	Faute de mieux	Hélas	Ah non!
A bout de souffle made in USA ADUL		●				
(L') Année de tous les dangers ADOL			●			
(L') Argent ADOL	●					
(La) Bête noire ADOL idh				●		
Caligula, la véritable histoire N						●
Derrière la porte ADUL idh et imh					●	
(L') Eté meurtrier ADUL imh		●		●		
(La) Femme du chef de gare ADUL		●				
(L') Homme blessé N		●		●		
Monty Python, le sens de la vie ADUL			●			
(Le) Roi des singes T	●					
Vie privée T			●			
Zombie N		●				●

APPRECIATION DES FILMS
Nous publions en abrégé, dans les pages des films nouveaux, l'appréciation morale qui nous est communiquée par l'Office Catholique Français du Cinéma. Voici la signification de ces abréviations:
T: Pour tous. ADOL: Adolescents. ADUL: Adultes. idh.: Des idées peuvent heurter. imh: Des images peuvent heurter. N: Non.

Übung 15

Und jetzt entscheiden Sie ...

a. Selon Télérama, quels films sont
les meilleurs? _____

les pires? _____

b. Selon l'Office Catholique Français du Cinéma, quels films contiennent *et* des idées *et* des images qui peuvent heurter?
_____

c. Comment s'appellent ces films en français?
Außer Atem _____
Der Sinn des Lebens _____

Ein gefährliches Jahr _____

Tödlicher Sommer _____

Leseübungen

Vincent und Albert sind alte Freunde – aber wie gut kennen sie sich wirklich? Das fragt sich auch Albert nach einem Zwischenfall in ihrer gemeinsamen Garderobe ... Mehr darüber erfahren Sie aus dieser Filmbesprechung.

Enquête sur un ami au-dessus de tout soupçon

L'ami de Vincent

Deux amis. Amis musiciens. Deux musiciens de variétés dans un music-hall parisien, Albert est chef d'orchestre, Vincent trompettiste. Meilleurs amis du monde ... deux amis qui ne devraient rien se cacher.

Et pourtant un soir, une jeune femme les surprend dans leur loge au music-hall. Elle est armée d'un revolver, tire des coups de feu, blesse Vincent, annonce calmement à Albert que son ami Vincent est un monstre. «Il a détruit ma sœur» dit-elle avant de s'en aller. Une folle? Une inconnue?
Vincent prétend d'abord qu'il ne la connaît pas, puis hésite, ne sait plus, prend peur. Vincent décide de se cacher chez lui, ne vient même plus au music-hall. Commence alors l'incroyable enquête d'Albert dans la vie de Vincent, les femmes de Vincent qu'il retrouve l'une après l'autre: Marion, Claude, Éléonore, Irène la petite habilleuse de l'Opéra de Strasbourg, Milène ... tant d'autres encore. Chacune parlant d'un Vincent différent, amant parfait, ou impuissant pervers, doux ou brutal, généreux et lâche. Plusieurs hommes en un. Ont-elles toutes connu le même Vincent? Vincent est-il coupable? Au terme de son enquête, Albert découvrira-t-il ce qu'il souhaitait vraiment? Tel est le secret de cette histoire.

enquête *(f.)* · Nachforschung, Untersuchung
soupçon *(m.)* · Verdacht
se cacher · voreinander verbergen (*auch:* sich verstecken)
surprendre · überraschen
loge *(f.)* · Künstlergarderobe
monstre *(m.)* · Ungeheuer, Scheusal
détruire · zerstören
fou, folle · verrückt, wahnsinnig

inconnu, -e · unbekannt
prétendre · vorgeben
incroyable · unglaublich
habilleuse *(f.)* · Garderobiere *(Theater)*
impuissant *(m.)* · Impotenter
lâche · feige
coupable · schuldig
au terme · am Ziel, Ende
secret *(m.)* · Geheimnis

11 Tout un programme!

Leseübungen Radioübungen

Übung 16

Ergänzen Sie Vincents Bericht zu dem Zwischenfall in der Künstlergarderobe.

Albert et moi, nous sommes _____ de variétés dans un _____ parisien. Albert est chef d'orchestre, moi je suis _____. Nous étions l'autre jour dans notre _____. Une _____ femme est entrée; elle était _____ d'un revolver. Elle a _____ sur moi et _____ a blessé. Puis elle a dit très _____ à Albert que j'avais détruit sa _____. Mais qui était-ce?

Ein Blick hinter die Kulissen von *Radio France*: Madame Battistelli *(Chef du Département des Affaires Commerciales)* erklärt die verschiedenen Sender dieser staatlichen Rundfunkgesellschaft und sagt, an welches Publikum sie sich wenden.

La Société Nationale de Radiodiffusion · die staatliche Rundfunkgesellschaft
chaîne *(f.)* · Sender
dit(es) · sogenannt(e)
diffuser · senden, ausstrahlen
ancien · alt
grand public · für ein breites Publikum
24 heures sur 24 · rund um die Uhr
recherchant · auf der Suche nach
émission *(f.)* · Sendung
créer · schaffen
thématique · *hier:* spezifisch, für ein bestimmtes Publikum
le troisième et le quatrième âge · Senioren und „Alt-Senioren"
émettre · senden, ausstrahlen

▼ *Opéra de la Bastille*

184 *11 Tout un programme!*

Radioübungen

Übung 17

Hören Sie Mme Battistelli noch einmal genau zu und notieren Sie auf Deutsch so viele Tatsachen wie möglich zu jedem Sender.

Sender	Programmschwerpunkt
France Inter	
France Culture	
France Musique	
Radio Sept	
Radio Bleue	
Radio France Internationale	

Radio Service Tour Eiffel ist ein unabhängiger Regionalsender für den Pariser Raum. André Serfati, der Chefredakteur *(rédacteur en chef)*, erklärt, warum diese Rundfunkstation von Jaques Chirac, dem Bürgermeister von Paris, ins Leben gerufen wurde.

accéder à · Zugang haben zu
qu'il s'agisse de · ob es sich um ... handelt
kermesse *(f.)* · Jahrmarkt, Kirmes
ignorer · nicht Bescheid wissen

Übung 18

Was hat André Serfati erzählt? Hören Sie ihm noch einmal genau zu.

a. Warum wurde Radio Service Tour Eiffel geschaffen? _____

b. Welche dieser Zeitungen hat bzw. haben einige Lokalseiten?
   ☐ Le Quotidien de Paris
   ☐ Libération
   ☐ Paris-Match
   ☐ Le Parisien Libéré

c. Setzen Sie die fehlenden Wörter ein:
   ... qu'il s'agisse du sport, d'associations culturelles ou de services sociaux pour _____ , par exemple, ou les handicapés.

d. *La Dépêche du Midi* ist die Regionalzeitung in welcher Stadt? _____

11 Tout un programme!

Sprechen Sie selbst

Übung 19

Welche Radio- und Fernsehsendungen mögen Sie besonders gern? Wie oft hören/sehen Sie sich Programme an? Bevorzugen Sie regionale oder bundesweite Sender? Probieren Sie, wie viel Sie zu diesem Thema sagen können, bevor Sie sich die Version von Yves anhören.

Übung 20

Welche Zeitung(en) und/oder Magazine beziehen Sie, und warum? Wie würden Sie deren Inhalt und politische Richtung beschreiben? Antworten Sie so ausführlich wie möglich und hören Sie dann, welche Auswahl Marie-Thérèse unter den französischen Presseerzeugnissen getroffen hat.

12 Quoi de nouveau?

Sie lernen in dieser Unité:

- aktuelle Themen und Nachrichten zu verstehen und zu diskutieren
- etwas über eine französische Erfindung: Zentralisation
- wie Frankreich regiert wird

... und wie fünf Flugreisende mit vier Fallschirmen zurechtkamen.

Wegweiser

Dialoge: Hören Sie zunächst dem Dialog 1 bei geschlossenem Buch zu; anschließend hören Sie ihn sich bei geöffnetem Buch an (wenn nötig, mehrmals). Studieren Sie ihn dabei sorgfältig Zeile für Zeile unter Zuhilfenahme des angegebenen Vokabulars und der Erklärungen. Bearbeiten Sie dann die zum Dialog gehörenden Übungen.

Anschließend verfahren Sie mit den Dialogen 2, 3 und 4 ebenso.

Prägen Sie sich die *Wichtigen Wörter und Ausdrücke* (S. 195) gut ein.

Arbeiten Sie die *Grammatik* einschließlich der Übungen (S. 196–197) durch.

Nun sind die *Leseübungen* (S. 197–199) an der Reihe.

Hören Sie sich die beiden *Radioauszüge* an und bearbeiten Sie die entsprechenden Übungen (S. 199–200). (Hören Sie sich die Radioauszüge an, sooft Sie wollen, versuchen Sie aber, nicht auf die Texte im Begleitheft zu sehen. Im Buch finden Sie Vokabeln und Erklärungen abgedruckt, die Ihnen das Verständnis erleichtern.)

Machen Sie die offenen Sprechübungen im Abschnitt *Sprechen Sie selbst* (S. 201). Hören Sie sich dann zum Vergleich die Beispielversionen auf der CD an.

Hören Sie sich alle Dialoge und Radiotexte noch einmal ohne Buch an.

Dialoge mit Übungen

1 (4/25)

Tu as vu ça dans le journal?
(C = Catherine, S = Stéphane)

C: Tu as vu ça dans le journal? «Exaspéré par le bruit des enfants qui jouaient dans la rue, un homme de 35 ans a pris son fusil et a tiré sur eux, blessant légèrement un enfant.» C'est ... c'est horrible!

S: Oui, mais ça peut se comprendre. Prends l'exemple de ce qui se passe à la maison avec les enfants de Michèle qui galopent chez eux.

C: Oui, mais enfin – tirer sur un enfant!

S: Oui, mais, de manière constante, regarde le bruit des motos dans la rue, je ne sais pas, prends ...

C: Bon ...

S: ... le piano du voisin ...

C: Oui, la radio d'Anne-Marie ...

S: D'accord, mais ... ben tout ça, tu peux imaginer que la, la somme de tout ça, ça puisse exaspérer quelqu'un et qu'il en arrive à tirer sur quelqu'un.

C: Je veux bien, mais – c'est tellement affreux.

exaspérer	aufs Äußerste reizen, rasend machen
fusil *(m.)*	Gewehr
blesser	verwunden
légèrement	leicht
galoper	*wörtlich:* galoppieren; *hier:* herumtoben
moto *(f.)*	Motorrad
voisin *(m.)*	Nachbar
imaginer	sich vorstellen
affreux	entsetzlich, schrecklich

▶ **ça peut se comprendre** das ist verständlich

de manière constante auf die Dauer (*wörtlich:* auf ständige Art und Weise)

la somme de tout ça alles zusammengenommen (*wörtlich:* die Summe all dessen)

puisse kann, der Konjunktiv von **peut** (Infinitiv: **pouvoir**). Diese Verbform wird manchmal verwendet, um eine Ungewissheit auszudrücken. Merken Sie sich statt dessen: **ça peut exaspérer quelqu'un.**

il en arrive à tirer sur quelqu'un es treibt ihn so weit, dass er auf jemanden schießt

▶ **je veux bien** zugegeben / das mag wohl sein

Übung 1

De manière constante – le bruit ... Notieren Sie nur mit Hilfe der Aufnahme auf Französisch die fünf erwähnten Lärmquellen.

a. _____
b. _____
c. _____
d. _____
e. _____

Übung 2

„Hast du das in der Zeitung gelesen?" Finden Sie zu jeder Schlagzeile den passenden Untertitel (SIDA = AIDS).

12 Quoi de nouveau?

Schlagzeilen:

Untertitel: Schreiben Sie die entsprechenden Buchstaben in die Kästchen oben.

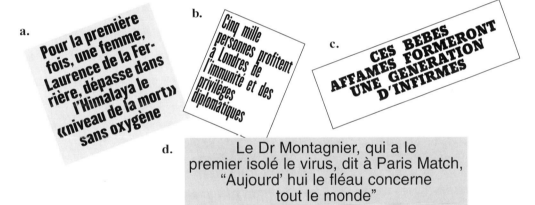

a. Pour la première fois, une femme, Laurence de la Ferrière, dépasse dans l'Himalaya le «niveau de la mort» sans oxygène

b. Cinq mille personnes profitent à Londres de l'immunité et des privilèges diplomatiques

c. CES BEBES AFFAMES FORMERONT UNE GENERATION D'INFIRMES

d. Le Dr Montagnier, qui a le premier isolé le virus, dit à Paris Match, "Aujourd' hui le fléau concerne tout le monde"

Übung 3 (4/26)

Führen Sie mit einem Freund (Yves) ein ähnliches Gespräch wie Catherine und Stéphane. Sagen Sie statt „vous" „tu". Andreas hilft wie immer.

2 (4/27)

On parle de décentralisation

Jean-Pierre:
Oui, on parle beaucoup de décentralisation en France depuis une dizaine d'années. C'est un grand thème politique, et je pense que c'est un vrai miroir aux alouettes, comme on dit en français, parce que la centralisation

Dialoge mit Übungen

est précisément notre génie national. C'est la France qui a inventé l'état centralisé.

Alors, imaginez maintenant une autre forme d'organisation du pouvoir politique, où les régions, les villes de province, auraient une partie du pouvoir, ce qui est donc contraire à notre tradition historique.

Mais, est-ce que les gens des petites villes et des campagnes ont vraiment intérêt à être tyrannisés par les grandes villes des régions ou par la capitale? Je ne suis pas sûr qu'ils vont gagner au change.

décentralisation *(f.)*	Dezentralisation
génie *(m.)*	Genius; *auch:* Eigentümlichkeit
inventer	erfinden
état *(m.)*	Staat
pouvoir *(m.)*	Macht
partie *(f.)*	Teil

on parle ... depuis une dizaine d'années seit rund zehn Jahren wird ... gesprochen

miroir aux alouettes Bauernfalle, Irreführung *(wörtlich:* Spiegel für Lerchen)

... qu'ils ont vraiment intérêt à être tyrannisés? ... dass es wirklich in ihrem Interesse ist, tyrannisiert zu werden?

gagner au change bei dem Tausch (einen Vorteil) gewinnen

Übung 4

Suchen Sie die Wörter aus dem Dialog, die die gleiche Bedeutung haben wie folgende Ausdrücke. Arbeiten Sie mit dem Text.

a. environ 10 ans _____
b. véritable _____
c. glace _____
d. justement _____
e. opposé _____
f. personnes _____
g. certain _____
h. profiter _____

Übung 5

Jean-Pierres Einstellung zur Dezentralisation steht in krassem Gegensatz zur Meinung der Provinzbevölkerung. Übersetzen Sie die folgende Darstellung; orientieren Sie sich am Dialogtext, wenn Sie nicht weiterkommen.

Frankreich ist ein zentralisierter Staat, aber jetzt wird in den Regionen viel von Dezentralisierung gesprochen. Die Leute fordern eine andere Form der Organisation der politischen Macht. Ich verstehe die Leute aus den Provinzstädten – sie wollen nicht von der Hauptstadt tyrannisiert werden *(être)* und würden es bevorzugen, bei sich zu Hause *(chez eux)* die Herren (Meister) zu sein. Aber in Paris versteht man (das) nicht – man sagt, dass die Dezentralisierung unserer historischen Tradition widerspricht *(est contraire à).*

Übung 6 (4/28)

Sie sind *contre la décentralisation*, während Yves *pour la décentralisation* argumentiert. Halten Sie sich bei der Diskussion an die Anweisungen von Andreas.

190   *12 Quoi de nouveau?*

3

Suffrage universel

François:
Nous sommes dans la Ve République. Depuis 1958, date à laquelle Charles de Gaulle a donc rédigé cette nouvelle Constitution, le président de la République est élu au suffrage universel, à deux tours. Pendant deux dimanches de suite, les Français viennent voter pour élire leur président de la République. Et ce président a d'énormes prérogatives. C'est-à-dire que c'est lui, en fin de compte, qui dirige la France. Et, pour l'aider, le président de la République nomme auprès de lui un Premier ministre, qui est chargé donc de former le gouvernement, et, en liaison avec le Sénat et avec l'Assemblée nationale, ce gouvernement va appliquer les grandes directives politiques établies par le président de la République française.

rédiger	verfassen
voter	wählen *(Stimme abgeben)*
élire	wählen *(einen Kandidaten)*
prérogative *(f.)*	Vor-, Sonderrecht
diriger	regieren, leiten
nommer	ernennen
auprès de	neben
charger	beauftragen
liaison *(f.)*	Verbindung
appliquer	ausführen
directive *(f.)*	Richtlinie
établir	aufstellen, anordnen, festlegen

la Ve (Cinquième) République die Fünfte Republik. Eine Verfassungsänderung führt zur Proklamation einer neuen Republik.

▶ **élu au suffrage universel** durch allgemeines Wahlrecht gewählt. **Elu** ist das Partizip Perfekt von **élire**.

à deux tours in zwei Wahlgängen

pendant deux dimanches de suite an zwei aufeinander folgenden Sonntagen

en fin de compte letztendlich, im Endeffekt

▶ **le Sénat et l'Assemblée nationale:** der Senat und die Nationalversammlung bilden zusammen das Parlament.

Übung 7

Wie wird Frankreich regiert? Beantworten Sie diese Fragen mit Hilfe der Aufnahme.

a. Die wie vielte Republik ist die gegenwärtige? _____

b. In welchem Jahr trat die jetzige Verfassung in Kraft? _____

c. Wie wird der Präsident und wie der Premierminister ins Amt berufen? _____

d. Welcher von beiden hat die größere Macht? _____

e. Wie werden die beiden Kammern des Parlaments in Frankreich genannt? _____

Dialoge mit Übungen

Übung 8

Lesen Sie jetzt den Dialogtext sorgfältig durch und ergänzen Sie dann die graphische Darstellung der politischen Struktur.

Le pouvoir politique en France

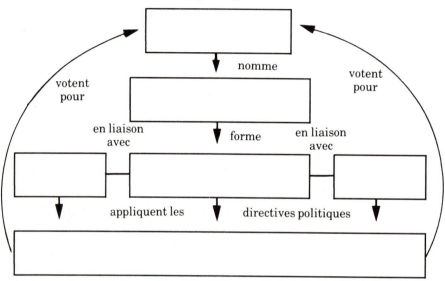

Übung 9 (4/30)

Marie-Thérèse möchte wissen, wie das politische System in Frankreich funktioniert. Ihre Fragen sind denen in Übung 8 sehr ähnlich. Bereiten Sie Ihre französischen Antworten entsprechend vor, da Sie diesmal nicht von Andreas unterstützt werden.

4 (4/31)

Il n'y a que quatre parachutes ...

Jean-Pierre:
Dans un avion se trouvent réunis le président des Etats-Unis, le président de l'Union Soviétique, le président de la République française, le pape et un hippy. Ils sont donc cinq. L'avion a un problème de moteur – ils vont s'écraser. Il n'y a que quatre parachutes.
Le président des Etats-Unis dit «Je suis le président du plus grand état du monde – j'ai droit à un parachute». Il prend un parachute et il saute.
Le président de l'Union Soviétique dit «Je suis le président du pays qui porte l'avenir de

12 Quoi de nouveau?

Dialoge mit Übungen

tous les peuples – j'ai droit à un parachute». Il prend le parachute et il saute.
Le président de la République française dit «Je suis le président le plus intelligent du monde, et président du peuple le plus intelligent du monde – j'ai droit à un parachute». Il prend un parachute et il saute.
Restent le pape et le hippy. Le pape dit au hippy «Jeune homme, vous êtes jeune, je suis vieux. Vous êtes l'avenir – c'est vous qui allez prendre le dernier parachute». Et le hippy répond «Mais non, très Saint-Père, il reste deux parachutes. Le président le plus intelligent du monde a pris mon sac à dos».

avion *(m.)*	Flugzeug
pape *(m.)*	Papst
s'écraser	abstürzen
avoir droit à	ein Anrecht haben auf
sauter	springen
dernier, -ère	letzte/r
Saint-Père *(m.)*	Heiliger Vater
sac à dos *(m.)*	Rucksack

▶ **se trouvent réunis** finden sich vereint

▶ **du plus grand état du monde** des größten Staates der Welt

▶ **le président du pays qui porte l'avenir de tous les peuples** der Präsident des Landes, das (die Verantwortung für) die Zukunft aller Völker trägt

▶ **Restent ...** (Übrig) bleiben ... Auch: **il reste**, das sowohl „es bleibt" als auch „es bleiben ... übrig" heißen kann.

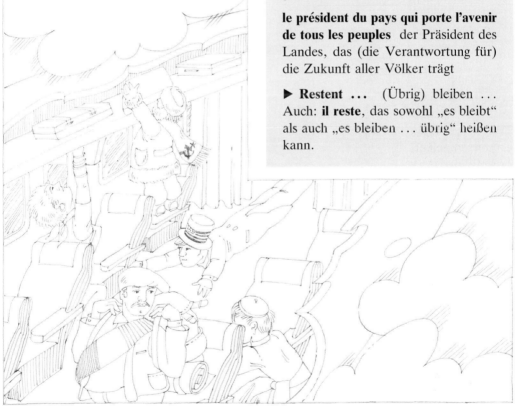

12 Quoi de nouveau?

Dialoge mit Übungen

Übung 10

Mots croisés. Alle Lösungswörter sind in den Dialogen dieser *Unité* vorgekommen.

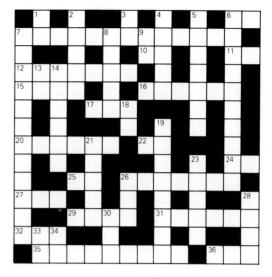

Horizontalement

6 L'exemple de ____ qui se passe à la maison.
7 Il dirige la France. Continue au 7 (vert.).
10 Comme on dit ____ français.
11 Négatif.
12 La décentralisation leur donnerait du pouvoir.
15 La France l'a inventé. Continue au 6 (vert.).
16 Mettre ensemble.
17 Participe passé d'*être*.
20 L'homme a tiré sur l'enfant et l'a ____ .
22 Tu as ____ ça dans le journal?
24 Ça peut ____ comprendre.
25 ____ peux imaginer?
26 ____ ____ ____ compte.
27 C'est le premier ministre ____ forme le gouvernement.
29 L'élection du président se fait à combien de tours?
31 Futur.
32 Choisi par des votes.
35 Continuation du 19 (vert.).
36 Ce n'est pas un parachute, c'est un sac à ____ .

Verticalement

1 Est-ce *le* ou *la* pays?
2 J'ai ____ à un parachute.
3 Mais oui!
4 La centralisation est notre ____ national.
5 Pas normal, bizarre.
6 Voir 15 (horiz.).
7 Continuation du 7 (horiz.).
8 En liaison avec le ____ et l'Assemblée nationale.
9 La somme ____ tout ça.
13 Plus.
14 Je ne suis pas sûr qu'ils vont ____ au change.
18 Participe passé d'*avoir*.
19 Tout le monde vote. Continue au 35 (horiz.).
21 Ce qu'on fait avec un parachute.
23 365 jours.
26 Un homme de 35 ans a tiré sur ____ .
28 Il a ____ son fusil.
30 Les 12 (horiz.) auraient ____ partie du pouvoir.
33 Participe passé de *lire*.
34 C'est ____ grand thème politique.

Dialoge mit Übungen

Übung 11 (4/32)

Rufen Sie sich die Zusammenhänge der Fallschirmgeschichte noch einmal genau ins Gedächtnis, bevor Sie Yves' Fragen beantworten. Sie sollten über die folgenden Details Bescheid wissen:

– Wer sind die fünf Passagiere an Bord?
– Was passiert mit dem Flugzeug?
– Warum meint der Präsident der Vereinigten Staaten, dass ihm ein Fallschirm zustehe?
– Wer nimmt den dritten Fallschirm?
– Warum sollte der Hippie den letzten Fallschirm bekommen?
– Warum sind am Ende zwei Fallschirme übrig?

Wichtige Wörter und Ausdrücke

il a blessé son voisin	er hat seinen Nachbarn verletzt
ça peut se comprendre	das ist verständlich
exaspérer quelqu'un	jemanden zum Wahnsinn treiben
je veux bien	das mag schon sein
la centralisation	die Zentralisation
la décentralisation	die Dezentralisation
les régions veulent une partie du pouvoir	die Regionen wollen einen Teil der Macht
le président est élu au suffrage universel	der Präsident wird durch allgemeines Wahlrecht gewählt
il y a, en France, un Sénat et une Assemblée nationale	es gibt in Frankreich einen Senat und eine Nationalversammlung
vous avez droit à une explication	Sie haben ein (An)Recht auf eine Erklärung
il reste deux journaux	es bleiben/sind zwei Zeitungen übrig

12 Quoi de nouveau?

Grammatik mit Übungen

Der Superlativ

C'est le plus grand pays du monde.
Es ist das größte Land der Welt.

Um auszudrücken, dass etwas das beste, größte und schönste (oder auch das schlimmste, kleinste, hässlichste) ist, brauchen Sie im Französischen *le/la/les plus* und das entsprechende Adjektiv:
La chose la plus intéressante.
Die interessanteste Sache.
Les enfants les plus bruyants.
Die lautesten Kinder.

Einige häufig gebrauchte Adjektive wie *beau, bon, mauvais, grand* etc. stehen vor dem Substantiv:
Les plus belles femmes. Die schönsten Frauen.

Im Grunde entspricht der Superlativ dem Komparativ (Vergleichsform), nur setzt man im Superlativ *le/la/les* vor *plus*. Blättern Sie zum Vergleich zu *Unité 2*, S. 37, zurück. Die beiden unregelmäßigen Formen *meilleur*, „besser", und *pire*, „schlimmer", werden im Superlativ zu *le meilleur*, „das beste", und *le pire*, „das schlimmste":
La meilleure façon. Die beste Art/Weise.
Le pire moment. Der schlimmste Moment.

Übung 12

Übersetzen Sie die folgenden Superlative.

a. Die intelligenteste Frau. _____

_____

b. Die schönsten Dinge. _____

_____

c. Das größte Land. _____

_____

d. Die interessanteste Zeitung. _____

_____

e. Das beste Flugzeug der Welt. _____

_____

f. Die schlimmste Mahlzeit. _____

_____

Das Partizip Perfekt und das Passiv

Die Partizipform des Verbs in der Vergangenheit ist Ihnen mittlerweile vertraut:
*Les Français **ont élu** leur président.*
Die Franzosen haben ihren Präsidenten gewählt.

Das Partizip Perfekt kann genau wie im Deutschen auch passiv gebraucht werden: d. h. „wird gewählt" statt „hat gewählt". Allerdings benutzt man im Französischen nicht „werden", sondern „sein", *être*.
*Le président **est élu** au suffrage universel.*
Der Präsident wird durch allgemeines Wahlrecht gewählt.

Weitere Beispiele:

Aktiv	Passiv
Nos amis nous invitent.	*Nous sommes invités par nos amis.*
Unsere Freunde laden uns ein.	Wir werden von unseren Freunden eingeladen.
Le bruit a exaspéré le voisin.	*Le voisin a été* (auch: *était*) *exaspéré par le bruit.*
Der Lärm hat den Nachbarn zur Verzweiflung gebracht.	Der Nachbar ist von dem Lärm zur Verzweiflung gebracht worden.

Grammatik mit Übungen

Paris a tyrannisé les régions.	*Les régions ont été tyrannisées par Paris.*
Paris hat die Regionen tyrannisiert.	Die Regionen sind von Paris tyrannisiert worden.

Da das Passiv im Französischen mit *être* gebildet wird, richtet es sich genau wie ein Adjektiv nach dem Subjekt, auf das es sich bezieht:
Elle est invitée.
Les villes sont tyrannisées.
Les textes ont été écrits.

Übung 13

Setzen Sie die folgenden Sätze ins Passiv.

a. La pianiste a donné un concert.

_____

b. Nous avons invité une amie.

_____

c. Le bruit exaspère les voisins.

_____

d. Il a écrit une lettre.

_____

Leseübungen

Der folgende Artikel geht auf bestimmte Aspekte eines Streiks *(une grève)* in Postsortierstellen *(les centres de tri postal)* ein. Das Personal protestierte damit gegen geplante Dienstreduzierungen. (Die Übersetzung neuer Wörter finden Sie auf Seite 198.)

Tri postal: les conflits se développent

Les grèves des centres de tri postal se poursuivent de façon inégale. A Lille, samedi, le conflit touchait 100% des agents ainsi qu'à Nice. Dans la région parisienne, il y avait 90% de grévistes pour la brigade de nuit et les arrivées des camions postaux étaient bloquées.

En fait, depuis le 14 septembre, les centres de tri réagissent d'une façon très différente d'une région à une autre, d'un bureau à un autre. Ici le personnel décide de faire une heure de grève. Là, c'est toute une brigade qui arrête le travail toute une nuit ou toute une journée.

Mais pendant que les agents abandonnent leurs tables de tri, les sacs continuent à s'accumuler et c'est l'asphyxie d'un centre de tri qui commence.

Le monde des postiers est difficile. Beaucoup – bien que titulaires d'un baccalauréat ou même d'une licence universitaire – trient les lettres comme au temps de Louis-Philippe. Dans la poussière. Certes, on a acheté au fil des années de belles machines à indexer, des tables de travail plus modernes . . . «*Mais*, disent les agents, *on les équipe d'un compteur pour mieux nous surveiller.*»

Telle est l'ambiance des centres de tri . . . Chaque mesure prise par la direction pour améliorer les conditions de travail des agents est mal interprétée et se trouve à l'origine de nouveaux conflits. Le phénomène n'est pas uniquement français et on a assisté ces derniers temps à des grèves très dures dans les postes britanniques, canadiennes, américaines.

---

12 Quoi de nouveau?

Leseübungen

conflit *(m.)* · Konflikt
inégal · unterschiedlich
agent *(m.)* · *hier:* Angestellte(r)
gréviste *(m. f.)* · Streikende(r)
brigade *(f.)* de nuit · Nachtschichtteam
réagir · reagieren
table *(f.)* de tri · Sortiertisch
s'accumuler · sich ansammeln, häufen
asphyxie *(f.)* · Ersticken
titulaire *(m.)* · Inhaber *(eines Diploms)*
licence *(f.)* universitaire · Universitätsab-
  schluss
trier · sortieren
au temps de Louis-Philippe · zur Zeit des
  Königs Louis-Philippe *(um 1830)*
poussière *(f.)* · Staub
au fil des années · im Laufe der Jahre
compteur *(m.)* · Zähler

mesure *(f.)* · *hier:* Maßnahme
améliorer · verbessern
assister à · miterleben, mit ansehen

Übung 14

a. In welchen beiden Städten wird der Streik
von allen Postangestellten unterstützt?

b. Wie reagieren die verschiedenen Sortier-
ämter im ganzen Land?

c. Was passiert, wenn Angestellte ihre Ar-
beitsplätze verlassen?

d. Was ist an ihrer „Welt" schwierig?

e. Welche Diplome haben manche Ange-
stellte?

f. Warum sind die Angestellten gegen die
neuen Maschinen?

g. Was führt zu weiteren Konflikten?

Und nun einige Kurzmeldungen, *des faits divers*:

LIBYE
Deux diplomates américains expulsés

■ Deux diplomates américains ont été expulsés jeudi de Libye pour espionnage, a annoncé Radio Tripolis; le gouvernement américain a qualifié «d'absurdes» les accusations d'aide à l'opposition portées à l'encontre des deux diplomates; en mai dernier un diplomate américain avait été expulsé pour «vente de littérature pornographique».

ULSTER
Trois policiers inculpés de meurtre

■ Trois policiers nord-irlandais ont été suspendus jeudi et vont être inculpés du meurtre d'un homme abattu à un barrage routier le 11 novembre dernier, selon la police de Belfast. A l'époque, les policiers avaient affirmé que l'homme avait tenté de forcer un barrage routier près de Lurgan, et que sa voiture s'était écrasée dans un fossé.

VIETNAM
Un Britannique et un Américain emprisonnés

■ Le Vietnam a reconnu détenir, dans une prison du Sud du pays, un Britannique et un Américain, partis en juillet de Thaïlande à la recherche d'un trésor près de l'île vietnamienne de Phu Quoc, au large du Cambodge. Richard Knight, quarante-trois ans, et Frederik Graham, dix-neuf ans, cherchaient le trésor enterré au XVIIe siècle par le pirate écossais William Kidd.

Leseübungen

expulser · des Landes verweisen
qualifier de · als ... bezeichnen
porté à l'encontre de · vorgehalten
inculper · beschuldigen
meurtre *(m.)* · Mord
abattre · erschießen
barrage *(m.)* routier · Straßensperre
selon · laut, gemäß
à l'époque · damals
tenter · versuchen
fossé *(m.)* · Straßengraben
reconnaître · zugeben
détenir · festhalten
trésor *(m.)* · Schatz
au large · vor der Küste
enterrer · vergraben
écossais · schottisch

Übung 15

Lesen Sie die Kurzmeldungen noch einmal durch und schreiben Sie dann auf Deutsch auf, was an den folgenden Daten geschah.

a. Am Donnerstag (zwei Antworten)

_____
_____
_____

b. Am 11. November

_____

c. Im letzten Mai

_____
_____

d. Im Juli

_____
_____

e. Im 17. Jahrhundert

_____

Radioübungen

Georges Falconet, der ehemalige Geschäftsleiter von Citroën, äußert sich in einem Interview zur Streiklage in der Fabrik von Aulnay-sous-Bois bei Paris.

usine *(f.)* · Fabrik
à travers · durch
affronter · entgegentreten, die Stirn bieten
minorité *(f.)* · Minderheit
placide · sanft, ruhig
satisfassent · *Konjunktiv von satisfaire:* befriedigen
se battre pour · für ... kämpfen

Übung 16

Welche der folgenden Bemerkungen fassen das Interview zusammen, und welche sind falsch?

	vrai	faux
a. Aulnay est la première usine du groupe Citroën touchée par la grève.	☐	☐
b. Toute l'industrie automobile est en difficulté.	☐	☐
c. La situation à Aulnay est dramatique.	☐	☐
d. Presque tous les ouvriers font la grève.	☐	☐
e. Il semble que les négociations n'ont pas d'importance.	☐	☐
f. Pour satisfaire les clients il faut produire dans des conditions de qualité.	☐	☐
g. Tout le monde fait un effort pour normaliser la situation à l'usine.	☐	☐

Radioübungen

Der zweite Radiobeitrag bezieht sich auf eine Änderung der Verkehrsregelung im Kreisverkehr *(les carrefours giratoires)*. In Angleichung an andere Länder der EU haben jetzt die Fahrzeuge im Kreis Vorfahrt *(la priorité)*, während es vorher die von rechts kommenden Fahrzeuge waren.

baisse *(f.)* · Rückgang
accident *(m.)* corporel · Unfall mit Personenschaden
auparavant · vorher, zuvor
enregistrer · vermerken
entraîner · zur Folge haben
dégagement *(m.)* · Räumung
intersection *(f.)* · Kreuzung, Zufahrt
carburant *(m.)* · Treibstoff

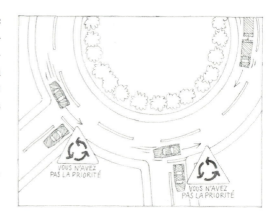

Übung 17 (4/34)

Machen Sie einen Bericht über das Kreisverkehr-Experiment in Quimper. Füllen Sie die fehlenden Daten ein.

Quimper: Kreisverkehr-Experiment

Anzahl der Kreisel: _____

Zahl der Unfälle pro Jahr

vorher: _____

nachher: _____

Weitere Daten: **Zunahme / Abnahme**
    Verkehrsstauungen
    Benzinverbrauch
    Umweltverschmutzung

---

12 Quoi de nouveau?

Sprechen Sie selbst

Jedes Land hat seine wirtschaftlichen und sozialen Probleme. Die hier angeschnittenen wunden Punkte dürften Ihnen vertraut erscheinen!

Quoi de nouveau? · Was gibt's Neues?
le bruit court · das Gerücht geht um
tranche *(f.)* d'impôt · Steuersatz *(hier: 70 %)*
plus qu'ils n'ont gagné · mehr, als sie verdient haben

Übung 18 4/35

Wie sieht es in Ihrem eigenen Land aus? Liegen die Probleme ähnlich wie in dem Cartoon? Probieren Sie einmal, wie viel Sie dazu sagen können. Anschließend äußert sich Yves zu diesem Thema.

Übung 19 4/36

Sprechen Sie über einen Zeitungsartikel oder einen aktuellen Bericht im Fernsehen, der Sie besonders berührt hat. Dabei kann es sich um ein lokales Ereignis, ein soziales Problem im In- oder Ausland oder um ein politisches Thema handeln. Geben Sie zunächst eine kurze Zusammenfassung *(J'ai lu un article sur . . . /J'ai vu une émission sur . . .)*. Nehmen Sie dann Stellung dazu *(C'est tellement . . . /Je trouve ça . . .)*. Marie-Thérèse erzählt anschließend, was sie sehr beschäftigt hat.

12 Quoi de nouveau?

Wortschatz

Wortschatz

A

abattre niederschlagen, -schießen
abonner abonnieren
  s' — sich abonnieren auf
abonné, e (m./f.) Abonnent(in)
aboutir à reichen bis
abrégé, e abgekürzt
abréviation (f.) Abkürzung
abri (m.) Schutz, Obdach
abriter schützen, beherbergen
absolument absolut, durchaus
abuser missbrauchen, übertreiben
accablant, e bedrückend
accabler niederdrücken
accéder à Zugang haben zu, gelangen nach
accent (m.) Akzent, Betonung
accès (m.) Zutritt, Eingang; Anfall
accident (m.) Unfall
accidenté, e (m./f.) Unfallverletzte(r)
accréditif, ive Kredit-
accroissement (m.) Anwachsen, Wuchs
accueil (m.) Empfang, Aufnahme
accueillant, e entgegenkommend, freundlich
acharnement (m.) Verbissenheit, Leidenschaft
acheter kaufen
acoustique akustisch
acteur (m.) Schauspieler
actrice (f.) Schauspielerin
actualité (f.) Neuigkeit, Zeitgeschehen
actuel, le gegenwärtig
actuellement zur Zeit
additionner zusammenzählen
  s' — sich summieren
adresse (f.) Anschrift
adresser schicken
  s' — **à** sich wenden an
adulte (m. und f.) Erwachsene(r)
aérien, ne Luft-
affaire (f.) Angelegenheit
  mes affaires meine Sachen
affamé, e ausgehungert
affichage (m.) Anschlag, Aushang
affirmer behaupten

affreux, euse grässlich, abscheulich
affronter sich (entgegen-)stellen
afin de um ... zu
âge (m.) Alter
âgé, e alt, bejahrt
agent (m.) Angestellter, Agent
agglomération (f.) Siedlung
agir handeln, wirken
  il s'agit de es handelt sich um
agréable nett, angenehm
aider helfen
ail (m.) Knoblauch
aile (f.) Flügel, Schwinge
ailleurs woanders
aimer lieben
  — **bien** mögen
  — **mieux** vorziehen
aîné, e älteste(r,s)
ainsi so
air (m.) Luft; Miene
  avoir l' — scheinen als ob
ajouter hinzufügen
ajusteur (m.) Monteur, Schlosser
alcoolémie (f.) Blutalkoholspiegel
alcoolique alkoholisch
alerte (f.) Alarm
alité, e bettlägerig
allemand, e deutsch
aller (m.) Hinfahrt, Hinreise
aller gehen
  s'en — fortgehen
allergique allergisch
allonger verlängern
alors que während, wogegen
alternance (f.) Abwechslung
amant, e (m./f.) Liebhaber(in)
ambassade (f.) Botschaft
ambiance (f.) Umgebung; Atmosphäre
ambré, e bernsteinartig
amélioration (f.) Verbesserung
améliorer verbessern
aménagé, e eingerichtet, ausgestattet
amende (f.) Geldstrafe
américain, e amerikanisch
ami, e (m./f.) Freund(in)
amical, e freundschaftlich, freundlich
amitié (f.) Freundschaft
amusant, e unterhaltsam

amuser unterhalten, belustigen
  s' — sich amüsieren
an (m.) Jahr
ancien, enne alt
anglais, e englisch
animal (m.; pl.: **animaux**) Tier
année (f.) Jahr
annonce (f.) Anzeige, Bekanntmachung
  petite — Kleinanzeige
annuaire (m.) Verzeichnis
ânonner murmeln
antibiotique (m.) Antibiotikum
antiépileptique (m.) Antiepileptikum (Medikament)
antigrippal, e Grippemittel
antiseptique antiseptisch
août (m.) August
apercevoir wahrnehmen, bemerken
  s' — feststellen, merken
appareil (m.) Gerät, Vorrichtung
apparition (f.) Erscheinen
appel (m.) Aufruf, Zuruf
  — **(téléphonique)** (Telefon)anruf
appellation (f.) Bezeichnung
  — **contrôlée** offizielle Herkunfts- und Qualitätsgarantie für Wein/Calvados
appliquer anwenden
apport (m.) Beitrag, Zufuhr
apprécier schätzen
approximatif, ive annähernd
arbre (m.) Baum
argent (m.) Geld; Silber
armer bewaffnen
arôme (m.) Aroma, Duft
arranger (ein-)ordnen
arrêt (m.) Halt
  — **d'autobus** (m.) Bushaltestelle
arrêté (m.) Erlass
arrêter anhalten, zum Stehen bringen
  s' — anhalten, aufhören, stillstehen
arriver ankommen; erreichen, fertigbringen
arrondi, e abgerundet
arrondissement (m.) Stadtbezirk
arroser begießen
artisan (m.) Künstler

204

Wortschatz

artistique künstlerisch
asphyxie (f.) Erstickung
asphyxié, e (m./f.) Erstickte(r)
aspirateur (m.) Staubsauger
assemblée (f.) Versammlung
   l'Assemblée nationale die Nationalversammlung (Parlament)
asseoir hinsetzen, legen
   s' — sich setzen
assez genug; ziemlich
assis, e gesessen (Partizip Perfekt von asseoir)
assister à beiwohnen
assurer sicherstellen, sichern
atelier (m.) Atelier
attacher befestigen
attaquer angreifen, anfallen
   s' — à entgegentreten
atteindre erreichen; betreffen
attendre warten auf, erwarten
attente (f.) Warten, Erwartung
attention (f.) Aufmerksamkeit; Achtung!
   faire — à achten auf, aufpassen
attirer anziehen
attraper fangen
attribuer zuschreiben, zuteilen
auberge (f.) Gasthof
au-dessous de unter
au-dessus de über
au fur et à mesure sobald; allmählich; entsprechend
aucun, e kein(e)
audiovisuel, elle audiovisuell
augmenter erhöhen, vermehren
aujourd'hui heute
auparavant vorher
auprès de bei; neben
aussi auch
   — bien ebenso, ohnehin
Australie (f.) Australien
authenticité (f.) Authentizität
autobus (m.) Bus
autocar (m.) Reisebus
automne (m.) Herbst
automobile Auto-
automobiliste (m. und f.) Autofahrer(in)
autoriser genehmigen
autoroute (f.) Autobahn
autour herum
autre andere(r,s)

Autriche (f.) Österreich
avance (f.) Vorsprung; Vorschuss
   à l' — im Voraus
avantage (m.) Vorteil
avenir (m.) Zukunft
aventure (f.) Abenteuer
averse (f.) Regenschauer
averti, e gewarnt; benachrichtigt
avion (m.) Flugzeug
avis (m.) Meinung
avocat (m.) Rechtsanwalt
avouer zugeben
avril (m.) April
ayez! haben Sie! (Imperativform von avoir)

B

bâtir bauen
bâtiment (m.) Gebäude
bac(calauréat) (m.) (Schul-) Abschlussprüfung (entspricht etwa dem Abitur)
bagages (m.pl.) Gepäck
baignade (f.) Baden
(se) baigner baden
bain (m.) Bad
   salle de -s Badezimmer
baisse (f.) Abfall, Rückgang
baisser senken
balcon (m.) Balkon
balise (f.) Boje, Markierung
banc (m.) Bank
bancaire Bank-
bande (f.) Band
banlieue (f.) Vorstadt
barrage routier (m.) Straßensperre
barrière (f.) Barriere
bas, basse niedrig
battre schlagen
beau, bel, belle schön
beaucoup de viel(e)
bébé (m.) Baby
Belgique (f.) Belgien
bénéficier de profitieren von
besoin (m.) Bedürfnis, Bedarf
   avoir — de brauchen
biberon (m.) Babyflasche
bibliothèque (f.) Bibliothek

bien gut
   — entendu selbstverständlich
   — sûr natürlich, bestimmt
bière (f.) Bier
bijou (m.) Schmuckstück
biologique biologisch
bistro, bistrot (m.) Bistro
blanc, blanche weiß
blanchâtre weißlich
blesser verwunden, verletzen
bleu, e blau
bœuf (m.) Rind; Rindfleisch
boire trinken
boiseries (f.pl.) Holztäfelung
boisson (f.) Getränk
boîte (f.) Schachtel; Dose
   — de nuit (f.) Nachtclub
bomber wölben
   — le torse die Brust recken
bon, bonne gut
bon marché billig
bonne route! gute Reise!
bouche (f.) Mund
boules (f.pl.) Kugelspiel
bout (m.) Ende
bouteille (f.) Flasche
bras (m.) Arm
brasserie (f.) Brauhaus
Bretagne (f.) Bretagne
breton, ne bretonisch
bricoler basteln
brigade (f.) Mannschaft, Gruppe mehrerer Arbeiter
brillant, e hervorstechend
bronzage (m.) Sonnenbräune
bruit (m.) Lärm
brûler verbrennen
brun, e braun
brut, e unbearbeitet
bruyant, e lärmend
bulbe (m.) Zwiebel, Knolle
bureau (m.) Büro; Schreibtisch
   — de tabac (m.) Tabakgeschäft
bureautique (f.) Bürotechnologie

C

c'est-à-dire das heißt
cacher verstecken
   se — sich verstecken
cadavre (m.) Leiche, Kadaver

205

Wortschatz

café (m.) Kaffee; Café
calcul (m.) (Be-)Rechnung
calme ruhig
calme (m.) Ruhe
calvados (m.) Apfelschnaps
caméra (f.) Kamera
campagne (f.) Land (im Gegensatz zu Stadt)
Canada (m.) Kanada
canadien, enne kanadisch
candidat (m.) Kandidat
capitale (f.) Hauptstadt
capiton (m.) Sitzpolster
carburant (m.) Brennstoff
cardiaque Herz-
carnet (m.) Fahrkartenblock
carrefour (m.) Kreuzung
 — giratoire/circulaire (m.) Kreisverkehr
carrière (f.) Karriere
carte (f.) Karte, Landkarte
 — de crédit (f.) Kreditkarte
cas (m.) Fall
casque (m.) Helm; Kopfhörer
cathédrale (f.) Kathedrale
cause (f.) Ursache
cave (f.) Keller
celle jene
cellulaire Zell-
cellule (f.) Zelle
cellulosique zellulosehaltig
celui jener(s)
cependant währenddessen; jedoch
cervelle (f.) Gehirn, Hirn
cesser aufhören
ceux (m.pl.) jene
chacun, e jede(r,s)
chai (m.) Weinkeller, -lagerraum
chaîne (f.) *hier:* Fernseh-, Radiosender
chaise (f.) Stuhl
chaleureux, euse warmherzig
chambre (à coucher) (f.) Schlafzimmer
chance (f.) Glück
 avoir de la — Glück haben
changer d'avis seine Meinung ändern
chanter singen
chanteur, euse (m./f.) Sänger(in)
chaque jede(r,s)
characuterie (f.) Metzgerei

charger beladen
chariot porte-bagages (m.) Gepäckkarren
charmant, e bezaubernd
château (m.) Schloss
chauffagiste (m.) Heizungsmonteur
chef de gare (m.) Bahnhofsvorsteher
chef d'orchestre (m.) Dirigent
chef-d'œuvre (m.) Meisterwerk
cheminée (f.) Kamin
chêne (m.) Eiche
cher, chère teuer, lieb
chez bei
chien (m.) Hund
chienne (f.) Hündin
chiffre (m.) Zahl
choc (m.) Schock
choisir wählen
choix (m.) Wahl
chose (f.) Ding, Sache
chronique chronisch
chute de neige (f.) Schneefall
ci; ce(chien)**-ci** dieser (Hund)
cidre (m.) Apfelwein
ciel (m.) Himmel
circulaire kreisförmig, Kreis-
circulation (f.) Verkehr(sfluss)
ciseaux (m.pl.) Schere
citer zitieren, erwähnen
clair, e klar
classe (f.) Klasse
classement (m.) Einteilung, Einstufung
classique klassisch
clavier (m.) Klavier
clé, clef (f.) Schlüssel
client, e (m./f.) Kunde, Kundin
clochard (m.) Vagabund
clocher (m.) Kirchturm
cœur (m.) Herz
coincé, e eingekeilt
collègue (m. und f.) Kollege, Kollegin
colorier kolorieren
comestible essbar
cosmestibles (m.pl.) Nahrungsmittel; Delikatessen
comme wie
commencement (m.) Anfang
commencer anfangen

comment wie
commentaire (m.) Kommentar
commerçant (m.) Händler
commercial, e Handels-
commercialiser auf den Markt bringen
commission (f.) Einkauf, Besorgung
commode (f.) Kommode
communiquer mitteilen, bekannt geben
compagnie (f.) Gesellschaft
comparer vergleichen
compatriote (m. und f.) Landsmann, -männin
compétent, e zuständig; kompetent
complètement ganz und gar
compléter vervollständigen
complice (m.) Komplize
compliquer komplizieren
comportement (m.) Verhalten
composter entwerten (Fahrschein)
composteur (m.) Entwerter (für Fahrschein)
comprenant enthaltend; verstehend
comprimé (m.) Tablette
compris, e eingeschlossen
compte (m.) Rechnung
 se rendre — de sich im Klaren sein über
comptoir (m.) Ladentisch; Kontor
comte (m.) Graf
comédien, enne Schauspieler(in), Komödiant(in)
conclure (be-, ab-)schließen
concours (m.) Wettbewerb
conçu, e geplant, konzipiert
conducteur (m.) Fahrer
conduire fahren; führen
confection (f.) Herstellung
confectionner herstellen
conférence (f.) Vortrag; Konferenz
confiance (f.) Vertrauen
conflit (m.) Konflikt
conformer anpassen
 se — à sich richten nach
confort (m.) Komfort; Behaglichkeit
congé (m.) Urlaub

206

Wortschatz

congélateur (m.) Tiefkühltruhe,
Gefrierfach
connaissance (f.) Wissen, Kenntnis(se)
connaître kennen, wissen
connecter verbinden
conseil (m.) Rat, Ratschlag
conseiller (be)raten
conséquence (f.) Konsequenz
considérablement beträchtlich
(Adv.)
considérer betrachten
consigne (f.) Gepäckaufbewahrung
consommateur (m.) Verbraucher
consommer verbrauchen
constituer bilden
construire bauen
contaminer kontaminieren
contenir enthalten
content, e erfreut, zufrieden
continuer fortsetzen, -fahren
contraindre zwingen
contraire (m.) Gegenteil
— à gegensätzlich zu
au — im Gegenteil
contrat (m.) Vertrag
contre gegen
contrôle (m.) Überwachung
convaincre überzeugen
convenir passen
copain (m.) Kumpel
copine (f.) Kameradin, Freundin
corbeille (f.) Korb
corps (m.) Körper
correspondant (m.) Korrespondent
correspondre à entsprechen,
übereinstimmen mit
corriger korrigieren
côte de porc (f.) Schweinekotelett
côté (m.) Seite
à — de neben
coucher hinlegen
se — sich hinlegen, sich schlafen legen
coucou (m.) Kuckuck
couleur (f.) Farbe
coup (m.) Schlag
— d'œil (m.) Blick
être aux cent — s nicht ein
noch aus wissen

coupable schuldig
cour (f.) Hof
courant (m.) Strom, Strömung
être au — de auf dem laufenden sein
courrier (m.) Post
cours (m.) Verlauf
au — de im Laufe, während
course (f.) Besorgung; Rennen
faire les courses einkaufen
(gehen)
coûter kosten
couture (f.) Nähen; Mode
couvert (m.) Gedeck
couvert, e bedeckt
couverture (f.) Decke
couvrir (be)decken
cracher spucken
cracheur de feu (m.) Feuerschlucker
création (f.) Schöpfung
créer erschaffen
crème (f.) Creme
crêperie (f.) Creperie
crier rufen, schreien
crise (f.) Krise, Anfall
croire glauben
cru, e roh
cuisine (f.) Küche
cuisinier (m.) Koch
cuisinière (f.) Herd; Köchin

D

d'abord zuerst
d'accord einverstanden, in Ordnung
d'ailleurs außerdem
d'après nach, gemäß
d'autant plus ... que um so
mehr ... als
dangereux, euse gefährlich
dater datieren
davantage mehr
débarrasser befreien, entledigen
débat (m.) Debatte, Podiumsgespräch
débrouiller entwirren
se — sich durchschlagen
début (m.) Anfang

débuter anfangen
décembre (m.) Dezember
décentralisation (f.) Dezentralisierung
décevoir enttäuschen
décibel (m.) Dezibel
décider (de) beschließen (zu)
déconseiller abraten
décorateur (m.) Dekorateur
décoration (f.) Dekoration
décorer dekorieren
découpage (m.) Ausschneidearbeit
découper ausschneiden
découragé, e entmutigt
découverte (f.) Entdeckung
découvrir entdecken
décrire beschreiben
défaillant, e versagend
défaut (m.) Fehler, Mangel
faire — à im Stich lassen
dégagement (m.) Beseitigung,
Freilegung
dégager befreien, beseitigen
degré (m.) Grad
déguster schmecken, kosten
dehors draußen
en — de außerhalb
déjà schon
déjeuner zu Mittag essen
déjeuner (m.) Mittagessen
délégué, e beauftragt
délicieux, euse wunderbar
délirant, e wahnsinnig
demain morgen
demander fragen
se — sich fragen
démarchage (m.) Tür-zu-Tür-Verkauf
déménager umziehen
demi, e halb
demi-heure (f.) halbe Stunde
départ (m.) Abfahrt
dépêcher
se — sich beeilen
dépenser ausgeben
dépliant (m.) Faltprospekt
dépôt (m.) Depot, Lager
déprimé, e bedrückt
depuis seit
déranger stören
dernier, ère letzte(r,s)

207

Wortschatz

dérouler entfalten, ausbreiten
  se — stattfinden
dès von ... an
descendre (hin)absteigen
désirer wünschen
désormais von nun an
dessin (m.) Zeichnung
  — animé Zeichentrickfilm
dessus-de-lit (m.) Bettüberwurf
destiné, e bestimmt, beabsichtigt
détendant, e entspannend
détendre abspannen
  se — sich entspannen
détente (f.) Entspannung
détester verabscheuen, hassen
détruire zerstören
dette (f.) Schulden
deux-roues (m.) Fahrrad, Motor-
  rad
deuxièmement zweitens
devant vor; vorne
devenir werden
devoir sollen, müssen
diapositive (f.) Dia
diarrhée (f.) Durchfall
différent, e verschieden, abwei-
  chend
difficilement schwierig (Adv.)
difficulté (f.) Schwierigkeit
diffuser verbreiten, senden
diffusion (f.) Sendung
digestif, ive Verdauungs-
digue (f.) Deich, Damm
dimanche (m.) Sonntag
diminution (f.) Verminderung
dîner zu Abend essen
dîner (m.) Abendessen
diplômé, e (m./f.) Absolvent
directeur, trice (m./f.) Direkto-
  r(in)
direction (f.) Direktion, Leitung
diriger leiten, dirigieren
discipliné, e diszipliniert
discret, ète diskret
discuter diskutieren
disons sagen wir mal
dispenser austeilen; ausnehmen
disponible verfügbar
disposition (f.) Verfügung
disque (m.) Schallplatte
dizaine (f.) Anzahl von zehn
  une — etwa zehn

domaine (m.) Gebiet, Domäne
domestique Haus-, häuslich
dommage (m.) Schaden
donner geben
dont wovon; von denen
dormir schlafen
dos (m.) Rücken
dossier (m.) Akte
doubler verdoppeln
douche (f.) Dusche
douleur (f.) Schmerz
douter zweifeln
  se — de vermuten
  je m'en doute kann ich mir
  vorstellen
doux, douce süß, angenehm,
  mild
douzaine (f.) Dutzend
doué, e begabt
dramatiser dramatisieren
droit (m.) Recht
  avoir — à Anspruch haben auf
droite (f.) rechte Seite
dû, due, dus, dues (Partizip Per-
  fekt von devoir)
dur, e hart
durée (f.) Dauer
durer dauern

E

eau (f.) Wasser
échantillon (m.) Probe
échelle (f.) Leiter, Skala
éclaircie (f.) Aufklaren, Aufhel-
  lung
école (f.) Schule
économie (f.) Wirtschaft
économique wirtschaftlich, Wirt-
  schafts-
écouter zuhören
écran (m.) (Bild-)Schirm
écraser zerquetschen
écriture (f.) Handschrift
éducatif, ive erzieherisch, Er-
  ziehungs-
effectivement tatsächlich, wirklich
effectuer ausführen
  s' — sich vollziehen
effet (m.) Wirkung
  en — tatsächlich

efficace wirkungsvoll
effrayant, e beängstigend
également gleich, ebenso
église (f.) Kirche
égout (m.) Abfluss
égoutier (m.) Kanalisations-
  arbeiter
élargissement (m.) Ausweitung
électrisé, e elektrisiert
électronique elektronisch
électronique (f.) Elektronik
élégant, e elegant
élève (m. und f.) Schüler(in)
élire wählen
éloigner entfernen, wegstellen
emballage (m.) Verpackung
embarras du choix (m.) „Qual
  der Wahl"
embouteillage (m.) Flaschenab-
  füllung; Verkehrsstau
embrasser umarmen, küssen
  je t'embrasse herzlichst
émetteur (m.) Sender
émettre senden
émission (f.) (Radio-, Fernseh-)
  Sendung
emmener (jemanden) mitnehmen
emploi (m.) Stellung; Gebrauch
  — de bureau (m.) Büroberuf
employé e (m./f.) Angestellte(r)
employeur (m.) Arbeitgeber
emprunter (aus-)leihen
en dessous unter
en dessus über
en face de gegenüber von
en fin de compte letztendlich
en plus außerdem
en tout cas in jedem Fall
enceinte (f.) Einfriedung
encore noch; wieder
encore que obwohl
endormir einschläfern
  s' — einschlafen
endroit (m.) Ort, Stelle
énergie (f.) Energie
énorme enorm
enfant (m. und f.) Kind
enfin schließlich
enfouir begraben
engager verpflichten
  s' — sich verpflichten
engin (m.) Maschine

Wortschatz

ennui (m.) Langweile; Kummer, Ärger
ennuyer langweilen
  s' — sich langweilen
enquête (f.) Untersuchung
enregistrer eintragen, -schreiben
ensemble zusammen
ensemble (m.) das Ganze
ensuite dann; später
entendre dire Hörensagen
enthousiasme (m.) Begeisterung
entier, ère ganze(r,s)
entourer umgeben
entraîner mitreißen
entre zwischen
entreprise (f.) Unternehmen, Firma
entrée (f.) Eingang; Vorspeise
entrer eintreten, betreten
envahir eindringen
environ ungefähr
environnant, e umliegend
environs (m.pl.) Umgebung
  aux — **de** um ... herum
épais, aisse dick, dicht
épi (m.) Ähre
épileptique epileptisch
épisode (m.) Episode
époque (f.) Periode
épouvantable schrecklich, scheußlich
équipe (f.) Mannschaft
escalier (m.) Treppenhaus
espagnol, e spanisch
espérer hoffen
espoir (m.) Hoffnung
esprit (m.) Geist, Sinn
essai (m.) Versuch
essayer versuchen
essence (f.) Benzin
essentiellement im Wesentlichen
est (m. inv.) Osten
esthéticienne (f.) Kosmetikerin
estimer betrachten
et ... et sowohl ... als auch
établir einrichten
étaler ausbreiten
état (m.) Staat
  faire — **de** etwas machen aus
Etats-Unis (m.pl.) Vereinigte Staaten (von Amerika)
été gewesen (Partizip Perfekt von être)

été (m.) Sommer
étoffe (f.) Stoff
étonné, e erstaunt
étonner erstaunen
étrange fremd, seltsam
étranger, ère (m./f.) Ausländer (in), Fremde(r)
étude (f.) Studium
étudiant, e (m./f.) Student(in)
étudier studieren
européen, enne europäisch
eux (m.pl.) sie
eux-mêmes (m.pl.) sie selbst
éventail (m.) (Lohn-)Skala
éventuellement möglicherweise
évidemment offensichtlich
éviter vermeiden
évoluer entwickeln
évolution (f.) Entwicklung, Evolution
exagérer übertreiben
exaspérer außer sich bringen
exceptionnel, le außergewöhnlich, selten
excuser entschuldigen, verzeihen
  s' — sich entschuldigen
exécuter aus-, durchführen
  s' — sich fügen
exemple (m.) Beispiel
  par — zum Beispiel
exempt de frei von
exercice (m.) Übung
exister existieren
expédier absenden
expliquer erklären
exploit (m.) Leistung
exposition (f.) Ausstellung
expulser vertreiben
expérimenter ausprobieren
extrait (m.) Auszug, Extrakt
extraordinaire außergewöhnlich
extrêmement äußerst

F

fabricant (m.) Hersteller
fabriquer herstellen
façade (f.) Fassade
facile leicht (Adj.)
facilement leicht (Adv.)
faciliter erleichtern

façon (f.) Art und Weise
  de — **à ce que** in solcher Art, dass
  de toute — in jedem Fall
facteur (m.) Faktor
faire part ankündigen
faire-part (m.inv.) Ankündigung
fait (m.) Tatsache
  en — in der Tat
  tout à — ganz und gar
fameux, euse berühmt; erstklassig
famille (f.) Familie
fascinant, e faszinierend
fastidieux, euse langweilig, widerlich
fatalité (f.) Unglück, Pech
fatigué, e müde
fausser verfälschen
faut, il — man muß
faute (f.) Fehler
  — **de mieux** in Ermangelung eines besseren
féminin, e weiblich
femme (f.) Frau
fenêtre (f.) Fenster
férié, e, jour — (m.) Feiertag
ferme (f.) Bauernhof
fermé, e geschlossen
fermeture (f.) Schließung
fête (f.) Fest, Feiertag – nationale Nationalfeiertag
feu (m.) Feuer
feuilleter durchblättern
février (m.) Februar
fiable vertrauenswürdig, verlässlich
fidèle treu
fidélité (f.) Treu
figurer erscheinen, darstellen (bildlich oder symbolisch)
fil (m.) Faden
filet (m.) Filet
fils (m.) Sohn
fin (f.) Ende
finalement schließlich, endlich
Finlande (f.) Finnland
fléau (m.) Geißel
flèche (f.) Pfeil
fleuri, e blühend; Blumen-
fluidité (f.) Fließen, (Verkehrs)fluss
foi (f.) Glaube
foie (m.) Leber
fois (f.) Mal
  deux — zweimal

209

Wortschatz

fonctionnement (m.) Funktionieren
fonctionner funktionieren
fond (m.) Hintergrund, Untergrund
forain, e Jahresmarkts-
à force de durch viel
formation (f.) (Aus-)Bildung
forme (f.) Form
en — in Form
formellement ausdrücklich (Adv.)
formidable wunderbar
formidablement ungeheuer, riesig (Adv.)
fort stark; sehr, laut
fossé (m.) Graben
fou, folle (m./f.) Verrückte(r)
foule (f.) Menge
fournir versorgen, besorgen
fournisseur (m.) Lieferant
fourrure (f.) Pelz
foyer (m.) (Brand-)Herd; Heim, Haus
fragile zart, zerbrechlich
frais (m.pl.) Kosten
frais, fraîche frisch, kühl
français, e französisch
franchement offen, ehrlich (Adv.)
frileux, euse leicht frierend
frites (f.pl.) Pommes frites
froid (m.) Kälte
fromage (m.) Käse
fuir fliehen
fumer Rauch
fumeur (m.) Raucher
furieux, euse wütend
fusil (m.) Gewehr
fût (m.) Fass, Tonne
futur (m.) Zukunft
futuriste futuristisch

G

gâcher verderben
gagner gewinnen
galerie (f.) Galerie
galoper galoppieren, herumrennen
garde (f.) Wache
mettre en — contre warnen vor

gare (f.) Bahnhof
— routière (f.) Busstation
garer parken
gauche links
gélule (f.) Kapsel
gêner in Verlegenheit bringen
général, e (m.pl. **généraux**) allgemein (Adj.)
généralement allgemein (Adv.)
généreux, euse großzügig
génie (m.) Geist, Genie
genre (m.) Art
gentillesse (f.) Freundlichkeit
gentiment nett, liebenswürdig (Adv.)
géographie (f.) Geographie
giratoire Kreis-
gîte (m.) Ferienhaus, -wohnung
le — et le couvert Kost und Logis
glace (f.) Eis; Spiegel
gosse (m. und f.) Göre
gourmet (m.) Gourmet
goûter (m.) Vesper
gouvernement (m.) Regierung
grâce à dank
graisse (f.) Fett
grammaire (f.) Grammatik
Grande-Bretagne (f.) Großbritannien
grand-mère (f.) Großmutter
grand-père (m.) Großvater
gratuit, e kostenlos
grève (f.) Streik
grillé, e gegrillt
grimper klettern
grippe (f.) Grippe
gris, e grau
gros, grosse dick; beträchtlich
grotte (f.) Höhle
groupe (m.) Gruppe
guérir heilen
guerre (f.) Krieg
gymnastique (f.) Gymnastik

H

habilleur, euse (m./f.) Garderobier(e)
habitude (f.) Gewohnheit
avoir l' — de gewohnt sein, zu

habitué, e (m./f.) regelmäßige(r) Besucher(in)
habituer gewöhnen
s' — à ich gewöhnen an
handicapé, e (m./f.) Behinderte(r)
hasard (m.) Glück, Zufall
hausse (f.) Ansteigen
haut, e hoch
hébergement (m.) Unterbringung
héberger unterbringen, beherbergen
hélas! ach!
hémorragie (f.) Blutung
héroïne (f.) Heldin
hésiter zögern
heure (f.) Stunde
à cette – um diese Tageszeit, jetzt
heurter (an)stoßen
hier gestern
hier soir gestern Abend
histoire (f.) Geschichte
hiver (m.) Winter
homme (m.) Mann
honte (f.) Schande
horaire (m.) Zeitplan, Stundenplan
hors außerhalb
hospitalisé (m.) Patient
hôtel (m.) Hotel
— (particulier) Herrschaftshaus
hôtesse (f.) Gastgeberin
huile (f.) Öl
humain, e menschlich
humoristique humoristisch, komisch
hypermarché (m.) Supermarkt

I

ici hier
idée (f.) Idee
ignorer nicht kennen/wissen
il y a es gibt
— dix ans vor zehn Jahren
illimité, e unbegrenzt
illustrer illustrieren
image (f.) Bild
imaginer sich vorstellen
immédiatement unmittelbar
immeuble (m.) Wohnhaus

Wortschatz

immuniser gegen Ansteckung sichern
immunité (f.) Immunität
impair, e ungerade (Zahl)
important, e wichtig; beträchtlich
imposer auferlegen, aufzwingen
impôt (m.) Steuer
impressionnant, e eindrucksvoll
imprimante (f.) Drucker (Maschine)
imprimer drucken
imprimeur (m.) Drucker (Beruf)
impuissant, e machtlos
inaugurer eröffnen, einweihen
inconnu, e unbekannt
incontestablement unbestreitbar
incroyable unglaublich
inculper anklagen, beschuldigen
indésirable unerwünscht
indice (m.) (An-)Zeichen
indiquer anzeigen
individu (m.) Individuum
individualiste individualistisch
industrie (f.) Industrie
industriel, elle industriell
inégal, e ungleich
infernal, e (m.pl. **infernaux**) teuflisch
informations (f.pl.) Nachrichten
informatique (f.) Informatik
ingénieur (m.) Ingenieur
inhabituel, elle ungewöhnlich
initiative (f.) Initiative
  syndicat d' — (m.) Fremdenverkehrsverein
injuste ungerecht
inquiétant, e beunruhigend
inquiéter beunruhigen
  s' — de sich beunruhigen über/wegen
inscription (f.) Einschreibung
inscrire einschreiben
insister bestehen (auf)
inspecteur (m.) Inspektor
installation (f.) Einrichtung
installer einrichten
  s' — sich niederlassen
institut (m.) Institut
insuffisant, e ungenügend
insupportable unerträglich
intégrer integrieren
interdire verbieten

interdit, e verboten
intéressant, e interessant
intéresser interessieren, betreffen
  s' — à sich interessieren für
intérieur, e innere(r,s), innerlich
intervenir sich einmischen; dazwischenkommen
intervention (f.) Intervention; Operation
intime innerst, intim
intituler betiteln
introduction (f.) Einführung, Einleitung
inviter einladen
isoler isolieren
Israël (ohne Artikel) Israel

J

jambe (f.) Bein
jambon (m.) Schinken
janvier (m.) Januar
Japon (m.) Japan
jardin (m.) Garten
jardinier (m.) Gärtner
jeu (m.) Spiel
jeune jung
jeunesse (f.) Jugend
job (m.) (Ferien-)Job
joli, e hübsch
jouer spielen
jouet (m.) Spielzeug
Jour de l'An (m.) Neujahrstag
journal (m.) Zeitung
journaliste (m. und f.) Journalist(in)
journée (f.) Tag
juge (m.) Richter
juillet (m.) Juli
juin (m.) Juni
jusqu'à bis
jusqu'au bout bis zuletzt, bis zum Äußersten
juste recht, richtig; gerecht (Adj.)
justement mit Recht; gerade, eben (Adv.)

K

kermesse (f.) Jahrmarkt, Kirmes
kilométrage (m.) Kilometerstand, -zahl

L

là dort
  ce(chien)**-là** jener (Hund)
là-bas dort drüben
là-dedans dort drinnen
là-dessus dort oben
laboratoire (m.) Labor
  — de langues Sprachlabor
lac (m.) See
lâche feige
laisse (f.) Leine
laisser lassen
  — faire (alles) geschehen lassen
  — tranquille in Ruhe lassen
laitage (m.) Milchprodukt
lambin (m.) langsamer Mensch
lancer werfen
langue (f.) Sprache
large weit
largement weit (Adv.)
lave-vaisselle (m.) Geschirrspülmaschine
laver waschen, abspülen
  se — sich waschen
leçon (f.) Lektion
lecteur de CD (m.) CD-Player
lecture (f.) Lesung
léger, ère leicht
légèrement leicht (Adv.)
légume (m.) Gemüse
lequel, laquelle welche(r,s)
leur ihr, ihnen (Pl.)
lever heben
  se — aufstehen
libérer befreien
liberté (f.) Freiheit
librairie (f.) Buchhandlung
lieu (m.) Ort, Stelle
  avoir — stattfinden
lieutenant (m.) Leutnant
ligne (f.) Linie
limite (f.) Grenze
linge (m.) Wäsche
liquide (m.) Flüssigkeit
  argent — Bargeld
lire lesen
lisible lesbar
littérature (f.) Literatur
livre (m.) Buch
livre (f.) Pfund

211

Wortschatz

livré à lui-même (m. sing.) sich selbst überlassen
livrer liefern
local (m.; pl. **locaux**) Ort
location (f.) Vermietung
loge (f.) Loge; Ankleideraum
logement (m.) Wohnung, Unterbringung
loin weit (Adv.)
    −de bei weitem
long, longue lang
longtemps lange (Zeit)
longuement lang(andauernd)
lorsque als; wenn
loterie (f.) Lotterie
louer mieten; vermieten
lui er, ihm, ihn
lui-même er/ihm/ihn selbst
lutter kämpfen
luxe (m.) Luxus

M

machine à écrire (f.) Schreibmaschine
machine à laver (f.) Waschmaschine
magasin (m.) Laden, Geschäft
magnétophone (m.) Tonbandgerät
magnétoscope (m.) Videorecorder
mai (m.) Mai
maintenant jetzt
maire (m.) Bürgermeister
maison (f.) Firma, Haus
maître (m.) Meister; Herr
majorité (f.) Mehrheit
mal schlecht (Adv.)
mal de tête (m.) (pl. **maux de tête**) Kopfschmerz(en)
    avoir mal Schmerzen haben
malade krank; Kranke(r)
maladie (f.) Krankheit
malgré trotz
malheur (m.) Unglück
malheureusement unglücklicherweise
Manche (f.) Ärmelkanal
manège (m.) Karussell
manger essen
manière (f.) Art (und Weise)

manifestation (f.) Kundgebung
manquer fehlen
    tu me manques du fehlst mir
    j'ai manqué de partir ich wäre fast gegangen
manteau (m.) Mantel
maquillage (m.) Make-up
marchand, e (m./f.) Händler(in), Geschäftsinhaber(in)
marché (m.) Markt
marche (f.) Zu-Fuß-Gehen
marcher zu Fuß gehen
marque (f.) (Handels-)Marke
marronnier (m.) Kastanie(nbaum)
mars (m.) März
marteau (m.) Hammer
mastiquer kauen
matériel (m.) Ausstattung
maths (f.pl.) (Abkürzung für „les mathématiques") Mathematik
matière (f.) Substanz; Schulfach
matin (m.) Morgen
mauvais, e schlecht (Adj.)
méconnu, e unbekannt, verkannt
migraine (f.) Migräne
mobilier (m.) Mobiliar, Möbel
moderne modern
modifier modifizieren
moins (. . . que) weniger (. . . als)
    au − wenigstens
mois (m.) Monat
monde (m.) Welt
mondial, e Welt-; weltweit
monstre (m.) Ungeheuer
montée (f.) Auf-, Anstieg
monter hinaufsteigen, -gehen
montre (f.) Uhr
mordre beißen
mordu, e begeistert, besessen
mot (m.) Wort
    mots croisés (m.pl.) Kreuzworträtsel
moto (f.) Motorrad
mouillé, e nass
mourir sterben
moyen (m.) Mittel, Möglichkeit
moyen, enne durchschnittlich, mittelmäßig
moyenne (f.) Durchschnitt
multicolore vielfarbig
munir de ausstatten mit

mur (m.) Wand
mûr, e reif
musée (m.) Museum
musicien, enne Musiker(in); musikalisch

N

n'importe comment egal wie
    n' − où egal wo
    n' − quand egal wann
    n' − quel jedes beliebige
    n' − qui jeder
naître geboren werden
naviguer segeln; steuern
ne . . . plus nicht mehr
ne . . . que nur
négliger vernachlässigen
négociation (f.) Verhandlung
neige (f.) Schnee
nerveux, euse nervös
nervosité (f.) Spannung
nettoyer reinigen
neveu (m.) Neffe
ni . . . ni weder . . . noch
nid (m.) Nest
nièce (f.) Nichte
niveau (m.) Niveau
noir, e schwarz
nom (m.) Name
    − de code Code-Bezeichnung
nombre (m.) Nummer
nombreux, euse zahlreich
nommer (er-)nennen
    se − sich nennen, heißen
non-fumeur (m.) Nichtraucher
nord (m. inv.) Norden
normalement normalerweise
normalité (f.) Normalität
normand, e normannisch
notamment besonders
note (f.) Note
noter notieren
nôtre, le/la nôtre unser(e,es)
nourrir ernähren
nouveauté (f.) Neuheit
nouvelles (f.pl.) Nachrichten
novateur, -trice innovativ
novembre (m.) November
noyé, e (m./f.) Ertrunkene(r)
nuage (m.) Wolke
nuageux, euse wolkig

Wortschatz

nucléaire Atom-
nuire à schaden
nuit (f.) Nacht

O

obligatoirement obligatorisch
obliger verpflichten
obtenir erhalten
occuper besetzen
  s' — de sich beschäftigen mit
octobre (m.) Oktober
octogonal, e achteckig
œuvre (f.) Werk
offrant, e anbietend
oignon (m.) Zwiebel
oiseau (m.) Vogel
ombre (f.) Schatten
ondulant, e wogend
opérer durchführen; operieren
or (m.) Gold
or also, folglich
orchestre (m.) Orchester
ordinaire gewöhnlich
ordinateur (m.) Computer
ordonnance (f.) Anordnung;
  Rezept
ordre (m.) Befehl
oreille (f.) Ohr
oreiller (m.) Kissen
oser wagen
où wo, wohin
oublier (de) vergessen (zu)
ouest (m. inv.) Westen
ouvert, e offen
ouverture (f.) Eröffnung
ouvrage (m.) Werk; Bau
ouvrier (m.) Arbeiter

P

pâle blass
Pâques (m. sing.) Ostern
pair, e gerade (Zahl)
paix (f.) Frieden
palace (m.) Luxushotel
panneau (m.) Zeichen
pansement (m.) Verband
pape (m.) Papst
papier (m.) Papier
par durch

para-américain, e pseudoameri-
  kanisch
paraître (er)scheinen
parc (m.) Park
parce que weil
parent (m.) Elternteil, Verwand-
  te(r)
parfait, e perfekt
parfaitement vollkommen (Adv.)
parfois manchmal
parfum (m.) Parfüm
parisien, enne pariserisch
parking (m.) Parkplatz
parlement (m.) Parlament
parler sprechen
parmi unter
paroi gastrique (f.) Magenwand
part (f.) Teil, Seite
  c'est de la — de qui? wer
  spricht dort bitte?
  d'une — ... d'autre — einer-
  seits ...
partager teilen
parterre (m.) (Blumen-)Beet
participer à teilnehmen an
particulier, ère besondere(r,s)
  en particulier insbesondere
particulièrement insbesondere
partie (f.) Teil
  faire — de ein Teil von etwas
  sein
partir abfahren, weggehen
  à — de ab
partout überall
parvis (m.) Vorplatz
pas de quoi bitte sehr!, gern
pas mal de eine ganze Menge
passer vorbeigehen
  se — geschehen
passionner begeistern, hinreißen
passé, e vergangen
pâtisserie (f.) Bäckerei
patron, onne Chef(in)
payer zahlen
pays (m.) Land
paysage (m.) Landschaft
paysan (m.) Bauer
pêche (f.) Pfirsich
pêle-mêle durcheinander, kun-
  terbunt
peine (f.) Kummer; Mühe; Strafe
  à — kaum

  prendre la — de sich die Mühe
  machen (zu)
peinture (f.) Gemälde; Anstrich
pelouse (f.) Rasen
pendant während
penderie (f.) Schrank
pénicilline (f.) Penicillin
penser denken
perdre verlieren
père (m.) Vater
période (f.) Periode
périodiquement periodisch
  (Adv.)
périphérique (m.) Ringstraße,
  Stadtautobahn
permanence (f.) Fortdauer,
  Beständigkeit
  service de — (m.) Bereit-
  schaftsdienst
permettre erlauben
permis (m.) Erlaubnis
  — de conduire Führerschein
perroquet (m.) Papagei
persister fortbestehen, andauern
personne (f.) Person
  ne ... — niemand
pervers, e pervers, entartet
pétanque (f.) Kugelspiel
  („boules")
petit à petit nach und nach
petit déjeuner (m.) Frühstück
pétrole (m.) Erdöl
peu wenig
  un — ein wenig
  à — près ungefähr
peuple (m.) Volk
peur (f.) Furcht
peut-être vielleicht
philharmonique philharmonisch
photo(graphie) (f.) Fotografie
photographique fotografisch
pièce d'identité (f.) Ausweis
piéton (m.) Fußgänger
pire (que) schlechter (als)
  le/la pire der/die/das schlimmste
pis schlechter, schlimmer
  tant — da kann man nichts
  machen; schade!
piste (f.) (Ski-)Piste
place (f.) Platz; Sitz
plâtre (m.) Gips
placide ruhig, gelassen

213

Wortschatz

plage (f.) Strand
plaire gefallen
plaisir (m.) Vergnügen
plan (m.) Plan; Ebene
planche à voile (f.) Surfbrett
  faire de la — windsurfen
planifié, e geplant, organisiert
plat (m.) Speise, Gericht
platine à cassettes (f.) Kassetten-
  recorder
plein, e voll
  — de eine Menge
pleurer weinen
pleuvoir regnen
plomberie (f.) Installation (Was-
  ser- oder Gasleitungen)
pluie (f.) Regen
plupart (f.) Mehrheit
plus mehr
  ne ... plus nicht mehr
plusieurs mehrere
plutôt(que) eher, lieber (als)
pneumatique pneumatisch
poêle (f.) Bratpfanne
poétique poetisch
point (m.) Punkt, Stelle
  faire le — überprüfen, klären
  — de vue (m.) Standpunkt
  à — durchgebraten (Fleisch)
  mettre au — entwickeln, per-
  fektionieren
poisson (m.) Fisch
politique politisch
pomme (f.) Apfel
pompier (m.) Feuerwehrmann
pont (m.) Brücke
porte (f.) Tür, Tor
porte-à-porte (m.) Tür-zu-Tür-
  Verkauf
porter tragen
poser setzen, stellen, legen
posologie (f.) Dosierung
posséder besitzen
poste de radio (m.) Radiogerät
pot (m.) Topf; Krug
potentiel (m.) Potential
poule (f.) Huhn
pour de vrai als echt
pourquoi? warum?
poursuivre verfolgen
  se — sich verfolgen; fortgesetzt
  werden

poussière (f.) Staub
pourtant dennoch, doch
pouvoir können
pouvoir (m.) Macht
pratique praktisch
pratiquement praktisch (Adv.)
pratiquer (aus)üben, anwenden
préalablement vorher
précaution (f.) Vorsicht(smaß-
  nahme)
précédent, e vorherig
préfectoral, e Präfekts-
préférence (f.) Bevorzugung
préférer vorziehen
premier, ère erste(r,s)
premièrement zuerst
prendre nehmen
préparer vorbereiten
près nahe
prescrit, e vorgeschrieben, ver-
  schrieben
présentation (f.) Präsentation
présenter präsentieren
préserver schützen, bewahren
  se — de sich schützen vor
presse (f.) Presse
prêt, e bereit
prétendre beanspruchen
prêter leihen
  — main-forte Hilfe leisten
prévenir vorbeugen
prévu, e erwartet, voraussehbar
prier bitten
  je vous en prie bitte sehr!
primordial, e wesentlich, vor-
  rangig
priorité (f.) Vorrang
prix (m.) Preis
problème (m.) Problem
prochain, e nächster
produire produzieren
produit (m.) Produkt
professeur (m.) Studienrat(rätin)
professionnel, elle berufs-
profit (m.) Profit
profiter de profitieren von
profondeur (f.) Tiefe
programmer programmieren
programmeur, euse (m./f.)
  Programmierer(in)
progressivement fortschreitend
  (Adv.)

promenade (f.) Ausflug, Spazier-
  gang/-fahrt
promener umherführen
  se — spazieren-gehen
propos (m.) Thema, Rede
proposer vorschlagen
propre sauber; eigen
proprement dit genau genommen
propriétaire (m. und f.)
  Besitzer(in), Eigentümer(in)
propriété (f.) Besitz
prouver beweisen
provençal, e provenzalisch
  à la provençale auf provenzia-
  lische Art
provoquer heraus-, auffordern
proximité (f.) Nähe
  à — de nahe
publicité (f.) Werbung
publier veröffentlichen
public, publique öffentlich
puis dann
puis-je? kann ich?, darf ich?
puisque weil, da
puissant, e mächtig
puisse könnte (Subjunktiv von
  pouvoir)
pulmonaire Lungen-
purée (f.) Püree

Q

qu'est-ce que ...? was ...?
qualifié, e qualifiziert
qualité (f.) Qualität
quand als, wenn
quand même dennoch; immerhin
quant à was ... angeht
quantité (f.) Menge
quartier (m.) (Stadt-)Viertel,
  Umgebung
quasiment gewissermaßen, bei-
  nahe
quatrième âge (m.) Greisenalter
que dass
quelqu'un jemand
quelque irgendein(e)
quelque chose etwas
quelquefois manchmal
quelques einige
questionner befragen

Wortschatz

quête (f.) (Geld-)Sammlung
quinzaine (f.) 14 Tage
quinzième fünfzehnte(r,s)
quitter verlassen
quoi was; weißt du
quotidien (m.) Tageszeitung

R

raconter erzählen
radio (f.) Radio(-station)
radio-piloté funkgesteuert
raffinerie (f.) Raffinerie
raffoler de schwärmen für
raison (f.) Vernunft; Grund
  avoir — Recht haben
raisonnable vernünftig
rangement (m.) Ein-, Anord-
  nung
ranger in Ordnung bringen
  se — sich einordnen lassen
rapide schnell
rappeler erinnern
  se — sich an etwas erinnern
ravissant, e entzückend
rayon (m.) Strahl
réaction (f.) Reaktion
réagir reagieren
réalisation (f.) Durchführung,
  Produktion
réalité (f.) Wirklichkeit
rébarbatif, ive barsch; langweilig
récepteur (m.) Empfänger
recevoir empfangen
réchauffer aufwärmen
recherche (f.) Forschung
rechercher suchen
recommander empfehlen
reconnu, e (an-)erkannt
recouvrir überdecken
rédacteur, trice (m./f.) Redak-
  teur(in)
  — en chef Chefredakteur
rédiger verfassen; aufsetzen
réduire reduzieren
refaire renovieren
reflet (m.) Reflex; Spiegelbild
réflexion (f.) Spiegelung; Über-
  legung
réforme (f.) Reform
réfrigérateur (m.) Kühlschrank
régime (m.) Diät

suivre un — Diät halten
région (f.) Region
régional, e regional
réglable regulierbar, verstellbar
reine (f.) Königin
réintroduire wiedereinführen
relais (m.) Relais; Staffellauf
  — routier Raststätte
relativement relativ (Adv.)
remède (m.) Heilmittel, Medizin
remercier danken
remplacer ersetzen
remplir vollmachen
  se — sich füllen
rencontre (f.) Treffen
rencontrer treffen
rendre zurückgeben
  se — compte de sich klar
  werden über
renier ver-, ableugnen
renoncer à verzichten auf
renseignement (m.) Auskunft
renseigner informieren
rentrée (f.) (Schul-)Wiederbe-
  ginn
rentrer zurückkehren
répartir aus-, verteilen
repas (m.) Mahlzeit
répondre antworten
réponse (f.) Antwort
république (f.) Republik
réputation (f.) Ruf
répéter wiederholen
représenter darstellen
réseau (m.) Netz, Geflecht
réserver reservieren
résidence (f.) Wohnsitz
respecter respektieren
respirer atmen
ressembler à ähneln
restaurant (m.) Restaurant
  — d'entreprise Kantine
  — universitaire Mensa
restaurateur (m.) (Gast-) Wirt;
  Restaurator
reste (m.) Rest
rester bleiben
rétablissement (m.) Wiederher-
  stellung; Genesung
retard (m.) Verspätung
  en — zu spät
retenir (zurück-)halten

retour (m.) Rückkehr
retravailler die Arbeit wieder
  aufnehmen
rétroprojecteur (m.) Overhead-
  projektor
retrouver wiederfinden
réunion (f.) Treffen
réunir zusammenbringen
rêve (m.) Traum
réveil (m.) Wecker
réveiller (auf-)wecken
révéler enthüllen
  se — sich erweisen
revendication (f.) Forderung,
  Anspruch
revenir zurückkommen
rêver träumen
revoir wiedersehen
revue (f.) Zeitschrift; Untersu-
  chung
rez-de-chaussée (m.) Erdgeschoss
rhumatologue (m. und f.)
  Rheumatologe
riche reich
rideau (m.) Vorhang
rigoureux, euse streng; gründlich
rire lachen
risque (m.) Risiko
riz (m.) Reis
roi (m.) König
roman, e romanisch
rond, e rund
ronronner schnurren
rose rosa
rôti, e gebraten
rouge rot
rouspéter nörgeln
routier, ère Straßen-

S

sac à dos (m.) Rucksack
sage brav
saignant, e englisch gebraten
  (Fleisch)
saisie (f.) Pfändung, Beschlag-
  nahme
salaire (m.) Gehalt, Lohn
salle (f.) Raum, Halle
  — à manger (f.) Esszimmer
  — d'attente (f.) Wartesaal,
  -raum

215

Wortschatz

salon (m.) Wohnzimmer
sanitaire Sanitär-
sans ohne
santé (f.) Gesundheit
satisfaire befriedigen
satisfait, e zufrieden
sauf außer
sauter springen
sauvegarder schützen, sichern
saveur (f.) Geschmack
savoir wissen
savon (m.) Seife
scolaire Schul-
séance (f.) Sitzung
secours (m.) Hilfe
secrétaire (m. und f.) Sekretär(in)
sécurité (f.) Sicherheit
séduire verführen
sel (m.) Salz
selon nach, gemäß
semaine (f.) Woche
semi-mensuel, elle halbmonatlich
Sénat (m.) Senat
sens (m.) Sinn; Richtung
  le — de la vie der Sinn des
  Lebens
sensibilité (f.) Empfindsamkeit
sentir fühlen
  se — sich fühlen als
septembre (m.) September
sérieux, euse seriös, verlässlich
serveur, euse (m./f.) Kellner(in)
service (m.) Service
  — non compris Bedienung
  nicht inbegriffen
serviette (f.) Serviette; Hand-
  tuch; Aktentasche
servir dienen
seuil (m.) Schwelle
seul nur
sévère streng
sévir streng vorgehen; wüten
si wenn; doch
  si ... et que wenn ... und
  si bien que so dass
siècle (m.) Jahrhundert
siège (m.) Sitz
signaler hinweisen
signalisation (f.) Signalsystem
signer unterschreiben
signification (f.) Bedeutung
signifier bedeuten

silencieux, euse schweigend
simple einfach
singe (m.) Affe
sitôt sobald
situation (f.) Situation; (Arbeits-)
  Stelle
situer hinsetzen, -stellen
société (f.) Gesellschaft
sœur (f.) Schwester
soi sich selbst
soir (m.) Abend
soirée (f.) Abend; Abendgesell-
  schaft
soleil (m.) Sonne
solide solide
somme (f.) Summe
somnolence (f.) Schläfrigkeit
somptueux, euse aufwändig;
  prunkvoll
sondage (m.) Meinungsumfrage
sonner klingen
sonore laut; (voll-)tönend
sophistiqué, e durchdacht,
  gekünstelt
sorte (f.) Art
sortir weggehen
  s'en — (knapp) auskommen
sot, sotte dumm
souci (m.) Sorge
souffle (m.) Atem
  à bout de — außer Atem
souffler blasen, hauchen
souffrant, e leidend, krank
souffrir leiden, krank sein
souhaiter wünschen
soulager erleichtern
soumis, e à unterworfen
soupe (f.) Suppe
sous-sol (m.) Keller
sous-titré, e mit Untertiteln
sous-titrer mit Untertiteln ver-
  sehen
souvenir (m.) Erinnerung
souvenir (se) de sich erinnern an
souvent oft
spécialiste (m. und f.) Fach-
  mann(frau)
spécifiquement speziell (Adv.)
spectacle (m.) Schauspiel
spectateur, trice (m./f.) Zu-
  schauer(in)
sportif, ive Sport-; sportlich

stage (m.) Lehrgang
station (f.) Ort; (Halte-)Stelle
stationnement (m.) Parkplatz
stopper anhalten
strictement streng
succès (m.) Erfolg
sucreries (f.pl.) Süßigkeiten
sud (m. inv.) südlich
suffir genügen
  il suffit de es genügt (, ... zu
  tun)
suffisant, e genügend
suffrage (m.) Abstimmung; Bei-
  fall
suivant, e folgend
suivre folgen
supérieur, e höher; hervorragend
supermarché (m.) Supermarkt
supposer annehmen, vermuten
suppositoire (m.) Zäpfchen
sûr, e sicher
surdoué, e hochbegabt
surface (f.) Oberfläche
  une grande — ein Supermarkt
surprenant, e überraschend
surprendre überraschen
surtout besonders, speziell
surveillance (f.) Überwachung
surveiller übersehen, überwa-
  chen
susceptible wahrscheinlich;
  empfindlich
sympathique, sympa (inv./fam.)
  sympathisch, angenehm
système (m.) System

T

tabac (m.) Tabak; Tabakwaren-
  geschäft
tableau (m.) Bild, Tafel
tâche (f.) Aufgabe
tant so viel(e)
taper à la machine tippen
tapis (m.) Teppich
tapissier (m.) Tapezierer,
  Polsterer
taquiner necken
tarif (m.) Tarif
tartine (f.) Butterbrot
tas (m.) Haufen, Stoß
  un — de viel

Wortschatz

taxe (f.) Steuer, Gebühr
technologique technologisch
tel, telle (que) so ... (wie)
télé (f.) Fernsehen
téléphone (m.) Telefon
téléphoner (à quelqu'un) (mit jemandem) telefonieren
téléviseur (m.) Fernsehgerät
télévision (f.) Fernsehen
tellement so sehr, so viel
tempête (f.) Unwetter
temps (m.) Zeit; Wetter
   de — en — von Zeit zu Zeit
température (f.) Temperatur
tentative (f.) Versuch
tenter versuchen
terminale (f.) letztes Schuljahr (Gymnasium)
terminer beenden
terrible schrecklich; toll
territoire (m.) Territorium
tête (f.) Kopf
théâtre (m.) Theater
thématique thematisch
thème (m.) Thema
ticket (m.) Fahrschein
tiens! Schau!, oh!
tiercé (m.) Dreierwette; Pferde-Toto
tiers (m.) Drittel
   — monde (m.) Dritte Welt,
tir (m.) Schießen
tirer ziehen; schießen
tiroir (m.) Schublade
titulaire Titular, Inhaber
tôt früh
toilettes (f.pl.) Toilette(n)
tomber fallen
tonique (m.) Stärkungsmittel
torse (m.) Torso, Rumpf
tort (m.) Unrecht
   avoir — Unrecht haben
toucher berühren
toujours immer(noch)
tournoi (m.) Wettkampf
tous les jours jeden Tag
tout à fait ganz (und gar)
tout au moins wenigstens
tout autre chose etwas ganz anderes
tout d'un coup plötzlich
tout de suite unmittelbar

tout seul, toute seule ganz allein
toute la journée den ganzen Tag lang
toutefois jedoch
toutes les heures stündlich zu vollen Stunde
traduire übersetzen
traitement (m.) Behandlung
   — de texte Textverarbeitung
traiter behandeln
trajet (m.) Reise
tranche (f.) Scheibe; (Steuer-) Rate
transformer transformieren
traumatisme (m.) Trauma
travail (m.) Arbeit
travailler arbeiten
travailleur, euse (m.) Arbeiter(in)
travaux (m.pl.) Arbeiten
travers (m.)
   à — durch, über
traversin (m.) Nackenrolle
tresse (f.) Flechte
tri postal (m.) Postsortierstelle
trier auslesen, -sortieren
triste traurig
troisième âge (m.) (hohes) Alter
trompettiste (m. und f.) Trompeter(in)
trou (m.) Loch
trouble (m.) Sorge, Aufregung
trouver finden
   se — sich befinden
tyranniser tyrannisieren

U

ultra-snob sehr versnobt
universel, elle universal, vielseitig
université (f.) Universität
urbain, e Stadt-
usager (m.) Benutzer
usine (f.) Fabrik
usuel, elle üblich, gewöhnlich
utile nützlich
utilisateur (m.) Benutzer
utilisation (f.) Benutzung
utiliser benutzen

V

vacances (f.pl.) Ferien, Urlaub
vaccin (m.) Impfstoff

vague (f.) Welle
vaisseau (m.) (Blut)Gefäß; Schiff
vaisselle (f.) (Tisch)Geschirr; Abwasch
valable gültig
valeur (f.) Wert
valise (f.) Koffer
vanter rühmen, anpreisen
   se — sich mit einer Sache brüsten
varier abwechseln; variieren
variété (f.) Verschiedenartigkeit, Vielfalt
variétés (f.pl.) Varieté
vaste weit
vaut (von valoir) ist wert
   il — mieux es ist besser
veau (m.) Kalb(-fleisch)
véhicule (m.) Fahrzeug
veiller à achten auf
vendeur, euse (m./f.) Verkäufer (in)
vengeance (f.) Rache
venir kommen
   — de (déménager) gerade (umgezogen) sein
vent (m.) Wind
vente (f.) Verkauf
véritable wirklich, echt
verre (m.) Glas
   prendre un — etwas trinken
vers gegen, um
verso (m.) Rückseite
   au — auf der Rückseite
vésicule (f.) Gallenblase
veuillez (+ Infinitiv) würden Sie (von vouloir)
   veuillez trouver ci-joint in der Anlage finden Sie
veut dire bedeutet
viande (f.) Fleisch
vidéo (f.) Video
vider leeren
   se — sich leeren, auslaufen
vie (f.) Leben
vieillir altern
vieillissement (m.) Altern
vieux, vieil, vieille alt
vif, vive lebendig
vigile (m.) Wachmann
vilain, e gemein, abscheulich
vin (m.) Wein
virgule (f.) Komma

217

Wortschatz

visage (m.) Gesicht
visite (f.) Besuch
visiter besuchen
visiteur, euse (m./f.) Besucher(in)
vitamine (f.) Vitamin
vite schnell (Adv.)
vitesse (f.) Geschwindigkeit
vivre leben
vœu (m.) (guter) Wunsch
voir sehen
voire ja sogar; selbst
voisin, e (m./f.) Nachbar(in)

voiture (f.) Wagen
vol (m.) Diebstahl; Flug
volant (m.) Steuer, Lenkrad
volet (m.) Rolladen
volume (m.) (Buch-)Band;
   Umfang, Größe
vomissement (m.) Erbrechen
voudrais (je) ich würde gern
   (von vouloir)
vouloir wollen
   — **dire** meinen; heißen
voûté, e gewölbt

voyager reisen
vrai, e wahr
vrombir dröhnen
vrombissement (m.) Dröhnen
vue (f.) Sicht, Anblick,
   Ausblick
vulnérable verwundbar

Y

y dort, dorthin

Unregelmäßige Verben

Grundform	Präsens	Perfekt	Imperfekt	Futur
avoir, être				
avoir *haben*	ai, as, a, avons, avez, ont	j'ai eu	j'avais	j'aurai
être *sein*	suis, es, est, sommes, êtes, sont	j'ai été	j'étais	je serai
Regelmäßige Verben auf -er, -ir und -re				
donner *geben*	donne, -es, -e, donnons, -ez, -ent	j'ai donné	je donnais	je donnerai
finir *beenden*	finis, -is, -it, finissons, -ez, -ent	j'ai fini	je finissais	je finirai
vendre *verkaufen*	vends, vends, vend, vendons, -ez, -ent	j'ai vendu	je vendais	je vendrai
Die wichtigsten unregelmäßigen Verben				
aller *gehen*	vais, vas, va, allons, allez, vont	je suis allé(e)	j'allais	j'irai
battre *schlagen*	bats, bats, bat, battons, -ez, -ent	j'ai battu	je battais	je battrai
boire *trinken*	bois, bois, boit, buvons, -ez, boivent	j'ai bu	je buvais	je boirai
conduire *fahren*	conduis, -s, -t, conduisons, -ez, -ent	j'ai conduit	je conduisais	je conduirai
connaître *kennen*	connais, -s, connaît, connaissons, -ez, -ent	j'ai connu	je connaissais	je connaîtrai
courir *laufen*	cours, -s, -t, courons, -ez, -ent	j'ai couru	je courais	je courrai
croire *glauben*	crois, -s, -t, croyons, -ez, croient	j'ai cru	je croyais	je croirai
devoir *müssen*	dois, -s, -t, devons, -ez, doivent	j'ai dû	je devais	je devrai
dire *sagen*	dis, dis, dit, disons, dites, disent	j'ai dit	je disais	je dirai
écrire *schreiben*	écris, -s, -t, écrivons, -ez, -ent	j'ai écrit	j'écrivais	j'écrirai
envoyer *senden*	envoie, -es, -e, envoyons, -ez, envoient	j'ai envoyé	j'envoyais	j'enverrai

Unregelmäßige Verben

Grundform	Präsens	Perfekt	Imperfekt	Futur
faire *machen*	fais, -s, -t, faisons, faites, font	j'ai fait	je faisais	je ferai
falloir *nötig sein*	il faut	il a fallu	il fallait	il faudra
lire *lesen*	lis, -s, -t, lisons, -ez, -ent	j'ai lu	je lisais	je lirai
mettre *setzen*	mets, mets, met, mettons, -ez, -ent	j'ai mis	je mettais	je mettrai
mourir *sterben*	meurs, -s, -t, mourons, -ez, meurent	il est mort elle est morte	il mourait	je mourrai
naître *geboren werden, entstehen*	nais, -s, naît, naissons, -ez, -ent	je suis né(e)	je naissais	je naîtrai
ouvrir *öffnen*	ouvre, -es, -e, ouvrons, -ez, -ent	j'ai ouvert	j'ouvrais	j'ouvrirai
plaire *gefallen*	plais, -s, plaît, plaisons, -ez, -ent	j'ai plu	je plaisais	je plairai
pleuvoir *regnen*	il pleut	il a plu	il pleuvait	il pleuvra
pouvoir *können*	peux, -x, -t, pouvons, -ez, peuvent	j'ai pu	je pouvais	je pourrai
prendre *nehmen*	prends, -s, prend, prenons, -ez, prennent	j'ai pris	je prenais	je prendrai
recevoir *erhalten*	reçois, -s, -t, recevons, -ez, reçoivent	j'ai reçu	je recevais	je recevrai
rire *lachen*	ris, ris, rit, rions, riez, rient	j'ai ri	je riais	je rirai
savoir *wissen*	sais, -s, -t, savons, -ez, -ent	j'ai su	je savais	je saurai
servir *dienen*	sers, -s, -t, servons, -ez, -ent	j'ai servi	je servais	je servirai
suivre *folgen*	suis, -s, -t, suivons, -ez, -ent	j'ai suivi	je suivais	je suivrai
tenir *halten*	tiens, -s, -t, tenons, -ez, tiennent	j'ai tenu	je tenais	je tiendrai
venir *kommen*	viens, -s, -t, venons, -ez, viennent	je suis venu(e)	je venais	je viendrai
vivre *leben*	vis, -s, -t, vivons, -ez, -ent	j'ai vécu	je vivais	je vivrai

Unregelmäßige Verben

Grundform	Präsens	Perfekt	Imperfekt	Futur
voir *sehen*	vois, -s, -t, voyons, -ez, voient	j'ai vu	je voyais	je verrai
vouloir *wollen*	veux, -x, -t, voulons, -ez, veulent	j'ai voulu	je voulais	je voudrai

Das reflexive Verb

s'asseoir *sich setzen*	je m'assieds	je me suis assis(e)	je m'asseyais	je m'assiérai
	tu t'assieds	tu t'es assis(e)	tu t'asseyais	tu t'assiéras
	il s'assied	il s'est assis	il s'asseyait	il s'assiéra
	nous nous asseyons	nous nous sommes assis(e)(s)	nous nous asseyions	nous nous assiérons
	vous vous asseyez	vous vous êtes assis(e)(s)	vous vous asseyiez	vous vous assiérez
	ils s'assoient/s'asseyent	ils se sont assis	ils s'asseyaient	ils s'assiéront

Verben auf -er mit Besonderheiten der Schreibung

	lever *heben*	appeler *rufen*	jeter *werfen*	répéter *wiederholen*
Präsens	je lève	j'appelle	je jette	je répète
	tu lèves	tu appelles	tu jettes	tu répètes
	il lève	il appelle	il jette	il répète
	nous levons	nous appelons	nous jetons	nous répétons
	vous levez	vous appelez	vous jetez	vous répétez
	ils lèvent	ils appellent	ils jettent	ils répètent
Futur	je lèverai	j'appellerai	je jetterai	je répéterai

Abkürzungen

A2	Antenne 2 (französisches Fernsehprogramm)
A.F.P.	Agence France-Presse
A.J.	Auberge de jeunesse (Jugendherberge)
A.N.P.E.	Agence nationale pour l'emploi (Agentur für Stellenvermittlung)
appt.	Appartement (Wohnung)
B.A.	Bonne action (gute Tat)
B.C.B.G.	Bon chic bon genre (klassisch, aus bürgerlicher Tradition)
B.D.	Bande dessinée (Comic)
B.I.	Bouche d'incendie (Hydrant)
B.N.P.	Banque nationale de Paris (Nationalbank von Paris)
B.P.	Boîte postale (Postfach)
BZH	Breizh („Bretagne" auf Bretonisch)
CCF	Camping-Club de France
CCP	Compte chèque postal (Postgirokonto)
Cedex	Courrier d'enterprise à distribution exceptionnelle (Sonderverteilung für die Postein-gänge von Großbetrieben)
C.G.T.	Confédération générale du travail (Allgemeiner Verband der Arbeit)
C.H.U.	Centre hospitalier universitaire (Universitätsklinik)
C.R.S.	Compagnies républicaines de sécurité (entspricht in etwa dem Bundesgrenzschutz)
C.V.	Curriculum vitae (Lebenslauf)
D.O.M.	Départements d'outre-mer (überseeische Departments)
E.D.F.	Electricité de France (französische Elektrizitätsgesellschaft)
FNAC	Fédération nationale d'achats (Einkaufszentrum für alles, was mit Lesen, Musik und Fotografie zu tun hat)
FR3	France 3 (regionales Fernsehprogramm)
G.D.F.	Gaz de France (französische Gasgesellschaft)
H.E.C.	(Ecole des) hautes études commerciales (die berühmteste Handelsschule Frankreichs)
H.L.M.	Habitation à loyer modéré (Wohnung zu mäßiger Miete)
I.N.S.E.E.	Institut national de la statistique et des études économiques
M.J.C.	Maison de la jeunesse et de la culture (Haus der Jugend und der Kultur)
P.D.G.	Président-directeur général (Geschäftsführer)
P.M.E.(f.)	Petite et moyenne entreprise (Betrieb mit weniger als 200 Angestellten)
P.T.T.	Postes et Télécommunications
P.C.V.	à PerCeVoir (R-Gespräch)
P.V.	Procès-verbal (Auto: Strafzettel)
R.A.T.P.	Régie autonome des transports parisiens
R.E.R.	Réseau express régional (entspricht der S-Bahn)
r.-ch.	rez-de-chaussée (Erdgeschoss)
S.A.M.U.	Service d'aide médicale urgente
S.N.C.F.	Société nationale des chemins de fer français
Sofres	Société française d'études et de sondages
TF1	Télévision française (privater Fernsehsender)
T.G.V.	Train à grande vitesse (Eilzug)
T.O.M.	Territoire d'outre-mer (überseeisches Hoheitsgebiet)
tt. cft.	tout confort
T.V.A.	Taxe sur la valeur ajoutée (Mehrwertsteuer)
T.S.V.P.	Tournez s'il vous plaît (Bitte wenden)
U.H.T.	Ultra haute température (z. B. ultra hoch erhitzte Milch)
V.D.Q.S.	vin délimité de qualité supérieure (Qualitätswein)
Y.C.F.	Yacht-Club de France (französischer Segelklub)
Z.I.	Zone industrielle (Gewerbegebiet)

Quellenverzeichnis

Wir danken den folgenden Personen, Institutionen, Unternehmen und Verlagen für die freundliche Genehmigung zum Abdruck von Copyright-Material, soweit sie erreicht werden konnten:

S. 22, 177: Gerald Ramshaw
S. 24, 54, 161, 168, 176, 181, 184: U. Geiger, Stuttgart
S. 38: Sopexa
S. 39, 117: Madame Figaro
S. 52, 137, 172, 182: Télérama
S. 71: Editions Massein
S. 72: Mary Glasgow Publications
S. 87, 88: S.N.C.F.
S. 126, 136: L'Officiel des Spectacles
S. 151, 197: Le Figaro
S. 152: Le Point
S. 183: ARP
S. 189: Paris Match
S. 198: Libération
S. 201: Jaques Faizant, C. Charillon, Paris

Umfassend – gründlich – unterhaltsam

**Großer
Lernwortschatz
Französisch**

von Thérèse Buffard
15.000 Wörter zu 150 Themen
368 Seiten
ISBN 3-19-006369-9

Vokabeln lernen sich leichter, wenn sie nach Themenbereichen gegliedert und in thematischen Zusammenhängen präsentiert werden. Diesem Prinzip folgt der **Große Lernwortschatz**:

- Rund 15.000 Wörter in 20 thematisch geordneten Kapiteln
- Themen wie soziale Probleme und Weltanschauung
- Fast jeder Begriff in einem typischen Anwendungsbeispiel
- Extras zu Grammatik, Aussprache, Wortgebrauch und Landeskunde
- Topaktueller Wortschatz
- Mit phonetischer Lautschrift

Auch für Englisch, Italienisch und Spanisch lieferbar.

Hueber
Sprachen der Welt
www.hueber.de